Ingolstadt
und der oberbayerische Donauraum

Führer zu archäologischen Denkmälern in Deutschland

Herausgegeben

von Claus-Michael Hüssen, Gerd Riedel, Karl Heinz Rieder
und Stefan Winghart für den
West- und Süddeutschen Verband für Altertumsforschung e. V.

vom Nordwestdeutschen Verband für Altertumsforschung e. V.

und vom Mittel- und Ostdeutschen Verband für Altertumsforschung e. V.

in Verbindung mit dem Stadtmuseum Ingolstadt, dem Bayerischen
Landesamt für Denkmalpflege und der Römisch-Germanischen
Kommission des Deutschen Archäologischen Instituts

Band 42

THEISS

Ingolstadt und der oberbayerische Donauraum

Mit Beiträgen von

ERNST AICHNER
MARK BANKUS
MAXIMILIAN BÖHM
DOROTHEA VAN ENDERT
BIRGIT FRIEDEL
KLAUS GERBER
SIEGFRIED HOFMANN
CLAUS-MICHAEL HÜSSEN
WALTER IRLINGER
MICHAEL JANDEJSEK
HERMANN JERZ
SABINE KAS
DANIEL MEIXNER
GERD RIEDEL
KARL HEINZ RIEDER
BARBARA RÖDIG
BERNHARD RÖDIG
KURT SCHEUERER
CORNELIA SCHÜTZ
SUSANNE SIEVERS
DEDO VON WALLENBERG
ANGELIKA WEGENER-HÜSSEN
STEFAN WINGHART

THEISS

Bibliografische Information Der Deutschen Bibliothek
Die Deutsche Bibliothek verzeichnet diese Publikation in der Deutschen Nationalbibliografie; detaillierte bibliografische Daten sind im Internet über <http://dnb.ddb.de> abrufbar.

Gefördert mit Mitteln der Stadt Ingolstadt

Bearbeitung und Redaktion: Angelika Wegener-Hüssen und Gerd Riedel, Ingolstadt
Für den Inhalt der Beiträge sind die Autoren verantwortlich.
Umschlagbilder: Ingolstadt, bronzezeitliches Bernsteincollier (großes Bild, Foto: Anton Mittermüller, Stadtarchiv Ingolstadt); Ingolstadt-Zuchering, urnenfelderzeitliche Bronzetasse (Foto: Anton Mittermüller, Stadtarchiv Ingolstadt); Nassenfels, römischer Genius aus dem Vicus (Foto: M. Hoedt); Manching, keltische Goldmünze (Foto: J. Bahlo, Römisch-Germanische Kommission)

Gestaltung: Andreas Hemm (Plan B® Zentrale, Stuttgart)
Satz: DOPPELPUNKT Auch & Grätzbach GbR, Leonberg
Druck und Bindung: Memminger MedienCentrum
Printed in Germany

ISBN 3-8062-1716-5

Vorwort

Wer von der kreisfreien Stadt Ingolstadt hört, denkt zunächst an eine Automarke, die in den letzten Jahren immer wieder von sich Reden machte durch innovative Ideen und schwarze Zahlen im wirtschaftlichen Bereich. Ingolstadt als Zentrum für den Fahrzeug- und Maschinenbau, für die Elektro- und Textilindustrie ist durchaus ein Begriff. Von der wechselvollen Vergangenheit dieses knapp 120 000 Einwohner zählenden Oberzentrums ist dagegen vergleichsweise wenig in der breiten Öffentlichkeit bekannt.

Die Jahrestagung des West- und Süddeutschen Verbandes für Altertumsforschung will dazu beitragen, die reichhaltige Archäologie und Geschichte von Stadt und Region nicht nur den Fachleuten näher zu bringen, sondern auch einer breiten interessierten Öffentlichkeit durch die Herausgabe des nun vorliegenden Bandes der Führer zu archäologischen Denkmälern in Deutschland.

Den Besuchern der Stadt fallen zunächst die weitgehend noch oberirdisch sichtbaren Festungsanlagen der ersten Hälfte des 19. Jahrhunderts wie auch die vielerorts erhaltenen älteren Stadtmauern ins Auge. Seit 1250 mit Stadtrechten versehen, entwickelte sich Ingolstadt in der Zeit zwischen 1392 und 1447 bis hin zur Residenz eines Teilherzogtums von Bayern. Die Tagung des West- und Süddeutschen Verbandes für Altertumsforschung in der Volkshochschule findet auf dem Gelände der Burganlage des 13. Jahrhunderts statt, von der der sog. Herzogskasten gegenüber der Volkshochschule eindrücklich Zeugnis ablegt.

Schon früh, Anfang des 16. Jahrhunderts, beginnt mit Johannes Thurmayer, genannt Aventinus, die wissenschaftliche Beschäftigung mit der reichhaltigen Fundlandschaft Ingolstadts und seiner Region. Aventinus (1477–1534), der bayerische Hofhistoriograph, dessen Hauptwerke, die Annales ducum Boiariae und die Bayerische Chronik den Beginn der bayerischen Geschichtsschreibung markieren, betreibt seine Forschungen zur Archäologie und Geschichte von der Landesuniversität Ingolstadt aus. Von dieser Zeit an bleiben die oberirdisch sichtbaren Spuren der Vergangenheit Gegenstand des Interesses, insbesondere die nahe gelegenen Abschnitte des römischen Limes. Seit der Gründung der Reichs-Limeskommission im Jahr 1892 treten reguläre Ausgrabungen hinzu.

Nach dem Zweiten Weltkrieg erreichen die großen Flächengrabungen der Römisch-Germanischen Kommission des Deutschen Archäologischen Instituts auf dem Gelände des keltischen Oppidums Manching und im Donaukastell Oberstimm das Interesse einer breiten Öffentlichkeit. Mit der Erforschung der altsteinzeitlichen Höhlen des Altmühltals und den zahlreichen Ausgrabungen in den Kernen der Städte, den Baugebieten und Gewerbeflächen dieser prosperierenden Region um Ingolstadt wuchs und wächst die Kenntnis der archäologischen Vergangenheit im Bewusstsein der Bevölkerung.

Zeugnis hiervon geben die zahlreichen Museen der Region. Archäologische Funde sind in den Museen von Ingolstadt, Burgheim, Feldmühle, Kipfenberg, Kösching, Manching, Möckenlohe, Neuburg a. d. Donau und Wellheim zu finden. Das Stadtmuseum Ingolstadt wartet sogar mit einer Sonderausstellung auf anlässlich der Tagung des Verbandes. Aber auch das Deutsche Medizinhistorische Museum und das Armeemuseum sollten im Besuchsprogramm Ingolstadts nicht fehlen.

Die Bedeutung der archäologischen Fundlandschaft in und um Ingolstadt wird zudem unterstrichen durch die Einrichtung einer Forschungsstelle der Römisch-Germanischen Kommission des Deutschen Archäologischen Instituts und die Unterhaltung eines Grabungsbüros des Bayerischen Landesamtes für Denkmalpflege in Ingolstadt.

Großer Dank für das Zustandekommen dieses Führers gebührt den Herrn C.-M. Hüssen, G. Riedel, K. H. Rieder und S. Winghart.

Gemeinsam mit dem Verlag hoffen wir, dass von dem reichen Angebot der Themen und Beschreibungen archäologischer und historischer Denkmäler dieses Führers nicht nur Fachkolleginnen und Fachkollegen, sondern auch viele an der Vergangenheit Ingolstadts und seiner Umgebung interessierte Gäste Gebrauch machen werden.

Alfried Wieczorek

Vorsitzender des
West- und Süddeutschen Verbandes
für Altertumsforschung e.V.

Inhalt

Vorwort (A. WIECZOREK) 5
Lage der vorgestellten archäologischen und historischen Denkmäler 11
Zeittafel (ST. WINGHART) 12

Landschaft, Archäologie und Geschichte 13

Landschafts- und Naturraum (H. JERZ) 14
Archäologische Forschung in der Region Ingolstadt (K. H. RIEDER) 20
Alt- und Mittelsteinzeit (K. H. RIEDER) 23
Jungsteinzeit – Der Mensch gestaltet seine Umwelt (D. MEIXNER) 26
Frühe und mittlere Bronzezeit – Metall verändert die Welt (M. BANKUS) 36
Späte Bronzezeit und Urnenfelderzeit – Am Ende des „goldenen" Zeitalters (C. SCHÜTZ) 47
Hallstattzeit – Frühzeit der Kelten (S. KAS) 54
Latènezeit – Die Kelten an der Donau (W. IRLINGER/ S. SIEVERS) 62
Die Römische Kaiserzeit an Donau und Limes (C.-M. HÜSSEN/ A. WEGENER-HÜSSEN) 78
Spätantike und Völkerwanderungszeit (K. H. RIEDER) 87
Der Donauraum um Ingolstadt im Mittelalter (G. RIEDEL) 90

Archäologische und historische Denkmäler 97

Die kreisfreie Stadt Ingolstadt 98

Geschichte der Stadt Ingolstadt (S. HOFMANN) 98
Ingolstadt: Ausgrabungen beim Alten Schloss (G. RIEDEL) 108
Ingolstadt: Mittelalterliches Handwerkerviertel am Schutterknie (G. RIEDEL) 112
Ingolstadt, AUDI-Werksgelände: Ausgrabungen in einer reichen vor- und frühgeschichtlichen Fundlandschaft (ST. WINGHART) 114

Ingolstadt-Dünzlau: Römische Steindenkmäler in der Kirche (A. WEGENER-HÜSSEN) 124
Ingolstadt-Etting: Römisches Landgut, frühmittelalterliche Siedlung und Adelsgräber (C.-M. HÜSSEN/A. WEGENER-HÜSSEN) 125
Ingolstadt-Gerolfing: Grabhügelfelder aus der Bronze- und Hallstattzeit (A. WEGENER-HÜSSEN) 131
Ingolstadt-Gerolfing: Mittelalterlicher Burgstall (A. WEGENER-HÜSSEN) 132
Ingolstadt, „Schmidtmühle“: Mittelalterliche Wüstung mit Kirche (G. RIEDEL) 134
Ingolstadt-Zuchering: Gräberfeld der Urnenfelderkultur, mittelalterliche Siedlung und Eisenverhüttungsplatz (G. RIEDEL/C. SCHÜTZ) 136

Das nördliche Donauvorland, Altmühltal und Fränkische Alb 138

Attenzell: Arndthöhle (K. H. RIEDER) 138
Böhmfeld: Eine Gruppe keltischer Viereckschanzen (W. IRLINGER) 139
Böhming: Römisches Kastell (C. SCHÜTZ) 142
Demling: Naturdenkmal Steinbruch (G. RIEDEL) 144
Ettling: Kelsbach-Quellen und Burgruine (K.SCHEUERER) 145
Feldmühle: Vorgeschichtlicher Schutterübergang und römische Straße unterhalb des „Kränzelsteins“ (A. WEGENER-HÜSSEN) 147
Gaimersheim: Pfarrkirche Mariä Himmelfahrt und Marktumwehrung (G. RIEDEL) 149
Großmehring: Fort Prinz Karl bei Katharinenberg (E. AICHNER) 152
Hepberg: Kirche St. Oswald und Römerstraße (G. RIEDEL) 154
Kipfenberg: Michelsberg und Limesturm am Pfahlbuck (C. SCHÜTZ) 156
Kleinmehring: Burgstall Gensberg (G. RIEDEL) 158
Kösching: Reiterkastell Germanicum (C.-M. HÜSSEN) 160
Kösching: Marktkern und Wüstungen (G. RIEDEL) 162
Lenting: Alte Burg (G. RIEDEL) 165
Meilenhofen: Paläolithische Freilandstation auf dem Speckberg (K. H. RIEDER) 167
Möckenlohe: Römischer Gutshof (A. WEGENER-HÜSSEN) 168

Nassenfels: Römisches Kastell mit Vicus und mittelalterliche Burg (K. H. RIEDER) 170
Pförring: Das römische Kastell Celeusum (C.-M. HÜSSEN) 173
Pfünz: Das römische Kastell Vetoniana (C.-M. HÜSSEN) 176
Schambach: Der Hohle Stein (K. H. RIEDER) 178
Schellenburg bei Enkering: Höhensiedlung mit archäologischem Lehrpfad (C. SCHÜTZ) 179
Stammham: Vorgeschichtliche Grabhügel im Neuhau (D. MEIXNER) 181

Das südliche Donautal, Donaumoos und Tertiäres Hügelland 183

Burgheim: Vorgeschichte, Römerzeit und Mittelalter (K. H. RIEDER) 183
Manching: Das keltische Oppidum (S. SIEVERS) 185
Manching: Keltische Viereckschanze (A. WEGENER-HÜSSEN) 186
Münchsmünster: Das ehemalige Klostergelände (M. JANDEJSEK) 188
Neuburg a. d. Donau: Der Stadtberg (K. H. RIEDER) 191
Oberstimm: Kastell, Vicus und Römerschiffe (C.-M. HÜSSEN) 193
Scheyern: Keltische Viereckschanze (W. IRLINGER) 198
Schrobenhausen: Das mittelalterliche Scropinhusun (B. U. B. RÖDIG/G. RIEDEL) 200
Unterhausen-Stätteberg: Vorgeschichtliche Befestigungsanlagen (K. H. RIEDER) 203
Vohburg: Die Auhöfe (D. MEIXNER/G. RIEDEL) 206
Vohburg: Der Burgberg (B. FRIEDEL) 209

Überblick über die Museen der Region 213

Burgheim (Lkr. Neuburg-Schrobenhausen): Archäologisches Museum (K. H. RIEDER) 214
Feldmühle, Gde. Rennertshofen (Lkr. Neuburg-Schrobenhausen): Archäologisches Museum in Gut Feldmühle (A. WEGENER-HÜSSEN) 214
Ingolstadt: Stadtmuseum (G. RIEDEL) 215
Ingolstadt-Hundszell: Bauerngeräte-Museum (M. BÖHM) 217

Kipfenberg (Lkr. Eichstätt): Römer- und Bajuwarenmuseum (C. SCHÜTZ) 218
Kösching (Lkr. Eichstätt): Museum für Archäologie und Volkskunde (D. VON WALLENBERG) 220
Manching (Lkr. Pfaffenhofen a.d. Ilm): Keltisch-Römisches Museum und Heimatmuseum (K. GERBER/G. RIEDEL) 221
Möckenlohe (Lkr. Eichstätt): Römische Villa rustica und Museum (A. WEGENER-HÜSSEN) 223
Neuburg a. d. Donau: Archäologie-Museum im Schloss (D. VAN ENDERT) 224
Wellheim (Lkr. Eichstätt): Urdonautal-Museum (C. SCHÜTZ) 225

Literaturauswahl 227

Ortsregister 236

Abbildungsnachweis 239

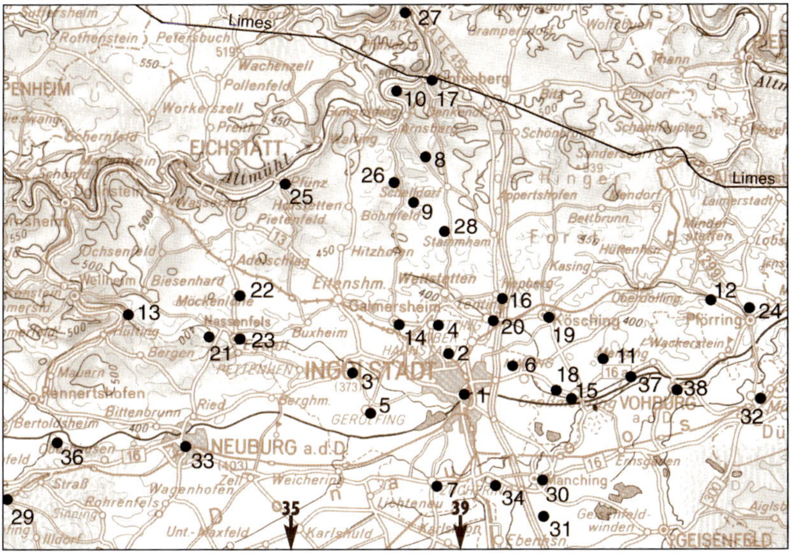

Lage der vorgestellten archäologischen und historischen Denkmäler

Die kreisfreie Stadt Ingolstadt

- Ingolstadt, Altstadt — 1
- Ingolstadt, AUDI-Werksgelände — 2
- Ingolstadt-Dünzlau, Kirche — 3
- Ingolstadt-Etting — 4
- Ingolstadt-Gerolfing — 5
- Ingolstadt „Schmidtmühle“ — 6
- Ingolstadt-Zuchering — 7

Fundstellen nördlich der Donau

- Attenzell, Arndthöhle — 8
- Böhmfeld, Viereckschanzen — 9
- Böhming, römisches Kastell — 10
- Demling, Steinbruch — 11
- Ettling, Burgruine — 12
- Feldmühle — 13
- Gaimersheim — 14
- Großmehring, Fort Prinz Karl — 15
- Hepberg, Kirche St. Oswald — 16
- Kipfenberg — 17
- Kleinmehring, Burgstall — 18
- Kösching, Kastell, Marktkern — 19
- Lenting, Alte Burg — 20
- Meilenhofen, Speckberg — 21
- Möckenlohe, römischer Gutshof — 22
- Nassenfels, Kastell und Burg — 23
- Pförring, römisches Kastell — 24
- Pfünz, römisches Kastell — 25
- Schambach, Hohler Stein — 26
- Schellenburg bei Enkering — 27
- Stammham, Grabhügel — 28

Fundstellen südlich der Donau

- Burgheim, Burgberg — 29
- Manching, keltisches Oppidum — 30
- Manching, Viereckschanze — 31
- Münchsmünster, ehem. Kloster — 32
- Neuburg a. d. Donau, Stadtberg — 33
- Oberstimm, Kastell, Vicus — 34
- Schrobenhausen — 35
- Unterhausen-Stätteberg — 36
- Vohburg, Auhöfe — 37
- Vohburg, Burgberg — 38
- Scheyern, Viereckschanze — 39

Zeittafel

Zeitepoche	Zeitstufe	Kulturen, Kennzeichen und Ereignisse	Fundorte	Absolute Zahlen
Paläolithikum	Altpaläolithikum	Risseiszeit	Irgertsheim, Attenfeld	älter als 130 000 Jahre
	Mittelpaläolithikum Jungpaläolithikum	Würmeiszeit	Hohler Stein, Weinberghöhlen	130 000–35 000 35 000–8000 v. Chr.
Mesolithikum		Nacheiszeit	Speckberg	8000–6000 v. Chr.
Neolithikum	Altneolithikum	Bandkeramik Stichbandkeramik	Kösching Gaimersheim	5500 v. Chr.
	Mittelneolithikum	Südostbayerisches Mittelneolithikum	Menning	5000 v. Chr.
	Jungneolithikum	Münchshöfen Altheim	Buxheim Etting	ca. 4000 v. Chr.
		Chamer Gruppe	Audi-Gelände	ca. 3000 v. Chr.
	Endneolithikum	Schnurkeramik	Ingolstadt-GVZ	ca. 2600 v. Chr.
		Glockenbecher	Oberstimm, Großmehring	ca. 2400 v. Chr.
Bronzezeit	Frühbronzezeit	Hockergräber	Ingolstadt-Herzogskasten	2200 v. Chr.
		Barrenhorte	Ingolstadt-Augraben	
	Mittelbronzezeit	Grabhügel	Gerolfing	1600 v. Chr.
	Spätbronzezeit	Flachgräberfelder	Zuchering	1300 v. Chr.
Urnenfelderzeit	Stufe A	Urnenfriedhöfe Wagenbronzen	Zuchering Münchsmünster	1200 v. Chr.
	Stufe B	Beginn der Eisenverarbeitung	Zuchering, Mailing	1000 v. Chr.
Hallstattzeit	Stufe C	Hügelgräber	Kipfenberg, Gerolfing	800/750 v. Chr.
	Stufe D	Herrenhöfe	Etting, Winden, Kösching	600 v. Chr.
Latènezeit (Kelten)	Stufe A	Offene Siedlungen	Eitensheim	500 v. Chr.
	Stufe B	Flachgräber	Oberstimm	400 v. Chr.
	Stufe C	Beginn der Oppidazivilisation	Manching, Zuchering	250 v. Chr.
		Viereckschanzen	Böhmfeld, Scheyern	
	Stufe D	Ende der Oppidazivilisation	Ende von Manching	80/50 v. Chr.
Römische Kaiserzeit	Frühe Kaiserzeit	Donaukastelllinie bis Oberstimm	Burgheim, Neuburg, Zuchering, Oberstimm	30/40 n. Chr.
	Mittlere Kaiserzeit	Kastelle nördlich der Donau	Nassenfels, Kösching	80 n. Chr.
		Limesausbau, Villenbesiedlung	Pfünz, Pförring, Böhming, Etting,	90 n. Chr.
		Alamanneneinfälle, Limesfall	Gaimerheim, Großmehring	233 n. Chr. 260 n. Chr.
	Späte Kaiserzeit/ Völkerwanderungszeit	Auflösung der röm. Zentralgewalt	Burgheim, Neuburg, Zuchering, Vohburg	ca. 300 n. Chr.
	Gruppe Friedenhain-Přešt'ovice	Germanen nördlich der Donau	Kemathen, Menning, Großmehring	ca. 400 n. Chr.
Frühmittelalter	Frühe Merowingerzeit	Beginn der Reihengräber	Bittenbrunn	450 n. Chr.
	Horizont Irlmauth		Lenting, Irsching	550 n. Chr.
	Mittlere Merowingerzeit	Bildung des bayer. Stammesherzogtums	Buxheim, Kösching	
	Späte Merowingerzeit	Christianisierung, Adelsgrablegen	Etting, Gerolfing	650 n. Chr.
	Karolingisch-ottonische Zeit	Aufbau der Kirchenorganisation: Klöster, Bistümer	Neuburg, Eichstätt, Zuchering, Großmehring, Kösching	ca. 750 n. Chr.
Hochmittelalter	Salisch-staufische Zeit	Frühe Burgen, Landesausbau, steinerne Ortskirchen	Vohburg, Kösching, Gaimersheim	ca. 1000 n. Chr.
Spätmittelalter		Gründung von Städten und Märkten	Ingolstadt, Gaimersheim, Kösching, Vohburg, Schrobenhausen	ca. 1250 n. Chr.

Landschaft, Archäologie und Geschichte

Landschafts- und Naturraum

Geographisch-geomorphologischer Überblick

Die Region um Ingolstadt hat Anteil an drei Naturräumen: der Südlichen Frankenalb, dem Donautal mit Donaumoos und Feilenmoos und dem nördlichen Teil des Tertiär-Hügellandes.

Die Südliche Frankenalb reicht von der Donau über das Altmühltal hinaus nach Norden. Die Albhochfläche aus Juragesteinen fällt vom Albtrauf in südöstlicher Richtung zur Donau hin ab. In Neuburg, Vohburg und Weltenburg-Kelheim greift der Jura über die Donau weiter nach Süden, bevor er unter das Tertiär im Molassebecken abtaucht. Tiefe Einschnitte in die Jurakalktafel stellen im Nordwesten das Wellheimer Tal und im Norden das Altmühltal dar.

Donautal bei Stepperg mit Blick nach Nordwesten. Am Fuß des Antonibergs Tauchponton der Ausgrabungen an der römischen Donaubrücke

Der Frankenjura ist hier aus Kalken und Dolomiten des Weißjura (Malm) aufgebaut und besteht teils aus dünnbankigen und plattigen Bankkalken, teils aus mehr massigen Riffkalken und Riffdolomiten mit Schwämmen und Korallen. In den Karstschüsseln und Karsttrichtern der Jura-Hochfläche sind in einigen Bereichen kieselige marine Ablagerungen aus der Kreidezeit erhalten. Aus der Tertiärzeit stammen die noch mehr flächenhaft verbreiteten Sande und Mergel der Oberen Süßwassermolasse, die von Süden aus dem Molassebecken auf die Frankenalb übergreift.

Weiter im Westen verhüllen die Trümmermassen des Ries-Meteoriteneinschlags vor rund 15 Millionen Jahren die präriesische Landoberfläche.

Das Donautal, hier von der Lechmündung bis nach Kelheim betrachtet, verläuft weitgehend mit der Grenzlinie Frankenjura/Molassebecken. In der Neuburger und der Weltenburger Enge durchschneidet die Donau die nach Süden vorspringenden Juragesteine. Zwischen beiden Engstellen fließt die Donau auf einer Strecke von etwa 45 km durch das Ingolstädter Becken, das in der Ingolstädter Bucht weiter nach Norden ausgreift. Von Süden reichen die großen Mündungsschwemmfächer der Paar und der Ilm aus dem Tertiär-Hügelland bis fast an die Donau heran.

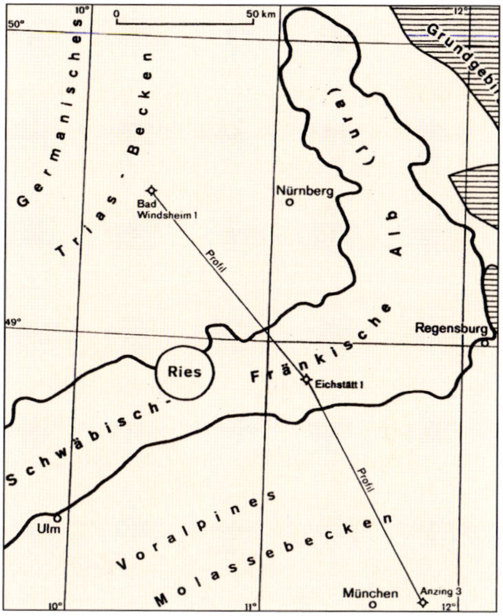

Naturräumliche Übersicht (nach SCHMIDT-KALER 1979)

In die 5 km breite „Donauebene“ eingebettet sind das Donaumoos und das Feilenmoos. Das größere Donaumoos reicht nach Süden buchtenartig in das Tertiär-Hügelland hinein und ist nach Norden zum Donautal hin durch Schmelzwasserschotter der letzten Eiszeit abgedämmt. Es ist in einer Ausräumungslandschaft entstanden und umfasste ehemals fast 20 000 ha Niedermoorflächen. Seit den umfangreichen Kulturmaßnahmen in den Jahren 1790–1830 hat das Donaumoos etwa ein Drittel seiner Moorflächen eingebüßt. Am Moorpegel in Ludwigsmoos beträgt der Moorschwund seit 1836 rund 3 m.

Das Feilenmoos, das zwischen dem Paar- und dem Ilm-Schwemmfächer entstand, ist nur noch an wenigen Stellen als Niedermoor erhalten. Grundwasserabsenkungen haben hier zu einem beschleunigten Torfzersatz geführt.

Das Nördliche Tertiär-Hügelland wurde vor allem im Quartär durch eiszeitliche morphogenetische Prozesse zu der heutigen stark reliefierten Landschaft mit Kuppen, steilen Hängen und tiefen Tälchen geformt. Es besteht aus Schichten der jungtertiären Oberen Süßwassermolasse mit glimmerreichen Mergeln und Sanden („Flinz"), in die sich die Paar und die Ilm sowie ihre zahlreichen Zuflüsse eingetieft haben. Weitflächig ist das Hügelland mit Löss bedeckt und mit Flugsand überweht. Vereinzelt sind Dünen aus Flugsand ausgebildet.

Erdgeschichtlicher Überblick – Jura bis Quartär

Die am meisten verbreiteten oberflächennahen Gesteinsformationen in unserem Gebiet werden vom Oberen Jura (Malm), vom jüngeren Tertiär und vom jüngeren Quartär gebildet. Das Grundgebirge hingegen ist aus Tiefbohrungen bekannt und mit geophysikalischen Messmethoden in 500–700 m Tiefe nachgewiesen. Es handelt sich um das „Vindelizische Land", ein abgesenktes Kristallingebiet, die Fortsetzung der Böhmischen Masse nach Westen, bestehend aus Metamorphiten (vor allem Gneise) und Magmatiten (vor allem Granite). Während der variskischen Gebirgsbildung vor rund 300 Millionen Jahren war das „Vindelizische

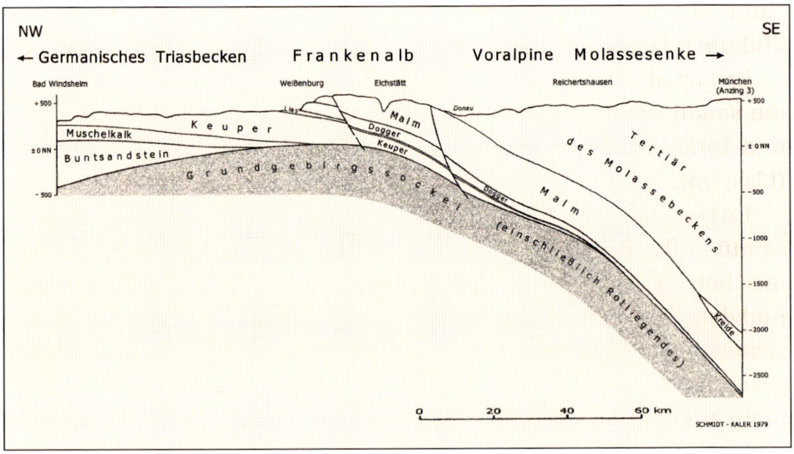

Schematisches geologisches Profil. Der Profilschnitt zeigt die „Hochlage" des Grundgebirgssockels unter der Südlichen Frankenalb, das Einfallen der mesozoischen Schichten nach Südosten und das weitere Abtauchen der Schichten unter die voralpine Molasse (nach SCHMIDT-KALER 1979).

Millionen Jahre vor heute	Periode	Stufe	Lithostratigraphie
- 2,5	Quartär	Holozän	Kies, Sand und Schluff
		Pleistozän	Kies und Sand
- 65	Tertiär	Pliozän	Abtragung
		Miozän	Mergel und Sand („Flinz“, OSM)
		Miozän	Sand und Feinkies (SBM) [in Bohrungen]
		Oligozän und älter	alttertiäre Abtragung und Verwitterung; Spaltenfüllungen
- 140	Kreide	Obere Kreide	marine Sande
		Untere Kreide	Abtragung und Verwitterung
- 210	Jura	Oberer Jura (Malm)	Kalke und Dolomite, Riffbildungen (Schwämme und Korallen)
		Mittlerer Jura (Dogger)	Tone und Sandsteine [in Bohrungen]
		Unterer Jura (Lias)	Sandsteine [in Bohrungen]
- 250	Trias	Keuper	Sandsteine [in Bohrungen] Abtragung
- 290 bis - 360	Perm u. Karbon	Kristallines Grundgebirge	Granit und Gneis [in Bohrungen]

Stratigraphische Zeittafel zur Erdgeschichte. Karbon bis Quartär

Land“ ein Hochgebiet, danach, während eines Zeitraumes vor über 50 Millionen Jahren, ein Abtragungsgebiet.

Erst ab der Oberen Trias (Keuper) vor rund 230 Millionen Jahren treten sandig-tonige Sedimente festländischer Herkunft auf. Sandsteine und Tone, insgesamt geringmächtig, sind auch für den Unteren Jura (Lias) und für den Mittleren Jura (Dogger) kennzeichnend.

Im Oberen Jura (Malm) vor 160–140 Millionen Jahren erfolgte die Gesamtüberflutung des „Vindelizischen Landes“ und von Teilen der Böhmischen Masse, wodurch zwischen dem flachen Schelfmeer im Norden und dem tiefen Mittelmeer im Süden, der Tethys, eine Verbindung hergestellt wurde. Es entstanden 400–500 m mächtige Bankkalke und Riffgesteine, zunächst vorherrschend aus Schwammriffen, dann mehr und mehr aus Korallenriffen (Malm Zeta 2–3).

In der Kreidezeit vor rund 140–65 Millionen Jahren herrschte im Gebiet der heutigen Südlichen Frankenalb zunächst Abtragung, intensive Verwitterung und Verkarstung. In der Oberkreide vor rund 100 Millionen

Jahren brachte eine erneute Meeresüberflutung aus Nordosten festländisches, kieseliges Abtragungsmaterial in unseren Raum, das hier ursprünglich flächenhaft abgelagert, jedoch später wieder weitgehend ausgeräumt wurde. Sedimente aus der Kreidezeit wie die so genannte Neuburger Kieselkreide sind nur noch in Resten wie zum Beispiel in durch Verkarstung entstandenen Hohlformen erhalten geblieben.

In der Tertiär-Zeit (65–2,5 Millionen Jahre vor heute) herrschten zunächst über einen Zeitraum von rund 40 Millionen Jahren festländische Bedingungen mit weiterer Abtragung, Verwitterung und Verkarstung. Lehmige Karstfüllungen in Juragesteinen enthalten Reste von Säugetieren aus dem Alttertiär. Funde unter anderem aus der Gegend von Gaimersheim sind in das Obere Oligozän vor ca. 25 Millionen Jahren datiert.

Im Jungtertiär (Miozän) vor rund 18 Millionen Jahren erreicht ein Meeresvorstoß aus dem voralpinen Molassebecken den heutigen Donauraum. Die Sedimente der Oberen Meeresmolasse (OMM) und der späteren Süßbrackwassermolasse (SBM) sind vor allem aus Bohrungen südlich der Donau bekannt. Die darauf folgende Obere Süßwassermolasse (OSM) in fluvialer und limnischer Fazies, mit Sanden, Mergeln und Kalkablagerungen, greift im mittleren Miozän von Süden aus dem Molassebecken auf die Albtafel über, bis in die Gegend von Treuchtlingen und Riedenburg.

In der Quartär-Zeit (2,5 Millionen Jahre bis heute), auch als „Eiszeitalter" bezeichnet, stießen die großen Alpengletscher mehrmals bis weit ins Alpenvorland vor. In den Periglazialgebieten wie hier im Tertiär-Hügelland, im Donauraum und auf der Frankenalb herrschte in hochglazialen Zeitabschnitten verbreitet Dauerfrost. Während der Auftauperioden entstanden Fließerden, die schon bei geringer Hangneigung größere Bodenverlagerungen bewirkten.

Die Urdonau

Auf die frühen Flusssysteme des Urmains und der Urdonau weisen die Hochschotter hin, im Bereich des Altmühltales die hochgelegenen Talschotter. Ihre Geschichte reicht bis ins jüngere Tertiär (Pliozän) zurück. Der Urmain floss in jener Zeit nach Süden und mündete in die Urdonau – bis zum Anschluss des Mains an das Flussnetz des Rheins im Altquartär.

Bis vor 300 000 Jahren floss die Donau (zusammen mit dem Lech) ab Rennertshofen im Wellheimer Tal und ab Dollnstein im Altmühltal nach Kelheim („Altmühl-Donau"). Noch während der Riß-Eiszeit verkürzte die Donau ihren Lauf, floss zunächst durch das Schuttertal („Schutter-Donau") in Richtung Ingolstadt und verlagerte schließlich vor ca. 200 000 Jahren ihren Lauf an den Südrand der Alb, wo sie sich in Neuburg und bei Weltenburg in die Jurakalke einschnitt.

Das Donautal war während der beiden letzten großen Eiszeiten das Hauptdurchflussgebiet der Schmelzwasser des Lech-, des Iller- und des Rheinvorlandgletschers. In der Riß-Eiszeit wurden zum Beispiel die Hochterrassenschotter um Ingolstadt aufgeschüttet, aus der Würm-Eiszeit stammen beispielsweise die Niederterrassenschotter zwischen Neuburg a. d. Donau und Manching.

Im Verlauf der Würm-Eiszeit entstanden auch die weit verbreiteten äolischen Deckschichten. Löss und Flugsand wurden aus dem Donautal ausgeweht und auf den angrenzenden Flächen im Tertiär-Hügelland (zum Beispiel bei Sandizell) und auf der Südlichen Frankenalb (zum Beispiel nördlich Neuburg, im Raum Ingolstadt und nördlich Vohburg) wieder abgesetzt.

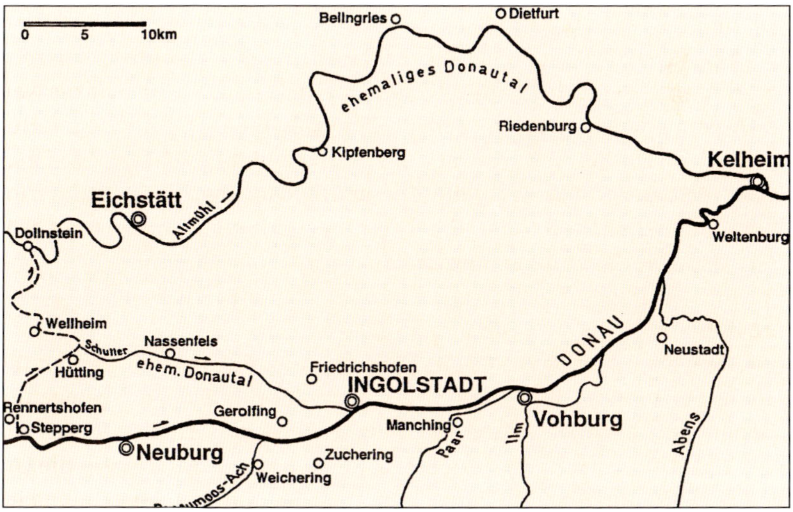

Verlauf der „Altmühl-Donau", der „Schutter-Donau" und der heutigen Donau im Raum Ingolstadt

Auch während der letzten 15 000 Jahre, im Spät- und Postglazial, verlief die Landschaftsgeschichte wechselvoll. Die Donau entwickelte sich von einem weit verzweigten Flusssystem im Spätglazial zu einem breiten Mäanderfluss im Verlauf des Postglazials. Die Paar und die Ilm aus dem Tertiär-Hügelland schütteten große Schwemmfächer gegen die Donau und drängten ihren Vorfluter nach Norden an den Rand des Jura.

Die Flussgeschichte war anfangs noch klimagesteuert, spätestens ab der Bronzezeit jedoch zunehmend anthropogen beeinflusst. Zeiten mit starker fluvialer Aktivität bei gleichzeitig starken Einwirkungen durch den Menschen sind insbesondere für die Eisenzeit und für das Hochmittelalter nachgewiesen.

Im 19. und 20. Jahrhundert erfolgten durch Flussbaumaßnahmen gravierende Eingriffe in das Flussregime durch Flusslaufbegradigungen, Deichbauten und Staustufen. Die starke Verminderung des natürlichen Stauraumes entlang der Donau ist ein wesentlicher Grund dafür, dass bei sehr starken Hochwässern, wie in jüngster Vergangenheit, Siedlungsgebiete in den ehemaligen Flussauen in hohem Maße gefährdet sind. Bemerkenswerterweise befinden sich die vor- und frühgeschichtlichen Siedlungen im Ingolstädter Becken außerhalb der vom Hochwasser gefährdeten Bereiche.

Archäologische Forschung in der Region Ingolstadt

Frühe Forschungen von Aventinus bis zur Gründung der Historischen Vereine

Auch wenn der Nestor der bayerischen Geschichtsschreibung Johannes Thurmayer, genannt Aventinus, sich noch nicht der ausgrabenden Wissenschaft bediente, so kann man ihn doch an den Beginn der archäologischen Forschung in der Region Ingolstadt stellen. Seine Anfang des 16. Jahrhunderts an der bayerischen Landesuniversität in Ingolstadt betriebenen historischen Studien beschäftigten sich unter anderem mit den Hinterlassenschaften der Römer, wobei er den Ursprung einer Reihe von Burgställen für römisch hielt. Seine persönlichen Eindrücke zahlreicher Wallanlagen ermutigten ihn dazu, den Begriff „Burgstall“ generell auf sie anzuwenden, wofür er erstmals in der archäologischen Geländetopographie einen Gattungsbegriff einführte.

Bis Ende des 18. Jahrhunderts finden sich gelegentliche Fundnotizen von leicht erkennbaren römischen Steindenkmälern, Inschriften oder Statuen, wie dies andernorts in vergleichbarer Weise ebenfalls stattfand. Erst der Eichstätter fürstbischöfliche Rat Ignatz Pickel ließ Teilstrecken des Limes und das Kastell Pfünz vermessen und Ausgrabungen durchführen. Aus seiner Feder stammen auch die ersten Ausgrabungsberichte über die Öffnung von Grabhügeln in der Altmühlalb. Pickel unternahm auch als Erster experimentelle Brennversuche mit selbst gefertigten Tongefäßen, um die Herstellungsweise der Grabkeramik zu klären.

Sein Schüler, der spätere Pfarrer in Gelbelsee und Eichstätt, Dr. Franz Anton Mayer, setzte diese Feldforschung fort. Auf ihn geht die erste detaillierte Beschreibung des bayerischen Anteils am römischen Limes zurück.

In der zweiten Hälfte des 19. Jahrhunderts wirkte sich die Gründung neuer historischer Vereine, und zwar 1865 in Ingolstadt und 1886 in Eichstätt, befruchtend auf die Forschung aus. So waren es auch deren Mitglieder, die im Dienste der 1891 gegründeten Reichs-Limeskommission bei den Ausgrabungen am Limes und in den zugehörigen Kastellen Pfünz, Böhming, Kösching und Pförring tätig wurden und sich dabei große Verdienste erwarben. Friedrich Winkelmann aus Eichstätt und Joseph Fink aus Ingolstadt seien als Streckenkommissare besonders zu erwähnen.

Große Grabungssprojekte im Oppidum Manching und im Kastell Oberstimm

Verhältnismäßig spät, und zwar erst 1888, wurde der Charakter des Manchinger Ringwalles als Befestigungswerk der Kelten erkannt und ebenfalls erst 1906 das römische Donaukastell von Oberstimm als solches richtig vermutet. Die Anzahl der bekannten Fundstätten und Geländedenkmäler gestatteten es, erstmals Verbreitungskarten zu publizieren, wobei Friedrich Winkelmann 1926 seinen „Katalog Eichstätt“ herausgab, auf den 1931 die Karte von Hermann Witz für Ingolstadt folgte.

Durch den Bau des Militärflughafens im keltischen Oppidum von Manching kam es dort ab 1936 zu großflächigen Zerstörungen, wobei sich die Mitglieder des Historischen Vereins Ingolstadt im Rahmen von Notbergungen nach Kräften bemühten, die Befunde zu dokumentieren.

Johannes Thurmayer, genannt Aventinus

Ignatz Pickel

Nach dem Zweiten Weltkrieg war es wiederum das keltische Oppidum von Manching, in welchem ab 1955 die Römisch-Germanische Kommission unter Werner Krämer Flächengrabungen initiierte, die bis heute nahezu ununterbrochen stattfinden.

In den 1960er-Jahren hat Hans Schönberger flächenhafte Forschungsgrabungen im Donaukastell von Oberstimm durchgeführt. Die Römisch-Germanische Kommission des Deutschen Archäologischen Instituts unterhält für ihre Forschungen eine eigene Dependance in Ingolstadt.

Altsteinzeitliche Höhlen im Altmühltal

Untersuchungen zur Altsteinzeit in der Region fanden in den bekannten Lokalitäten Weinberghöhlen bei Mauern (Schmidt 1936, Zotz 1948) und im Hohlen Stein bei Schambach (Birkner 1922/23, Gumpert 1951–53) statt. Die größte bayerische Freilandstation der Altsteinzeit wurde Ende der 1960er-Jahre von Hansjürgen Müller-Beck am Speckberg bei Nassenfels im Schuttertal untersucht.

Flächengrabungen im Ingolstädter Becken

Mit der Einrichtung eines Grabungsbüros des Bayerischen Landesamtes für Denkmalpflege in Ingolstadt kam es ab 1981 zu einem starken

Anstieg der Ausgrabungstätigkeit in der gesamten Region. In den ehemaligen Residenzstädten Eichstätt und Neuburg, aber auch in Ingolstadt wurden konsequente Ausgrabungen zur Stadtkernarchäologie durchgeführt. In zahlreichen Bau- und Gewerbegebieten fanden ausgedehnte Flächengrabungen statt wie beispielsweise in den urnenfelderzeitlichen Gräberfeldern von Zuchering, Mailing und Ilmendorf, um nur einige anzuzeigen. Besonders aufschlussreich waren lineare Großprojekte wie die B16 und die Bahnverlegung südlich von Ingolstadt, die Umgehung Etting, die ICE-Trasse und der Neubau der B13 östlich von Eitensheim, um nur die größten zu nennen. Dabei konnte jeweils ein umfangreiches Befundspektrum dokumentiert werden, angefangen von neolithischen Siedlungen und Befestigungsanlagen, glockenbecherzeitlichen Gräberfeldern, hallstattzeitlichen Herrenhöfen, römischen Villen und Kastellen bis zu frühmittelalterlichen Adelsgräberfeldern und vielem anderen mehr.

Die rege Bautätigkeit um das Oberzentrum Ingolstadt hält ungebrochen bis heute an und liefert der archäologischen Landesforschung kontinuierlich herausragende Quellen wie etwa das bronzezeitliche Bernsteincollier von Ingolstadt oder die Römerschiffe von Oberstimm. Damit steht die Region als verkehrsgeographischer Knotenpunkt und Verdichtungsraum nahezu aller ur- und frühgeschichtlichen Epochen im besonderen Interesse der wissenschaftlichen Fachforschung.

Alt- und Mittelsteinzeit

Die paläolithische Fundlandschaft

Das Altmühltal gilt seit jeher als eine klassische altsteinzeitliche Fundlandschaft in Süddeutschland. Dies gilt insbesondere aus forschungsgeschichtlicher Sicht. Waren es doch die Höhlengrabungen im unteren Altmühltal, die schon früh von sich reden machten. Aus heutiger Sicht hat sich auch das Ingolstädter Becken als eine reiche Fundlandschaft mit zahlreichen chronologisch differenzierten Freilandfundplätzen offenbart. Die ältesten Quarzitartefakte der Region, und damit auch landesweit, fanden sich an der Basis einer gegliederten Lössabfolge bei

Weinberghöhlen bei Mauern

Attenfeld, wenige Kilometer nördlich von Neuburg a. d. Donau in mittelpleistozänen Sedimenten. Träger dieser Kultur war der *Homo erectus*, dessen bekanntestes Fossil im süddeutschen Raum der Unterkiefer aus der Sandgrube Mauer bei Heidelberg darstellt.

Die als klassisch anzusprechende Kultur der Riß-Eiszeit, das Acheuléen, ließ sich bisher in der Region Ingolstadt sicher an zwei Fundplätzen belegen. Ein Faustkeil aus Rohrbach, Lkr. Neuburg-Schrobenhausen, und mehrere Faustkeile aus Irgertsheim, Stadt Ingolstadt, seien hier genannt. Die Artefakte sind gekennzeichnet durch die Verwendung von Kreidequarzit als Rohmaterial und eine annähernd mandelförmige äußere Gestalt. Die Menschenform, welche man mit dieser Kulturstufe in Verbindung gebracht hat, ist diejenige des *Homo steinheimensis*, benannt nach dem Fundort eines Schädels in einer Kiesgrube bei Steinheim a. d. Murr in Baden Württemberg.

Das Fortleben von Acheultraditionen lässt sich an einigen Fundplätzen vermuten, insbesondere in den Inventaren des Speckbergs bei Nassenfels, ohne dass dort stratigraphische Sequenzen erhalten wären. Ähnliches gilt für die Formen des Micoquien, wobei sich ein Kontakt zum Mittelpaläolithikum an der Basis der Abfolge des Hohlen Steins bei Schambach andeutet. Ohne dass hier detaillierte Ausführungen gemacht werden können, dürfte die Micoquientradition die Zeitspanne zwischen der vorletzten Kaltzeit (Riß) über das letzte Interglazial (Eem) zur frühen Würm-Kaltzeit umfassen. Mittelpaläolithische Fundstätten der Würm-Eiszeit stellen die weit überwiegende Anzahl der Höhlen- und Freilandfundplätze dar. Die bekanntesten Höhlenfundplätze sind die Weinberghöhlen bei Mauern, der Beixenstein (Wellheimer Trockental), die Breitenfurter Höhle, der Hohle Stein bei Schambach und die Sandleitenhöhle bei Kemathen. Freilandfundplätze gibt es neben dem schon genannten Speckberg unter anderem in Wackerstein, Buxheim, Eitensheim, Gaimersheim, Wettstetten, Etting, Oberhaunstadt, Dünzing und Pförring, alle am Südrand der Südlichen Frankenalb gelegen. Eine Besonderheit stellt der so genannte Blattspitzenhorizont am Ende des Mittelpaläolithikums dar. Insbesondere die Artefakte aus den Weinberghöhlen bei Mauern lieferten hier die eindrucksvollsten Belege.

Die Kontaktzone zum frühen Jungpaläolithikum könnte durch ein interessantes Inventar mit zahlreichen Klingenkratzern aus Wettstetten gegeben sein, wobei die Abschlagtechnik des Komplexes noch überwiegend mittelpaläolithische Merkmale aufweist. Fundplätze des Aurignacien sind noch sehr selten. Neben den gesicherten Fundstellen bei Irnsing, Lkr. Kelheim und Laisacker, Lkr. Neuburg-Schrobenhausen, deuten sich weitere bei Menning und Dünzing nördlich von Vohburg an.

Fundstationen des mittleren Jungpaläolithikums konnten in den Weinberghöhlen bei Mauern (Pavlovien) oder am Speckberg dokumentiert werden. Im Übrigen handelt es sich bei den bekannt gewordenen Artefakten um Einzelfunde wie beispielsweise die Stielspitze von Ried im Wellheimer Tal. Bemerkenswert ist die Feststellung, dass an keinem der Höhlenfundplätze ein klassisches Magdalénien gefunden wurde; die nächstgelegenen Stationen befinden sich im unteren Altmühltal, wobei die bekanntesten davon die Klausenhöhlen darstellen. Joa-

Blattspitzen aus Jurahornstein aus den Weinberghöhlen bei Mauern

chim Hahn vermutet auch in einem Inventar vom Speckberg bei Nassenfels ein älteres Magdalénien.

Zahlreich sind dagegen Nachweise spätpaläolithischer Stationen sowohl im Altmühltal und Wellheimer Trockental als auch im Ingolstädter Becken. Hiervon seien die Windhöhe nördlich von Eitensheim und der Hohle Stein bei Schambach genannt.

Fundplätze des Mesolithikums an Altmühl und Donau

Wesentlich dichter wird die Verteilung der Fundplätze im Mesolithikum, wobei sich deutliche Konzentrationen abgrenzen lassen. So erweist sich das Altmühltal als ein wohl intensiv genutztes Refugium, in dem die unteren Talhänge zur Aue hin fast durchgehend mit einem Teppich an Fundplätzen aufwarten können. Wichtige Höhlenfundplätze sind die Lochschlaghöhle bei Obereichstätt und die Mühlberggrotte bei Dollnstein. Bei den Fundstätten im Donautal verhält es sich ähnlich wie im Altmühltal. Auch hier sind es die auenahen Areale auf der Niederterrasse, auf denen zahlreiche Fundstellen zu verzeichnen sind. Konzentrationen finden sich auf den jagdstrategisch günstigen Plätzen der nach Süden entwässernden Albtäler wiederum beispielsweise am Speckberg. Ein besonderes Jagdgebiet scheint der Rand des Donaumooses und seiner Sanddünen gewesen zu sein, wo eine deutliche Häufung an Lagerplätzen festzustellen war. Seit jüngster Zeit zeichnet sich auch eine Verbreitung in das südlich gelegene Tertiäre Hügelland ab, wobei insbesondere das Tal der Ilm und der Wolnzach genannt seien.

Jungsteinzeit – Der Mensch gestaltet seine Umwelt

Ausgehend vom östlichen Mittelmeerraum gelangten um 5500 v. Chr. zwei bedeutende Innovationen nach Mitteleuropa, die die menschlichen Existenzgrundlagen revolutionierten und so die Geschichte bis heute in kaum vorstellbarem Ausmaß beeinflusst haben: Ackerbau und Viehzucht. Als Begleiterscheinungen folgten Sesshaftigkeit, Hausbau und Keramikherstellung. Der Zeitraum von der Einführung dieser Neuerungen bis zum Aufkommen von Kupfer- bzw. Bronzegerätschaften um 2200 v. Chr. wird als Jungsteinzeit (Neolithikum) bezeichnet. Mit dem Urbarmachen der nacheiszeitlichen flächendeckenden Waldgebiete begann die Veränderung der Landschaft durch den Menschen, ein Prozess, der sich bis heute ungebrochen fortsetzt.

Die flächenhafte Besiedlung der mit fruchtbarem Löss bedeckten Beckenlandschaft nördlich der Donau um Ingolstadt konnten die Heimatforscher J. Reichart und M. Eckstein durch Feldbegehungen ab den 1930er-Jahren nachweisen. Zahlreiche Ausgrabungen – insbesondere große Flächengrabungen seit 1980 – haben seitdem gezeigt, dass das südliche Albvorland zu den Kernlandschaften der neolithischen Besiedlung Bayerns gehört. Eine besondere Qualität des Naturraumes unseres Gebietes stellten die zahlreichen Lagerstätten des begehrten Roh- und Werkstoffes Feuerstein (Silex) dar. Zusammen mit der verkehrsgünstigen Lage führte dieser „Standortvorteil" früh zum materiellen und wohl auch kulturellen Austausch mit mehr oder weniger fern gelegenen anderen Siedlungsgebieten.

Die einzelnen Abschnitte der Jungsteinzeit werden von der archäologischen Forschung nach den gut erkennbaren Veränderungen von Form und Verzierungsstil der Tongefäße unterteilt. Der keramische Wandel korrespondiert in aller Regel auch mit einem Wandel anderer kultureller Merkmale wie Wirtschaftsform und Bestattungsbrauch. Die Namen der so zeitlich oder räumlich unterschiedenen kulturellen Gruppierungen sind oftmals von deren erstmaligen Fundorten abgeleitet, manchmal beziehen sie sich auch auf einen bestimmten Keramikstil.

Die Anfänge – Siedler aus dem Osten?

Den Beginn der neuen Epoche markiert die Kultur der Linearbandkeramik, so benannt nach den in die Oberfläche geritzten bandförmigen, „kurvolinearen" Verzierungen der meist halbkugelig geformten Tongefäße. Wie etliche Funde aus der ältesten Phase dieser auch als Altneolithikum bezeichneten Zeitstufe zeigen, gehörten die nördlichen Randlagen des Donautals um Ingolstadt zu den ältesten Siedlungsplätzen dieser Kulturstufe in Mitteleuropa. Da das Erscheinungsbild der linearbandkeramischen Kultur in ihrem ganzen Verbreitungsgebiet von Südpolen bis ins Pariser Becken sehr einheitlich ist, spricht vieles

Restauriertes Gefäß der ältesten Linearbandkeramik vom Gradhof bei Kösching

für einen raschen Kulturwandel, bei dem das revolutionäre bäuerliche „Kulturpaket“ entweder von Einwanderern aus dem Balkan mitgebracht oder scheinbar geschlossen durch die nacheiszeitlichen Jäger- und Sammlergruppen übernommen wurde.

Unserem bisherigen Kenntnisstand zufolge ist die bandkeramische Kultur entlang der Donau nach Westen zunächst nur bis auf die Höhe von Bergheim-Attenfeld (Lkr. Neuburg-Schrobenhausen) gelangt und erst in ihren jüngeren Abschnitten bis zum Wellheimer Trockental und über die Donau hinweg in das Tertiäre Hügelland zwischen Donaumoos und Lech vorgedrungen. Die Besiedlung orientierte sich offenbar an sehr eng gefassten, der damaligen Wirtschaftsweise optimal angepassten Standortvorgaben. Bevorzugt wurden sonnige, schwach geneigte Süd- oder Südosthänge mit guten Böden in Gewässernähe. Die Albhochfläche und das Altmühltal mit seinem raueren Klima und den schlechteren Böden wurden offenbar nur sporadisch, etwa zu Jagdausflügen, aufgesucht, wie Einzelfunde von geschliffenen Beilen und Äxten aus Felsgestein zeigen.

Die meisten der zahlreichen Siedlungen sind lediglich durch Lesefunde nachgewiesen, die von der Oberfläche der gepflügten Äcker aufgesammelt wurden. Ausgrabungen in der Region haben bisher nur sehr kleine Ausschnitte bandkeramischer Siedlungen erfasst. Wie wir aus größeren Grabungen, zum Beispiel in Hienheim bei Kelheim wissen, bestand ein bandkeramisches Dorf aus fünf bis zehn mehrschiffigen Pfostenhäusern, die mit einer Länge bis zu 30 m jeweils einer Großfamilie samt dem Viehbestand Unterkunft boten. Gräberfelder, wie sie in Niederbayern gelegentlich auftreten, konnten im nördlichen Oberbayern noch nicht beobachtet werden. Dagegen ist gesichert, dass bereits lokale

Feuersteinvorkommen, vor allem die Lagerstätten in der Umgebung von Attenfeld, vermutlich in einer Art von Tagebau ausgebeutet wurden.

Kulturgruppen des mittleren Neolithikums

Gegen Ende der Zeit der Linearbandkeramik kam es zu immer stärkeren Regionalisierungstendenzen in dem bisher so einheitlichen Kulturraum, und es entwickelten sich die kleinräumiger verbreiteten Kulturgruppen des Mittelneolithikums (um 4900 v. Chr.). In Südbayern fasste die ursprünglich in Böhmen beheimatete stichbandkeramische Kultur Fuß. Nach und nach entstand daraus die stark regional verwurzelte Gruppe Oberlauterbach. Insgesamt erfuhr der Siedlungsraum im Mittelneolithikum keine nennenswerte Veränderung, ebenso wie Art und Größe der Siedlungen. Etwas abgewandelt erscheinen die Grundrissformen der Häuser, die nun „schiffsförmig" ausgebauchte Längswände oder trapezoide Grundrisse besitzen.

Obwohl vermutlich zu jeder Siedlung ein Bestattungsplatz gehörte, sind Fundplätze mit mittelneolithischen Bestattungen in Bayern insgesamt sehr selten. Da die Gräber meist nicht besonders tief liegen, wurden sie wohl beim Pflügen zerstört. Bei Mailing konnte eines dieser seltenen Gräber in einer Notmaßnahme geborgen werden, nachdem Skelettreste auf der Ackeroberfläche beobachtet worden waren. Der oder die Tote war mit Schmuck aus Kalksteinperlen ausgestattet worden, wie es für die Oberlauterbacher Gruppe charakteristisch ist. Die Überreste einer Werkstatt für solche Perlen, die sich durch Rohlinge und Halbfabrikate zu erkennen gab, wurden in den 1980er-Jahren auf dem Brunnbuck bei Gaimersheim entdeckt.

Zentrale Plätze, rätselhafte Bestattungen und das erste Kupfer

Ein deutlicher Bruch zum Vorhergehenden wird mit der Münchshöfener Kultur fassbar, die bereits an der Wende zum Jungneolithikum steht (ab ca. 4400 v. Chr.). Benannt nach einem Fundort beim niederbayerischen Straubing, lässt diese Keramikgruppe scheinbar keine einheimischen Wurzeln erkennen. Die sehr komplex aufgebaute und filigran verzierte Keramik verrät Einflüsse aus Südosteuropa. Ob dahinter eine Bevölkerungsbewegung größeren Ausmaßes steht, erscheint freilich fraglich. Ohne Zweifel wird die Zäsur aber auch an anderen Details deutlich: Das

Mehrfachbestattung in einer Siedlung der Münchshöfener Kultur aus Großmehring

relativ enge Siedlungsgebiet tastet sich erstmals vorsichtig über das Altsiedelland hinaus in extremere Tal- und Höhenlagen vor, so auf die Niederterrasse nördlich der Donau und in das Altmühltal, wie jüngst entdeckte Siedlungen bei Oberstimm und Beilngries zeigen. Die ausgegrabenen Siedlungsreste bestehen zumeist aus einigen Vorratsgruben und Lehmentnahmestellen für den Wandbewurf der Häuser. Die Gebäude selbst haben im Gegensatz zu den Pfostenbauten der vorangehenden Epochen keine Spuren im Boden hinterlassen. Denkbar sind kleinere ebenerdige Konstruktionen mit Schwellbalken oder Blockhäuser.

Die Dörfer des Alt- und Mittelneolithikums, die über mehrere Generationen oder gar Jahrhunderte Bestand hatten, werden nun von kleineren Weilern oder Einzelgehöften abgelöst. Vereinzelte größere Siedlungen weisen auf eine beginnende Differenzierung des Siedlungsgefüges hin. Gleichzeitig entstehen von tiefen Gräben umzogene und vielleicht auch wallbewehrte zentrale Plätze, so genannte Erdwerke. Bei diesen Anlagen – im nördlichen Oberbayern inzwischen bei Buxheim, Eitensheim, Bergheim und Oberstimm durch Grabungen nachgewiesen – ist weniger eine Funktion als Befestigung, sondern eher als Kult-, Versammlungs- oder Handelsplatz in Erwägung zu ziehen. Letzteres scheint vor allem für das Erdwerk von Buxheim plausibel, da sich hier unzählige Silexrohstücke und Produktionsabfälle einer in unmittelbarer Nähe liegenden Lagerstätte fanden. Hinzu kommen noch zahlreiche Tongefäße, die sich nicht in das bekannte heimische Münchshöfener

Spektrum einfügen, sondern Bezüge zu nördlich und vor allem westlich benachbarten Kulturen aufweisen. Keramikfunde der hauptsächlich in Südwestdeutschland verbreiteten Schussenrieder Kultur aus Oberhaunstadt sind ein Beispiel für weitreichende Kultur- bzw. Handelsbeziehungen gegen Ende der Münchshöfener Kultur.

Das Bestattungswesen dieser Zeit scheint sich archäologischen Methoden zu entziehen. Mit einer gewissen Regelmäßigkeit finden sich lediglich menschliche Skelette, oft verstümmelt oder zu mehreren in ansonsten unauffälligen Siedlungsgruben in einer Art und Weise niedergelegt, die mehr an Entsorgung denn an ein Grab denken lässt. Ob diese Bestattungen einen Hinweis auf unruhige Zeiten darstellen, sei allerdings dahingestellt. Es gibt indes starke Anzeichen dafür, dass die in den Gruben niedergelegten Toten nicht den „normalen" Bevölkerungsquerschnitt repräsentieren. Solche Befunde sind zum Beispiel aus Großmehring, Bergheim, Eitensheim und Menning bekannt. Dort konnten bei sieben in einer Vorratsgrube aufgefundenen Individuen auch Reste von kupfernem Drahtschmuck geborgen werden. Es handelt sich hierbei um die ältesten Zeugnisse von Metall in Bayern.

Unter dem Einfluss der nordischen Trichterbecherkulturen entwickelte sich um 3800 v. Chr. die Altheimer Kultur. Deren grobe, meist unverzierte Keramik steht in scharfem Gegensatz zur keramiktechnologischen Blüte der vorangegangenen Zeit, doch lassen gewisse Entwicklungstendenzen der spätmünchshöfener Gefäße durchaus eine Übergangsphase erahnen. Wichtigste Kennzeichen dieser Kultur sind Gefäßränder mit arkadenartigen Fingertupfen, große Sichelmesser aus Plattensilex und walzenförmige Steinbeile, bei denen der Schneidenbereich überschliffen, der restliche Beilkörper lediglich grob gepickt ist. Metall wurde jetzt schon in etwas größerem Umfang verwendet, wie zwei Kupferflachbeile aus dem Neuburger Raum zeigen.

Silexsichel der Altheimer Kultur aus Ingolstadt-Etting

Doppelgraben eines neolithischen Erdwerks in Ingolstadt-Oberhaunstadt

Das Siedlungsgebiet blieb zur Zeit der Altheimer Kultur im Großen und Ganzen gleich, allenfalls kam es zur weiteren Aufsiedlung einiger Standorte in feuchten Talbereichen und auf der Albhochfläche. Keramikfunde vom Schlossberg bei Haushausen, Gde. Wolnzach, belegen einen Vorstoß nach Süden in das Tertiäre Hügelland auf sandige und weniger fruchtbare Böden. Trotz der vergleichsweise noch spärlichen Lese- und Grabungsfunde ist von einer flächendeckenden Besiedlung auszugehen. Eine größere Siedlung der Altheimer Kultur konnte unlängst im Norden Ingolstadts bei der Erweiterung des AUDI-Geländes aufgedeckt werden. Die halb in den Boden eingetieften Grubenhäuser sind im Vergleich mit den Bauten des Alt- und Mittelneolithikums sehr klein.

Die Frage des Überganges von der Altheimer Kultur zur Chamer Gruppe lässt sich derzeit noch nicht befriedigend beantworten. Vieles deutet darauf hin, dass diese das Endneolithikum einleitende Erscheinung sich um 3400 v. Chr. unter wiederum südöstlichen Impulsen formiert hat. Die äußerst grobe Keramik ist allenfalls mit plastischen Kerbleisten verziert. Fundstellen dieser Gruppe waren in unserer Region bis vor wenigen Jahren kaum bekannt; erst neuere Grabungen haben Siedlungsausschnitte erbracht. Die Fundplätze in der Eichstätter Altstadt, bei Kinding und Beilngries deuten erstmalig eine flächigere Besiedlung des Altmühltales an. Als regelrechte Höhensiedlung, wie sie vor allem in Niederbayern bekannt sind, tritt wieder der Schlossberg bei Haushausen auf.

Eine Besonderheit der Chamer Gruppe sind mächtige Erdwerke mit doppelten Grabenringen, wie sie im Norden Ingolstadts und bei Kösching ausgegraben wurden. Einschlägige Luftbilder machen drei weitere Anlagen bei Etting, Oberhaunstadt und Großmehring wahrscheinlich. Möglicherweise sind derartige Bauwerke Ausdruck eines gesteigerten Schutzbedürfnisses in unruhigen Zeiten. Hausbefunde aus dieser Zeit sind dagegen fast unbekannt. Singulär ist daher ein ca. 30 m langer zweischiffiger Pfostenbau mit begleitenden Lehmentnahmegruben aus Pförring, der einen bislang unbekannten Bautyp dieser Epoche verkörpert und vielleicht als Vorläufer der regelhaft auftretenden frühbronzezeitlichen Langhäuser angesehen werden darf.

Hockergräber vom Ende der Jungsteinzeit

Während sich unsere Kenntnisse über die bisher behandelten Abschnitte des Neolithikums überwiegend aus Siedlungsbefunden speisen, kehren sich die Verhältnisse am Ende der Jungsteinzeit radikal um: Siedlungen entziehen sich nun offenbar der Beobachtung, Grabfunde machen den größten Anteil am Quellenmaterial aus.

Die schnurkeramische Kultur, benannt nach der charakteristischen Keramikverzierung mit Schnurabdrücken, stellt erstmals nach der Linearbandkeramik, und sogar in noch größerem Ausmaß, wieder einen gesamteuropäischen Horizont dar. Vermutlich von Mitteldeutschland ausgehend, hat sie sich um 2900 v. Chr. in kürzester Zeit von der Schweiz bis nach Finnland und vom Rhein bis nach Russland ausgebreitet. Dieses Phänomen kann nur schwer mit Wanderungsbewegungen eines Volkes oder kultureller Angleichung erklärt werden, sondern spiegelt mit

Gefäße aus einer Grabgruppe der schnurkeramischen Kultur beim Güterverkehrszentrum in Ingolstadt

der Ausbreitung einer bestimmten Waffen- und Keramikmode vielleicht eher soziale Veränderungen wider, die mit dem Übergang von der Jungsteinzeit zur frühen Bronzezeit zusammenhängen könnten. Einzelne schnurkeramische Funde kommen des Öfteren auch in Siedlungen der Chamer Gruppe vor, was eine zeitliche Überschneidung wahrscheinlich macht. Rein schnurkeramische Siedlungen sind dagegen äußerst selten. Die Gräber der schnurkeramischen Kultur finden sich dagegen in der ganzen Region einschließlich der Altmühlalb und der Niederterrasse südlich der Donau. Die Bestattungen liegen in der Regel einzeln und nur selten in kleinen Grabgruppen. Die Toten wurden in angehockter Körperhaltung auf der Seite liegend in Ost-West ausgerichteten Grabgruben beigesetzt. Ansonsten folgte der Bestattungsbrauch einem streng nach Geschlechtern differenzierten Schema. Männer liegen auf der rechten Seite mit dem Kopf im Westen im Grab, Frauen auf der linken Seite mit dem Kopf im Osten. Immer richtet sich der Blick also nach Süden. Den Frauen wurden meist nur ein oder zwei Tonbecher und einige Silexwerkzeuge mit ins Grab gegeben, bei Männern kommen noch Waffen wie zum Beispiel fein gearbeitete Silexdolche, Steinbeile oder facettiert geschliffene Steinäxte dazu. Eine Besonderheit sind Mehrfachbestattungen wie bei Kösching mit vier oder bei Gaimersheim mit zwei Toten in einem Grab.

Die Glockenbecherkultur

Der letzte Abschnitt des Neolithikums, die Glockenbecherkultur mit einer Dauer von ca. 2500–2000 v. Chr., überlappt sich sowohl mit der vorhergehenden Phase als auch mit der sich anschließenden Frühbronzezeit. Es gibt Anzeichen dafür, dass die Glockenbecher aus der niederrheinischen Schnurkeramik hervorgegangen sind. Das Verbreitungsgebiet überspannt nun einen noch größeren Bereich: von Schottland bis Sizilien und von Portugal bis nach Ungarn.

Im Gegensatz zur Zeit der Schnurkeramik sind die Gräber Nord-Süd ausgerichtet, wobei Männer mit dem Kopf im Norden auf der linken Körperseite, Frauen mit dem Kopf im Süden auf der rechten bestattet wurden. Neben den charakteristischen verzierten Bechern, deren Form an eine Glocke erinnert, finden sich in den Gräbern oft Tassen und Schalen als weitere Tongefäße. Zu Kleidung und Schmuck gehören Funde von Nadeln und v-förmig durchbohrte Knöpfe sowie halbmondförmige Anhänger aus Bein. Teilweise in metallischen Werkstoff übersetzt, begegnet uns dieses Trachtzubehör auch noch in den Gräbern der frühen Bronzezeit. Wertvolle Materialien wie Bernstein oder gar Gold – zu den herausragenden Funden der Region zählt ein goldenes Diadem aus einem Gräberfeld bei Großmehring – sprechen dafür, dass die Glockenbecherleute einer sozialen Oberschicht angehörten. Neben dem Dolch, der jetzt oft aus Kupfer geschmiedet ist, gehören auch kunstvoll gearbeitete Silexpfeilspitzen zur Waffenausstattung, was gegenüber der früher üblichen Kombination aus Dolch und Axt bzw. Beil eine Veränderung der Kampfesweise widerspiegeln könnte. Die Ausstattung mit Pfeil und Bogen wird manchmal noch durch eine steinerne Armschutzplatte vervollständigt, die das Handgelenk vor der zurückschnellenden Bogensehne schützen sollte.

Die Gräber der Glockenbecherzeit sind oft zu kleinen Friedhöfen gereiht wie im Norden von Ingolstadt, in Buxheim, und – erstmals in größerem Umfang auf der Schotterterrasse südlich der Donau – in Zuchering, Oberstimm oder Weichering. Einzelne Funde dieser Zeit, die zerstörte Gräber anzeigen könnten, gibt es auch aus dem Bereich des Altmühltals. Sicher waren auch die zugehörigen Siedlungen nicht fern. Siedlungsausschnitte wurden unter anderem bei Rennertshofen-Stepperg und bei Großmehring dokumentiert, hier sogar ein bisher einzigartiger Hausgrundriss mit einer Wandkonstruktion aus Doppelpfosten.

Ein jungneolithisches Gräberfeld bei Weichering zeigt die starke Durchdringung von Becherkulturen und früher Bronzezeit. Hier wurden neben Glockenbechergräbern auch zwei ungewöhnliche Brandgräber der Schnurkeramik sowie einige Gräber der Frühbronzezeit angetroffen. Wenn dies auch nicht unbedingt ein Zeichen für die Gleichzeitigkeit der Kulturgruppen darstellt, so wurde die Lokalität immerhin kontinuierlich als Bestattungsplatz genutzt.

Am Ende dieses knappen Überblicks über fast 4000 Jahre menschliche Geschichte wird deutlich, dass die Gegend um Ingolstadt zu den fundreichsten Siedellandschaften Bayerns für die so dynamische und noch immer rätselhafte Epoche des Neolithikums zählt. Die weitere Erforschung der Jungsteinzeit im nördlichen Oberbayern birgt daher ein bedeutendes Potential für nicht nur regional gültige Erkenntnisse.

Frühe und mittlere Bronzezeit – Metall verändert die Welt

Geschichtliche Entwicklung und Gruppenbildungen

Der älteste Abschnitt der Bronzezeit, die ältere Frühbronzezeit (Bz A1a/FB I; ca. 2300/2200–2000 v. Chr.), kennt noch keine Bronze-, sondern lediglich Kupfergegenstände. Beigaben- und Bestattungssitte leiten sich direkt von der vorangegangenen Glockenbecherkultur ab, und Anthropologen konnten feststellen, dass auch die Menschen der Frühbronzezeit dem „Glockenbechertypus" zuzuweisen sind. Am Beginn der Frühbronzezeit neu angelegte Friedhöfe sowie andersartige Keramik-, Waffen- und Schmuckformen lassen uns diese neue Kultur jedoch von der Glockenbecherkultur unterscheiden. Während der älteren Frühbronzezeit beschränkt sich – wie im Endneolithikum – die Ausdehnung dieser Kultur im nördlichen Oberbayern noch auf das Ingolstädter Becken und das Altmühltal.

Erst in der mittleren Frühbronzezeit (Bz A1b–A2a/FB II; ca. 2000–1700 v. Chr.) tritt das neue Material Bronze in Erscheinung. Der Siedlungsraum vergrößert sich und Fundstellen liegen nun auch im Tertiär-Hügelland an Paar und Ilm.

Im Laufe der jüngeren Frühbronzezeit/frühen Mittelbronzezeit (Bz A2b–A2c und Bz B älter/FB III; ca. 1700–1500 v. Chr.) finden in allen Lebensbereichen gewaltige Veränderungen statt. Der Anstoß dazu kam sicherlich aus dem Karpatenbecken, denn im metallenen Formengut dominieren Gegenstände, die dort ihr Vorbild haben. Die alten Friedhöfe werden aufgelassen und anderswo neu angelegt. Den wenigen überlieferten Gräbern treten Mehrstückdeponierungen („Horte") an die Seite, die nun auch Brucherz und fragmentierte Objekte beinhalten können. Erstmals werden Siedlungen in leicht zu schützender Spornlage oder auf Inselbergen angelegt.

Spätestens in dieser Zeit werden auch die Seitentäler der Alb, wie zum Beispiel das Anlautertal, kolonisiert. Die zuvor noch recht sporadische Besiedlung auf der Alb und im Tertiär-Hügelland verdichtet sich nun. Zumindest für das Tertiär-Hügelland kann man dies im Zusammenhang mit der Schaffung oder der starken Wiederbelebung (?) von Verkehrs- und Handelsrouten sehen. Von der Höhensiedlung auf dem Freisinger Domberg als Drehscheibe im Norden der Münchner

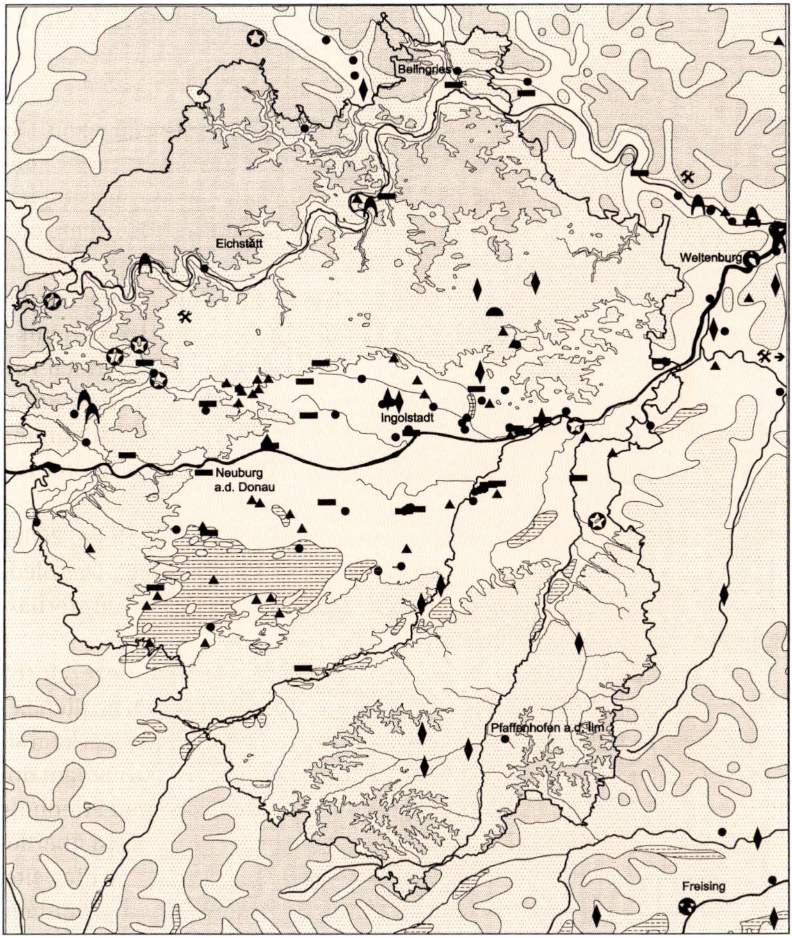

Entwurf der Verbreitung der früh- und frühmittelbronzezeitlichen Fundstellen (Bz A–B älter/FB I–III) im nördlichen Oberbayern (Umrisslinie) und den angrenzenden Gebieten. Kreise: Siedlungen; Stern im Kreis: Höhensiedlungen; Rechtecke: Flachgräber; Halbkreis: Hügelgrab; Rauten: Mehrstückdeponierungen; Dreiecke: Einzelfunde; Halbellipsen: Höhlen; Gekreuzte Werkzeuge: Silexreviere. Höhenschichten: weiß: unter 400 m ü. NN; hell gepunktet: 400–500 m ü. NN; dunkel gepunktet über 500 m ü. NN. Waagerechte Schraffur: Moore (nach Geologischer Karte in Bayern 1:500 000). Basislinie des Rahmens in Wirklichkeit 67 km

Ebene werden Güter den direkten Weg ins Ingolstädter Becken über das Amper-, Glonn- und Ilmtal genommen haben.

In der jüngeren Frühbronzezeit tauchen bereits erste, unter künstlichen Hügeln gebettete Bestattungen auf, wie das Grab eines Mannes mit Steinschüttung im Köschinger Forst. Die Überhügelung der Gräber wird zum Kennzeichen für die ältere und jüngere Mittelbronzezeit (Bz B jünger–C; 1500–1350/1250 v. Chr.), die deshalb auch als Hügelgräberbronzezeit bezeichnet wird. Die vorangegangenen Formen entwickeln sich fließend weiter, jedoch werden Siedlungen und Friedhöfe nach der frühen Mittelbronzezeit erneut aufgelassen und an anderer Stelle neu gegründet. Die Deponierungssitte wird aufgegeben. Für diesen Umbruch lassen sich wohl auch klimatische Veränderungen verantwortlich machen.

Während der älteren und mittleren Frühbronzezeit beeinflussen die Ries- und die Singener Gruppe die Kultur im Ingolstädter Becken von Westen, die Straubinger Gruppe von Osten und die Aunjetitzer Kultur von Nordosten her. Letzteres zeigen die sechs Ingolstädter Vollgriffdolche vom Oder-Elbe-Typus, benannt nach dem Hauptverbreitungsgebiet des Typs.

Am Übergang zur Mittelbronzezeit verstärkt sich der neu aufkommende Einfluss aus dem südmährisch-niederösterreichischen und südwestslowakischen Donauraum, wofür das Gräberfeld von Bergheim-Förchenaufeld (Lkr. Neuburg-Schrobenhausen) beispielhaft steht. Genauso finden sich in diesem Gräberfeld Bestattungsformen und Beigaben, die in das westliche Süddeutschland und die Schweiz weisen. Diese westliche Orientierung der Kultur im Ingolstädter Becken drückt sich auch in der Verbreitung der FB-III-zeitlichen Keramikgruppe Landsberg/Arbon aus, die sich über weite Bereiche Südwestdeutschlands sowie den angrenzenden Teil der Schweiz erstreckt und deren Ostgrenze etwa zwischen dem Weltenburger Frauenberg und dem Freisinger Domberg gezogen werden kann.

In der entwickelten Mittelbronzezeit herrscht weiterhin der Einfluss aus dem Osten vor, der teilweise bis aus dem Karpatenbecken kommt. Die Blechspiralen aus der bekannten Mehrstückdeponierung mit dem Bernsteincollier vom Ingolstädter AUDI-Gelände sind hierfür ein eindrucksvolles Beispiel.

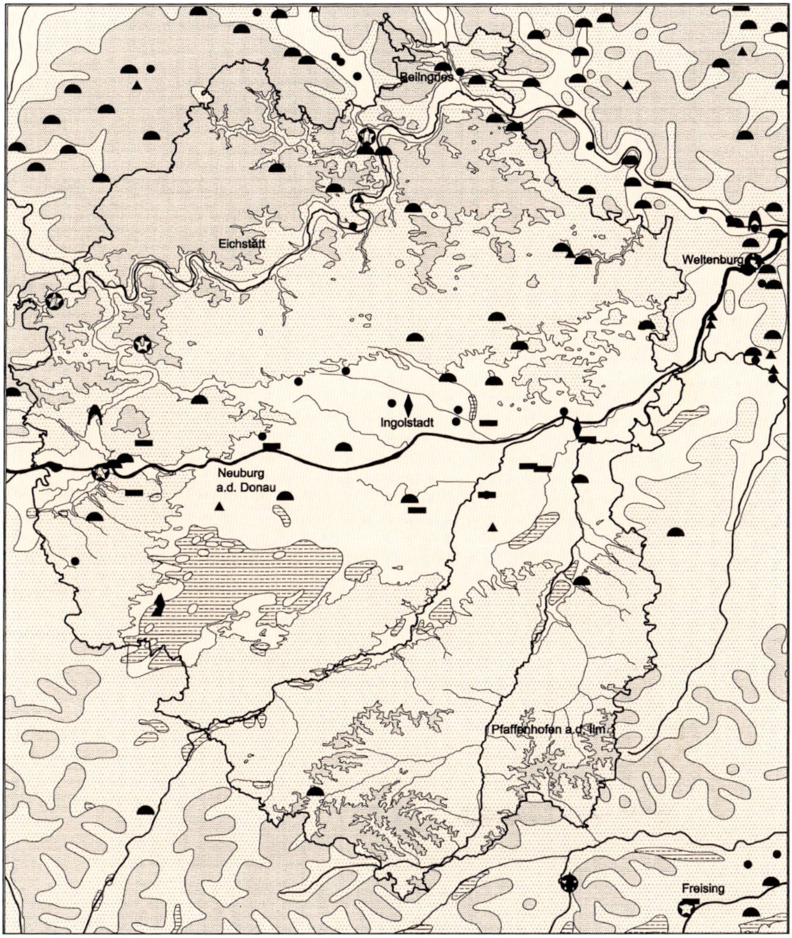

Entwurf der Verbreitung der mittelbronzezeitlichen Fundstellen (Bz B jünger–C) im nördlichen Oberbayern (Umrisslinie) und den angrenzenden Gebieten. Kreise: Siedlungen; Stern im Kreis: Höhensiedlungen; Rechtecke: Unsichere Gräber; Halbkreise: Hügelgräber; Rauten: Mehrstückdeponierungen; Dreiecke: Einzelfunde; Halbellipsen: Höhlen. Höhenschichten: weiß: unter 400 m ü. NN; hell gepunktet: 400–500 m ü. NN; dunkel gepunktet über 500 m ü. NN. Waagerechte Schraffur: Moore (nach Geologischer Karte in Bayern 1:500 000). Basislinie des Rahmens in Wirklichkeit 67 km

Technik und Wirtschaft

Vor dem Aufkommen der Bronze um die Wende zum 2. Jahrtausend herrschten gehämmerte Kupfergegenstände vor. Bronze hingegen ist eine Legierung aus Kupfer und Zinn, die gegenüber reinem Kupfer weitaus bessere Materialeigenschaften aufweist. Beim Bronzeguss arbeitete man teils in „verlorener Form“, das heißt, die tönernen Formen wurden nach einmaligem Gebrauch zerstört, teils benutzte man für die Herstellung der mittelbronzezeitlichen Vollgriffschwerter mehrfach verwendbare, mehrteilige Gussformen aus Stein oder Bronze. Die beiden Blechspiralen aus dem Ingolstädter Bernsteindepot sind hingegen ein Paradebeispiel für die fortgeschrittene handwerkliche Schmiedekunst der jüngeren Mittelbronzezeit.

Die Töpferei erreichte bei der Feinkeramik gegen Ende der Frühbronzezeit einen Höhepunkt, was die Feinheit des Tons, den Aufbau der Gefäße und den Verzierungsreichtum anbelangt. Hingegen verändert sich die Grobkeramik, die wie die Feinkeramik ohne Töpferscheibe hergestellt wurde, in dem bronzezeitlichen Jahrtausend nur wenig.

Mit dem Beginn der Bronzezeit kamen Hornsteingeräte keineswegs aus der Mode, wenn auch die Schlagtechnik im Vergleich zum Neolithikum degenerierte. Der Bedarf an Hornsteingeräten dürfte zumindest in der frühen Bronzezeit noch relativ groß gewesen sein, da die Metallgeräte oftmals weniger funktionieren als eher repräsentieren sollten und konnten. Bei Tempelhof, Gde. Adelschlag (Lkr. Eichstätt), wurde Hornstein im großen Stil abgebaut und weiterverarbeitet. Die seit dem Mittelneolithikum bekannten Plattensilexreviere von Baiersdorf, Gde. Riedenburg, und Arnhofen, Gde. Abensberg (beide Lkr. Kelheim), wurden ebenfalls noch ausgebeutet.

Frühbronzezeitliche Rillentasse aus Manching

Der Bau der bronzezeitlichen Langhäuser bedingte ein

entwickeltes Holzhandwerk. Zur Holzbearbeitung dienten nicht ausschließlich Bronzebeile und -meißel, sondern vielmehr auch noch Steinbeile, Silexbohrer und Knochenmeißel. Die beiden Letztgenannten werden auch bei der Verarbeitung von Tierknochen und Geweihstücken zu Nadeln, Ringschmuck und Amuletten sowie Griffstücken von Dolchen eingesetzt worden sein.

Die seit dem Jungneolithikum in Süddeutschland bekannten Kulturpflanzen Gerste und Dinkel wurden in der Bronzezeit die wichtigsten Getreidearten. Nach Ausweis der Unkräuter in den Getreidevorräten wurde Dinkel als Wintergetreide, Gerste hingegen als Sommergetreide angebaut.

Über die bronzezeitlichen Nutztiere ist bis jetzt aus Bayern nur wenig bekannt. Die Jagd verlor schon gegen Ende des Neolithikums an Bedeutung, was möglicherweise mit dem zeitgleichen gesellschaftlichen Umbruch zusammenhängt.

Beispielhaft sollen die Verhältnisse der bäuerlichen Ansiedlung von Ingolstadt-Zuchering beschrieben werden: Dort dominierte deutlich das Rind als Haustier; es diente nicht nur als Fleisch- und Milchlieferant, sondern vielmehr als Arbeitstier. Schweine wurden wegen ihres Fleisches, Schafe vielleicht in erster Linie wegen der Wolle und Ziegen vielleicht vor allem wegen der Milch gehalten. Flussmuscheln und Fische aus einem nahe gelegenen Bach ergänzten die Nahrung der Bewohner. Mittelkleine Hunde gehörten ebenfalls zum Erscheinungsbild der Siedlung.

Bronzezeitliche Rinder muss man sich 105–120 cm groß (jeweils Widerristhöhe) vorstellen, Schafe etwa 55–65 cm; Schweine waren um die 75–80 cm hoch. Auch die Hauspferde waren damals mit ca. 135 cm noch kleiner als heutzutage.

Siedlungen

Die bronzezeitliche Architektur kennt nur Holzbauten, sieht man von der Steinmauer der Mörnsheimer Höhensiedlung (Lkr. Eichstätt) ab. Zur Rekonstruktion der Hausbauten stehen keine aufgehenden Wände oder gar Dachteile zur Verfügung. Für die Rekonstruktionen müssen wir uns mit den Gruben für die eingegrabenen konstruktiven Elemente und den wenigen Funden aus dem Hausinneren zufrieden geben.

Rekonstruktion der frühbronzezeitlichen Siedlung in Ingolstadt-Zuchering

Nach mehreren Jahrhunderten ohne uns bis jetzt bekannte Hausgrundrisse tauchen in der älteren und mittleren Frühbronzezeit Pfostenbauten mit Dimensionen von zum Teil über 60 m Länge (Typ Eching/Öberau) auf. Die Groß- und/oder Mehrfamiliengehöfte nahmen sicherlich auch Viehstallungen und Lagerräume auf.

Die Häuser der jüngeren Frühbronzezeit sind deutlich kürzer, Längen von etwa 15–25 m sind jetzt die Regel. Zuweilen werden die Außenwände in Gräbchen fundamentiert, da nun die Last des Daches nicht mehr von Firstpfosten getragen, sondern überwiegend auf die Außenwände abgeleitet wird (Typ Brežno, Variante Zuchering). Namensgebend für diese Variante sind die Gehöfte, die auf der Bahntrasse südlich von Zuchering ausgegraben wurden. Häuser dieser Variante Zuchering konnten bislang nur im Verbreitungsgebiet der Keramikgruppe Landsberg/Arbon aufgedeckt werden.

In der Mittelbronzezeit verkürzen sich die Wohngebäude nochmals zum Teil bis auf 10 m. Die Grundrisse zeigen jetzt jedoch deutlich verstärkte First- und zahlenmäßig reduzierte Wandpfosten. Stallungen sowie Arbeits- und Lagerräume werden sich in separaten Bauten befunden haben.

Über verziegelte Lehmreste aus abgebrannten Häusern wissen wir, dass die Wände der bronzezeitlichen Häuser aus Rutenflechtwerk gebaut und mit Lehm verkleidet waren. Bei den Dächern kann man davon ausgehen, dass sie mit Schilfrohr oder weniger geeignetem Getreidestroh gedeckt waren. Zumindest bis ans Ende der Frühbronzezeit wurden zum Schneiden von Schilf und Getreide Holzsicheln mit mehreren eingesetzten Silexschneiden verwendet, auch wenn es zeitlich parallel dazu bereits die ersten Sicheln aus Bronze gab. Man kann sich gut vorstellen, dass im hohen Schilf dabei so mancher Silexeinsatz verloren ging. Beispiele dafür gibt es rund um das Donaumoos oder in den Mooren des Schuttertals genügend.

Aussagen zur bronzezeitlichen Siedlungsstruktur sind nur bedingt möglich. Die Langbauten der Frühbronzezeit finden sich oftmals einzeln, jedoch in relativer Nähe zueinander. Dorfartige Flachlandsiedlungen sind ebenfalls bekannt.

Über die Innenbebauung von Höhensiedlungen wissen wir vorerst gar nichts. Nach Ausweis der Mörnsheimer Höhensiedlung auf dem Schlossberg waren steinerne Mauern spätestens am Beginn der Mittelbronzezeit bekannt. Auf alle Fälle wurden hölzerne Palisaden-Graben-Anlagen zum Schutz, aber auch zur örtlichen Abgrenzung und Repräsentanz errichtet. Diese „Burgen“ waren sicherlich die Wirtschafts-, Macht- und Kultzentren ihrer zugehörigen Siedlungskammern.

Soziale Verhältnisse

Das Aufkommen des Metalls und seine immer größer werdende Bedeutung zogen weit reichende Veränderungen in den sozialen Verhältnissen nach sich.

Ab der Bronzezeit bestand eine differenzierte Arbeitsteilung. Als neue Berufszweige sind Erzprospektoren und -verhütter des Nordtiroler und Salzburger Alpengebietes zu nennen. Neu sind aber auch spezialisierte Metallhandwerker. Händler oder besser Distributoren sorgten dafür, dass das rohe und fertige Metall unter die Leute kam. Zinn für die Bronze musste in der Bronzezeit vermutlich noch in der Bretagne oder in Cornwall beschafft werden. Die große Menge an Bronze und die weite zeitgleiche Verbreitung machen eine wie auch immer geartete Organisation wahrscheinlich. Die ab der jüngeren Frühbronzezeit prosperierenden Höhensiedlungen sind sicherlich ein Teil dieses Gefüges mit zentralörtlicher Bedeutung, zum Beispiel was die überregionale Verteilung des Metalls anbelangt. Dies würde aber auch bedeuten, dass sich eine komplexere soziale Schichtung gebildet hätte.

Inwieweit es einen Berufsstand der Hornstein-Bergleute und Steinschläger gab oder ob sich jeder Hof seine Sichelklingen selbst besorgt und geschlagen hat, ist unklar.

Alle diese Menschen mussten ernährt werden, und dafür waren die Bauern zuständig, die mit einer oder vielleicht auch mehreren (Groß-) Familien in ihren Wohn-Stall-Häusern wohnten. Nebenbei übten die Bauern alle möglichen für das tägliche Leben notwendigen handwerklichen Tätigkeiten aus.

Die Urzelle der Gesellschaft war sicherlich die Großfamilie, die oftmals in Einzelhöfen in jeweils geringem Abstand zueinander lebten. Kleine Nekropolen oder Einzelgräber können diesen Gemeinschaften zugeordnet werden. Es sind jedoch auch weilerartige Ansiedlungen mit mehreren dort lebenden Familien bekannt. Zur Errichtung und Versorgung der (befestigten) Höhensiedlungen waren größere Gemeinschaften nötig, die wohl unter einer zentralen Organisation standen.

Kult und Religion – Opferplätze und Deponierungen

Die streng kanonisch geübte Bestattungssitte der frühen Bronzezeit, die sich direkt von den endneolithischen Sitten ableitet, ist ein Ausdruck der damaligen Glaubensvorstellungen, die wir heute nur sehr bedingt verstehen können. Die Männer wurden linksseitig mit dem Kopf im Norden bis Osten und die Frauen rechtsseitig mit dem Kopf im Süden bis Westen bestattet, sodass in beiden Fällen die Toten gen Osten oder Süden blickten. Die Körper waren dabei in Embryo- oder Schlafstellung niedergelegt, mit den Händen vor dem Gesicht. Die Verstorbenen wurden in ihrer Tracht und mit ihren Repräsentationsgerätschaften beigesetzt. Dazu gehörten Dolch, Pfeil (und Bogen?) oder Beil sowie eine Nadel bei den Männern und bei den Frauen ein Haubenschmuck aus einem Blechband und kleinen Bronzetutuli oder Blechröhrchen, eine bis zwei Nadeln, Ohr-, Hals-, Arm- und Beinschmuck. Hinzu kommen bei beiden Geschlechtern Speisebeigaben für das Jenseits, die durch die Keramikgefäße oder Tierknochen angezeigt werden.

Gegen Ende der Frühbronzezeit dringen bei uns auch osteuropäische Jenseitsvorstellungen vor, wenn nämlich plötzlich Tote verbrannt oder in Vorratsgefäßen bestattet werden. Der Rückgriff auf Sitten der endneolithischen schnurkeramischen Kultur lässt erneut aufwendige

Bronzezeitliche Bestattung einer Frau mit Tracht und Schmuck. Ausschnitt einer Idealrekonstruktion der Grabkammer unter einem Grabhügel (Stadtmuseum Ingolstadt)

Hügelbestattungen (und die Beilbeigabe) entstehen. Gestreckte Körperbestattungen unter künstlich aufgeschütteten oder aus Steinen errichteten Hügeln werden in der Mittelbronzezeit die Regel. Aufgrund von Einflüssen karpatenländischer Kulturgruppen setzt sich im Laufe der Zeit die Totenverbrennung immer mehr durch, bis dieser Bestattungsbrauch in der darauffolgenden Urnenfelderzeit zur Regel wird. Die Reinigung des (weltlichen) Körpers durch das Feuer vor dem Begräbnis lässt einen gänzlich anderen religiösen Hintergrund vermuten als die Bestattung des unversehrten Leichnams. In den Gräbern der mittleren Bronzezeit tragen die Frauen meist ein Nadelpaar an den Schultern, ein Brustgehänge aus bronzenen Stachelscheiben oder herzförmigen Anhängern, ein Paar Armringe, verzierte Gürtel(haken), Fingerringe und selten Beinschmuck. Die weniger illuster ausgestatteten Männer werden oft mit einem Dolch und einem Beil (nur selten mit Schwert oder Pfeil), einer Nadel, einem Armband und einer Haarspirale bestattet.

Ab der mittleren Bronzezeit und bis in die Eisenzeit hinein kennt man als Orte der Kultausübung so genannte Brandopferplätze mit Anhäufungen von kalzinierten Tierknochen, verbrannten Scherben und Holzkohle. Der bislang einzige Nachweis eines solchen Kultplatzes aus dem nördlichen Oberbayern gelang auf dem Stätteberg bei Unterhausen, Gde. Oberhausen (Lkr. Neuburg-Schrobenhausen).

Funde aus Schachthöhlen und von Felstürmen aus den Karstgebieten der Alb sind wohl ebenfalls als Opfergaben zu interpretieren. Menschliche und tierische Skelette, Schmuck, Gerät und Gefäße wurden in die Höhlen eingebracht. Um Felstürme herum finden sich Keramik,

Bronzene Dolche und Ringbarren aus zwei Depots am Augraben in Ingolstadt

verbrannte Tierknochen und Bronzen, die von oben hinabgeworfen wurden.

Strittig ist die Frage, ob Einzel- und Mehrstückdeponierungen in den kultisch-religiösen Bereich fallen, was sicherlich auch nicht pauschal zu beantworten ist. Einzeldeponierungen sind einzeln aufgefundene Objekte, deren zufälliger Verlust ausgeschlossen werden kann. Dies ist zum Beispiel bei den frühbronzezeitlichen Vollgriffdolchen der Fall, die regelhaft – sieht man von den sechs Ingolstädter Stücken ab – als Einzelstücke entdeckt werden und nur ein einziges Mal in einem Grab vorkommen. Die Fundhäufung von einzeln überlieferten Beilen, Nadeln oder (mittelbronzezeitlichen) Vollgriffschwertern aus Gewässern und Mooren ist im Vergleich zu anderen Objekten so auffallend hoch, dass sie sicherlich absichtlich versenkt wurden. Steinbeile wurden bereits im späten Neolithikum niedergelegt, sodass vielleicht von einer langen Tradition gesprochen werden kann. Die Existenz von Mehrstückdeponierungen, die eintönig aus gleichen Formen bestehen, wie beispielsweise der Fund aus dem Köschinger Forst (Lkr. Eichstätt) mit vier Randleistenbeilen vom Typ Langquaid, untermauert den absichtlichen Hintergrund mancher Einzeldeponierungen.

Mehrstückdeponierungen lassen sich grob in Rohmetalldepots, Fertigwarendepots und Mischfunde, in denen sich Rohmetall und Fertigwaren vereint finden, unterteilen. Mehrstückdeponierungen treten anscheinend erstmals in der mittleren Frühbronzezeit auf. Gegen Ende der Früh- und am Anfang der Mittelbronzezeit setzen sich die Deponierungen aus Rohmetallbrocken und (teilweise fragmentierten) Fertigwaren zusammen. In der Mittelbronzezeit setzt die Deponierungssitte aus und erlebt erst wieder in der Urnenfelderzeit einen Aufschwung.

Herausragend in Mitteleuropa ist der Depotfund mit einem Collier und einer Kette aus insgesamt mehr als 2900 Bernsteinperlen, die zusammen mit bronzenem Beinschmuck in einem Vorratsgefäß bei Grabungen auf dem AUDI-Gelände in Ingolstadt geborgen wurden.

Dieser Fund aus dem jüngeren Abschnitt der Mittelbronzezeit wie auch die Vielzahl aller anderen Einzel- und Mehrstückdeponierungen ist nur im religiös-kultischen Bereich erklärbar. Die zahlreichen Deponierungen sind wahrscheinlich ein Ausdruck religiöser Vorstellungen und als Opfer, Votive oder Weihegaben zu deuten. Die allumfassenden Veränderungen in der Bronzezeit zusammen mit der Wertschätzung des neuen Metalls mögen die religiöse Vorstellungswelt verändert und so den explosionsartigen Anstieg an Deponierungen bedingt haben.

Späte Bronzezeit und Urnenfelderzeit – Am Ende des „goldenen" Zeitalters

Die Blüte der Bronzezeit ist nach der Hügelgräberbronzezeit bereits überschritten. Unübersehbar mehren sich die Anzeichen für ideologische Veränderungen. Der letzte Abschnitt der Bronzezeit (Bz D, Ha A und B) wird wegen des damals vorherrschenden Bestattungsbrauches auch Urnenfelderzeit genannt. Die verschiedenen regionalen Ausprägungen der mittleren Bronzezeit werden in der Urnenfelderzeit von einer relativen Einheitlichkeit der Kulturerscheinungen abgelöst, und das in einem Gebiet, das nördlich der Alpen von Frankreich bis ins Karpatenbecken reicht. Deutlich erkennbar wird eine Abkehr von der Vorliebe für Repräsentation, von der Darstellung von Macht und Pracht. Stattdessen waren nun Unscheinbarkeit, Einheitlichkeit und Einförmigkeit angesagt. Besitz und Reichtum scheinen nicht mehr so wichtig gewesen zu sein, zumindest nicht deren Zurschaustellung.

Die neue Ideologie wirkt sich vor allem im religiösen Bereich aus. Unvermittelt und fast aus dem Nichts tauchen Darstellungen der Sonne

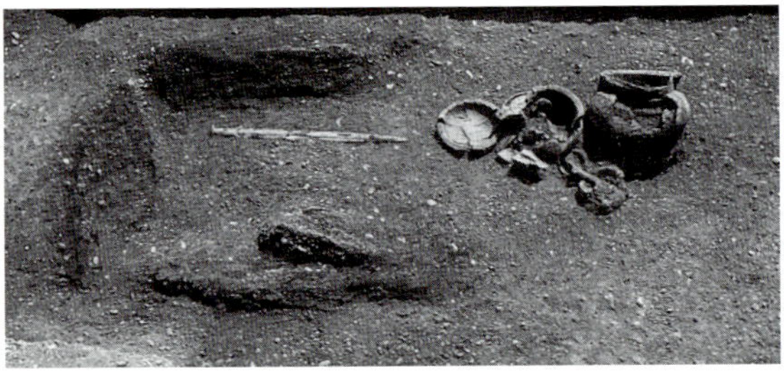

Grab 352 der urnenfelderzeitlichen Nekropole in Zuchering

und von Wasservögeln auf, die als Symbolgut Träger religiösen Inhalts sind. Auch scheinen nun topographisch exponierte Plätze im Kultgeschehen eine Rolle zu spielen, wie zum Beispiel steile Felsplateaus und tiefe Schachthöhlen. Die nachhaltigste Wirkung zeigt das neue Gedankengut allerdings im Bestattungswesen, wo nun zum Teil riesige Friedhöfe mit zahllosen Gräbern angelegt wurden.

Die Gräberfelder – Feuer verspricht neues Heil

Der bekannteste und mit Abstand größte urnenfelderzeitliche Friedhof in der Region ist das Gräberfeld von Zuchering-Ost, im Süden von Ingolstadt. In den 1980er- und 1990er-Jahren wurde dort ein Neubaugebiet errichtet, und von den geschätzten einstmals etwa 1000 Gräbern konnten fast 600 Bestattungen ausgegraben werden. Zuchering-Ost ist eine der wenigen Nekropolen, die durchgehend von der späten Bronzezeit bis zum Ende der Urnenfelderzeit (Bz D–Ha B) über einen Zeitraum von 500 Jahren vom 13. bis ins 9. Jahrhundert v. Chr. belegt wurden.

In der Stufe Bz D begann man, mit bronzezeitlichen Traditionen zu brechen. Die Verstorbenen wurden nun in Ost–West ausgerichteten, körpergroßen Grabgruben bestattet und nach alter Sitte zwar noch reichlich mit Keramikgeschirr und bronzenem Schmuck versorgt. Aber man hatte bereits ohne Ausnahme von der Sitte der Körper- auf die der Brandbestattung umgestellt. Die menschlichen Überreste, der so genannte Leichenbrand, liegen nun in der Grabmitte innerhalb eines kastenförmigen Einbaus. Der Brauch, Hügel über den Gräbern aufzuwerfen, wurde allmählich aufgegeben. Ab der folgenden Stufe Ha A gab es nur noch die Feuerbestattung in unscheinbaren Urnengräbern. Bei der Grabausstattung wurde große Zurückhaltung geübt. Das durchschnittliche Urnengrab enthielt zwei bis drei Beigefäße, dazu vielleicht eine Gewandnadel und etwas Armschmuck, nur ganz selten ein Messer. Waffen kamen nicht mehr in die Gräber. Nach einiger Zeit lockerten sich diese restriktiven Regeln wieder. Aus der Masse der einfachen Urnengräber, die es nach wie vor gab, begannen sich zunehmend solche mit einer reichhaltigeren Ausstattung abzusetzen. Bei ihnen nahmen Zahl

Bronzefunde aus dem Gräberfeld Zuchering-Ost

Urne und Beigefäße aus Grab 293 des Gräberfeldes Zuchering-Ost

und Qualität der Beigefäße zu, und insbesondere die Schalen zeigen langsam den Charakter eines Trinkservices, wie er für die nachfolgende Hallstattzeit dann so typisch ist. Auch Schmuck und Trachtbestandteile aus Bronze gelangten nun wieder häufiger in die Gräber, ebenso waren Waffen nicht mehr unbedingt von einer Niederlegung im Grab ausgeschlossen. Auch die Sitte der Überhügelung kehrte wieder.

In den unterschiedlich ausgestatteten Gräbern spiegelt sich die Entwicklung der damaligen Gesellschaft wider. Die sozialen Abstufungen innerhalb der Gemeinschaft wurden während der Urnenfelderzeit aus religiösen Gründen durch eine Art Gleichmacherei verschleiert. Dass sie tatsächlich aber die ganze Zeit über vorhanden waren, zeigen schlaglichtartig einige Fundkomplexe, vorwiegend aus dem Bereich der Depots. Am Ende der Urnenfelderzeit ist eine gesellschaftliche Struktur, die sozial stärker differenziert ist als je zuvor, klar erkennbar. An der Spitze der Pyramide stand ein lokaler Kriegeradel mit Gefolge.

Die anderen urnenfelderzeitlichen Gräberfelder im Ingolstädter Becken sind zahlenmäßig weniger umfangreich, auch decken sie jeweils nicht die gesamte Zeitperiode ab. Eine Ausnahme bildet das Gräberfeld von Ingolstadt-Mailing, das bis in die Hallstattzeit weiterbelegt wurde. Gemeinsam ist allen Friedhöfen der hiesigen Region jedoch, dass als Standorte bevorzugt die Schotterterrassen genutzt wurden, meist die hochwasserfreie Niederterrasse. Gerade im Donautal reihen sich die Nekropolen auf dem Südufer wie Perlen auf einer Schnur.

Dörfer mit Feldern, Weiden und Wäldern

Im Gegensatz zum religiösen Bereich setzte sich im Siedlungswesen das bisherige ruhige Bild fort. Es gab kleine Dörfer, die aus mehreren Häusern bzw. einigen Gehöften bestanden. Die wirtschaftliche Grundlage der Bewohner beruhte auf Ackerbau und Viehzucht. Im Ingolstädter Becken spielte die Feldbestellung auf den fruchtbaren Lössböden sicherlich die größere Rolle. Auf den Höhen der Frankenalb wird die Weidewirtschaft im Vordergrund gestanden haben.

Aus der Urnenfelderzeit sind insgesamt nicht viele Siedlungen bekannt, auch im hiesigen Raum ist dies nicht anders. Die erste ausgegrabene Siedlung war diejenige von Zuchering-Süd, Stadt Ingolstadt, die im Zuge der Neutrassierung der B16 und der Bahnstrecke erfasst wurde. In dem ausgegrabenen Ausschnitt konnten ein paar Häuser in Pfostenbauweise dokumentiert werden. Das Fundspektrum zeigt den typischen Siedlungsabfall – Tierknochen als Speisereste und Scherben zerbrochenen Geschirrs. Bronzegegenstände kommen, wie in Siedlungen üblich, kaum vor, da man zerbrochene und abgenutzte Stücke einsammelte und einschmolz, um aus dem wertvollen Material neue Bronzen herzustellen. Im weiteren Verlauf der Neubaustrecke der Bahn wurde bei Manching-Oberstimm auch ein einzelnes eingezäuntes Gehöft aufgedeckt. Weitere Siedlungen sind im Ingolstädter Becken zwar durch Lesefunde lokalisiert, bislang aber nicht erforscht.

Höhensiedlungen – Zentren regionaler Macht

Neben den Ansiedlungen im offenen Land sind vermehrt Höhensiedlungen festzustellen, die insbesondere zum Ende der Urnenfelderzeit hin oft auch befestigt wurden. Die Bergsiedlungen waren in der Regel dauerhaft bewohnt und von bäuerlichem Charakter. Errichtung und Unterhalt von Wehranlagen sind aber nicht ohne koordinierende Führung denkbar. Insofern darf man zumindest in den befestigten Siedlungen regionale Machtzentren sehen, wenngleich es sich sicher noch nicht um Herrschersitze im späteren Sinn handelte. Bevorzugt waren Bronzewerkstätten innerhalb derartiger Anlagen angesiedelt, und die Herrschaft über das Bronzehandwerk – verbunden mit der Kontrolle über den Fernhandel – stellte in dieser Zeit einen wichtigen, wenn nicht gar den wichtigsten Machtfaktor dar.

Typische Höhensiedlungen mit oder ohne Befestigung finden sich auf der Altmühlalb. Deren tief eingeschnittene Täler ließen viele natürlich geschützte Höhen entstehen, wie zum Beispiel die Schellenburg bei Enkering, die in der Urnenfelderzeit besiedelt und mit einer doppelten Befestigung geschützt war.

Eine der wenigen Höhensiedlungen im Ingolstädter Becken ist der Stadtberg in Neuburg, dessen inselartiges Bergplateau sich bis zu 25 m über das Umland erhebt. An mehreren Stellen wurden bei Baumaßnahmen Reste einer Siedlung angetroffen, sodass man von einer flächendeckenden Besiedlung des Berges ausgehen kann. Nach einer zögerlichen Inbesitznahme in der Spätbronzezeit wurde der Berg dann während der gesamten Urnenfelderzeit kontinuierlich besiedelt, mit einem

Urnenfelderzeitliche Höhensiedlung auf der Schellenburg bei Enkering

Schwerpunkt in der zweiten Hälfte. Wahrscheinlich gegen Ende der Urnenfelderzeit erhielt das Plateau ein wallartiges Befestigungswerk aus Lösslehm, vermischt mit umgelagerter Kulturschicht.

Außer dem Neuburger Stadtberg gibt es im Donautal nur wenige topographisch markante Höhen in Flussnähe. Die zweite geeignete Erhebung auf dem Donausüdufer ist der 10–15 m hohe Vohburger Burgberg. Nach langjährigen Grabungen sind zwar ein paar Funde der Bronzezeit, jedoch keine der Urnenfelderzeit zutage gekommen. Auch am Nordufer der Donau haben die wenigen infrage kommenden Berge noch keine urnenfelderzeitlichen Nachweise erbracht. Andererseits werden aber gerade bei den wenigen möglichen Flussübergängen in jedem Fall Siedlungen mit Kontrollfunktion – vielleicht sogar mit zentralörtlicher Bedeutung – bestanden haben, da sich an der Donau wichtige Verkehrsverbindungen kreuzten. Einen Hinweis auf die Existenz einer solchen Siedlung gibt das Fundensemble des Grabdepots von Münchsmünster, dessen Wagen- und Pferdebronzen den Sitz eines lokalen Fürsten in der Nähe anzeigen.

Depotfunde – Aus dem Verkehr gezogen

Eine Fundkategorie, die in der Urnenfelderzeit zahlenmäßig sprunghaft zunimmt, sind die Versteck- oder Verwahrfunde, auch Horte oder Depots genannt. Solche Komplexe können vielfältig in Menge und Zusammensetzung sein, ihre Deutung bereitet im Einzelfall Schwierigkeiten. Abgesehen von Händlerverstecken, die es sicher immer gegeben hat, scheinen viele Depots aus religiösen Gründen niedergelegt worden

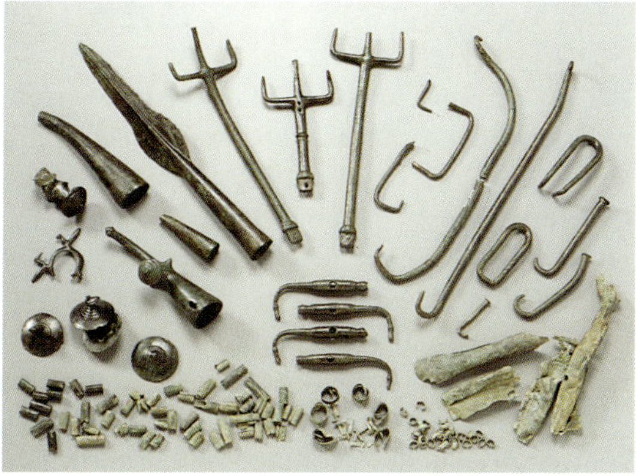

Depot aus dem Graben der MERO-Pipeline bei Münchsmünster

zu sein. In den urnenfelderzeitlichen Horten, die nicht selten aus nur einem einzigen Stück bestehen, überwiegen eindeutig die materialreichen, qualitätvollen, prestigeträchtigen und seltenen Bronzegegenstände. Gelegentlich werden sie durch Objekte aus Gold begleitet oder ersetzt. Oft entsteht der Eindruck einer bewusst dargebrachten Gabe im Sinn einer Opferung oder Weihung an übergeordnete Mächte. Das stimmt mit der Beobachtung überein, dass während der Urnenfelderzeit praktisch keine Waffen und Prestigegüter mehr in die Gräber gelangten. Stattdessen finden sich solche Stücke nun öfter in Seen, Flüssen oder Mooren (Mändlfeld) versenkt oder an besonderen topographischen Plätzen wie Pässen, steilen Bergflanken oder Hochplateaus vergraben.

Am Vorabend eines neuen Zeitalters

Am Ende der Urnenfelderzeit ist in vielen Bereichen der Grundstein für die nachfolgende frühkeltische Zeit gelegt. Die soziale Differenzierung der Gesellschaft ist stärker ausgeprägt als zuvor. Einschlägige Funde weisen auf eine Oberschicht – einen lokalen Kriegeradel – hin. Es gibt regionale Machtzentren, komplexe religiöse Vorstellungen und ein weit gespanntes Handelsnetz. Die Demonstration von Reichtum, Macht, verschwenderischer Pracht und gesellschaftlichem Status erlangte erneut große Wichtigkeit. Und erste Funde von Eisen künden das neue Zeitalter an.

Hallstattzeit – Frühzeit der Kelten

Mit der Einführung und raschen Ausbreitung des Werkstoffes Eisen geht in weiten Teilen Mitteleuropas ein gesellschaftlicher Wandel einher, der sich archäologisch sowohl im Bestattungsbrauch als auch im Siedlungswesen widerspiegelt. Diese um 800 v. Chr. beginnende und um 500 v. Chr. endende Epoche wird frühe Eisenzeit oder, nach einem bedeutenden Fundplatz in Österreich, Hallstattzeit genannt. Erstmals in der mitteleuropäischen Vorgeschichte wissen wir nun auch den Namen des Volkes, das hinter einer archäologisch definierten Kultur stand. Ihre Träger waren nach heutigem Kenntnisstand Kelten.

Aus der Region sind zahlreiche hallstattzeitliche Bodendenkmäler bekannt. Das Tertiäre Hügelland im Süden der Region ist, wie in anderen vorgeschichtlichen Perioden auch, nur dünn besiedelt. Böden und Klima zeichnen die Umgebung von Pfaffenhofen an der Ilm als wenig reizvoll für intensive Landnutzung aus. Mit überaus fruchtbaren Lössböden kann hingegen das Donautal aufwarten. Die Zahl obertägig noch kenntlicher Bodendenkmäler ist wegen intensiver moderner Landwirtschaft, der Seltenheit von größeren Waldflächen und wegen stärkerer Überbauung gering. Doch sprechen die bei Bodeneingriffen zutage gebrachten und auf Luftbildern erkannten hallstattzeitlichen Relikte für eine rege und flächige Aufsiedlung dieser wenig reliefierten Landschaft. Im Norden der Region, in den Tälern und auf den Anhöhen der Fränkischen Alb, findet sich der Großteil der noch heute im Gelände obertägig sichtbaren Denkmäler. Unzählige, oftmals von unbefugter Hand angetrichterte Grabhügel und Grabhügelgruppen in den Wäldern sind als typische Totenmonumente dieser Zeit erhalten geblieben. Sie legen Zeugnis von einer intensiven hallstattzeitlichen Besiedlung ab.

Der Beginn des „Keltischen Jahrtausends"

Die Kulturerscheinungen, die mit dem Beginn der Hallstattzeit verbunden sind, setzen in der Region an der Wende vom 9. zum 8. Jahrhundert v. Chr. ein. Eine nahtlose Entwicklung aus der vorangehenden Urnenfelderzeit deuten vor allem Bestattungsplätze an, die in der frühen Eisenzeit weiterbelegt werden. Der Raum Ingolstadt hat dafür wichtige Beispiele geliefert, wie das große Gräberfeld in Zuchering.

Ein weiterer Bestattungsplatz, der sowohl Gräber der späten Urnenfelderzeit (Ha B) als auch solche der frühen Hallstattzeit (Ha C) enthielt, wurde im Baugebiet „Schindergrubäcker“ in Ingolstadt-Mailing aufgedeckt. Bei den hallstattzeitlichen Gräbern handelt es sich um einfache Gruben, die mit Asche und Holzkohle sowie den mitverbrannten Beigaben aus Eisen und Bronze von der persönlichen Ausstattung der Toten verfüllt waren. Der aus dem Scheiterhaufen herausgelesene Leichenbrand wurde in einem Kegelhalsgefäß aufbewahrt. Größtenteils unverbrannt beigegeben waren größere Geschirrsätze, bestehend aus Kegelhalsgefäßen, Schälchen und Schalen, Tassen und Schüsseln. Leichenverbrennung und die Beigabe umfangreicher Geschirrsätze sind für die frühe Hallstattzeit (Ha C) typisch.

Die Weiterbelegung der Bestattungsplätze von der Urnenfelder- bis in die Hallstattzeit weist auf eine Bevölkerungskontinuität hin, die sich bislang für Siedlungen so eindeutig nicht nachweisen lässt. Besonders bemerkenswert ist das weit verbreitete Phänomen, dass Höhensiedlungen mit dem Ende der Urnenfelderzeit abbrechen und eine erneute Besiedlung allenfalls nach einer längeren Unterbrechung mit der späten Hallstattzeit erfolgt. Der an der Donau gelegene Stätteberg bei Unterhausen (Lkr. Neuburg-Schrobenhausen) wird in der Literatur immer wieder als Ha-C-Siedlung deklariert, doch wäre das Scherbenmaterial einmal erneut zu überprüfen.

Diese Lücke zwischen späturnenfelder- und hallstattzeitlicher Besiedlung könnte sich dennoch schließen lassen. Die anlässlich des Baues der ICE-Strecke Nürnberg–Ingolstadt durchgeführten Ausgrabungen bei Enkering-Gatzäcker im Landkreis Eichstätt lassen neuerdings darauf hoffen. Der Fundplatz am Zusammenfluss von Anlauter und Altmühl im Talgrund der Alb ist überaus reich an Siedlungskeramik, von der urnenfelderzeitlichen Kulturstufe Ha B bis zur eisenzeitlichen Stufe Ha D. Ein erfreulich großer Anteil der Keramik ist aus Gräbern der Stufe Ha C bekannt. Darüber hinaus dürften sich auch unter den mehr oder weniger unscheinbaren, überwiegend unverzierten Gefäßfragmenten solche herausstellen lassen, die für die Stufe Ha C in Form und Machart typisch sind. Das scheinbare Fehlen von Ha-C-Siedlungen, das seit längerer Zeit ein Forschungsproblem ist, könnte folglich dadurch zu erklären sein, dass die Siedlungskeramik dieser Zeit wenig charakteris-

Gefäß aus einem Grabhügel bei Kinding

tisch ist und Funde aus Metall, die sich gut zeitlich einordnen lassen, weitestgehend fehlen. Erst die Stufe Ha D tritt wieder mit Grabfunden und vor allem auch mit Siedlungsstellen deutlich hervor.

Exemplarisch für die Region sollen zwei besonders aussagekräftige Siedlungskammern der Fränkischen Alb vorgestellt werden:

Die hallstattzeitliche Brücke in der Schutterniederung

Im Wellheimer Trockental, am Kreuzungspunkt zweier vorgeschichtlicher Wegtrassen, die eine Verbindung zwischen Donauniederung, Fränkischer Alb und Altmühltal herstellen, wurden in den 1980er-Jahren beim Gut „Feldmühle" (Gde. Rennertshofen, Lkr. Neuburg-Schrobenhausen) auf 45 m Länge die Überreste einer 4 m breiten Sumpfbrücke nachgewiesen. Die Bauhölzer hatten sich über Jahrhunderte im permanent feuchten Erdreich erhalten und lieferten eine ganze Reihe von Jahrringdaten. Sie haben dazu beigetragen, dass der Beginn der Hallstattzeit nun in den Jahren nach 800 v. Chr. angesetzt werden kann. Die Befunde bei der „Feldmühle" gehören zu den überlieferungsbedingten Raritäten und leisten einen wichtigen Beitrag zum archäologisch schwer fassbaren Beginn der Eisenzeit und seiner zeitlichen Einordnung.

Die Brücke bestand aus einer Pfahljochkonstruktion mit 0,2 m dicken und 2–3 m langen Eichenstämmen, auf die in Längsrichtung parallele Unterzüge aus unbefestigten schmächtigeren Birkenstämmen aufgelegt waren. Der bewegliche Brückenoberbau war somit dem moorigen und nachgiebigen Standort in optimaler Weise angepasst. Es lassen sich drei Bauphasen innerhalb der späten Hallstattzeit nachweisen. Als Erbauungsdatum der ersten Brücke wurde das Jahr 591 v. Chr. ermittelt. Erneuerungen bzw. Ausbesserungen fanden zwischen 576 und 573 v. Chr. statt. Mit der Aufgabe der Brücke ist um 500 v. Chr. zu rech-

Rekonstruktion der Sumpfbrücke über das Schuttertal bei der Feldmühle (nach SCHUSSMANN 1996)

nen. Das Fundspektrum, durchweg Siedlungsmaterial, fügt sich bestens in diesen Rahmen ein.

Die Brücke liegt unmittelbar zu Füßen des „Kränzelsteins“, einer nur 0,64 ha großen Wallanlage, die den Talgrund um 60 m überragt. Sie ist zwar mangels archäologischer Untersuchungen bislang undatiert, jedoch allein schon aufgrund der topographischen Nähe zur Brücke ist eine gleichzeitige Nutzung anzunehmen, etwa im Sinne einer „Kontrollstation“. Zieht man darüber hinaus die zahlreichen Hinterlassenschaften eines obertägig betriebenen Eisenerzabbaues und die Spuren früher Eisenverhüttung in der näheren und weiteren Umgebung in Betracht, so lässt sich daraus das Bild eines wirtschaftlichen Zentrums der Region skizzieren. Die Abbau- und Verhüttungsspuren sind zwar für sich genommen schwer zu datieren, treten jedoch immer wieder zusammen mit hallstattzeitlichen Funden auf.

Herrenhöfe, Großsiedlungen und exklusive Grabbeigaben – Der Talknoten bei Kinding

Noch eine andere Siedlungskammer ist in jüngster Zeit verstärkt in den Blickpunkt der Forschung gerückt. Im Talknoten bei Kinding (Lkr. Eichstätt), am Zusammenfluss von Anlauter, Schwarzach und Altmühl, die sich hier 150 m tief in die Südliche Frankenalb eingetieft haben, konnte anlässlich des Neubaues der ICE-Strecke Nürnberg–Ingolstadt eine bemerkenswerte Fülle an hallstattzeitlichen Bodendenkmälern aufgedeckt und zum Teil archäologisch untersucht werden. Von Hangschutt und Hochflutsedimenten überdeckt und dadurch konserviert, wurden im Talgrund zuvor weitgehend unbekannte Siedlungs- und Bestattungsplätze freigelegt, die eine nahezu flächige Aufsiedelung dieses Kleinraumes erahnen lassen.

Zwischen Kinding und Ilbling (Lkr. Eichstätt) wurde 1995 und 1996 ein Bruchteil eines Friedhofes ausgegraben, der sich auf mehreren Hektar ausdehnte und wohl weit über 100 Grabhügel umfasste. Trotz der ausschnitthaften Kenntnis dieser Nekropole kamen dabei bemerkenswerte Funde zutage. In Hügel 8 wurde in einer 2,4 × 2,1 m großen Grabkammer die Doppelbestattung eines Mannes und einer Frau entdeckt, die zwar schon antik beraubt, aber dennoch in einem weitgehend ungestörten Zustand verblieben war. Neben Keramikgefäßen, die in drei Gruppen vor allem im östlichen Teil der Grabkammer abgestellt waren, fanden sich auch einige den Grabräubern entgangene Metallbeigaben. Dazu gehört ein eiserner Gürtelhaken mit t-förmigen Enden und rhombischer Platte, der für die späte Hallstattzeit typisch ist, sowie ein mit 44,5 cm sehr langer, zweischneidiger eiserner Dolch mit Ortband. Durch seinen Griff aus Elefantenelfenbein ist er zu den wirklich singulären Fundstücken zu zählen. Aus der Hallstattzeit sind in ganz Süddeutschland lediglich drei Funde aus diesem zweifelsohne äußerst wertvollen Material bekannt. Der Griff ist aus einem Stück gearbeitet und weist zwei gegeneinander gebogene Enden auf, die als Raubtierköpfe gestaltet sind.

Deutlich größer mit 6,90 × 6,05 m war die hölzerne Grabkammer von Hügel 1. Sie enthielt wohl eine Brandbestattung, von der geringe Reste zeugen. Ein Keramiksatz aus zahlreichen Gefäßen, der unüblicherweise im westlichen Kammerbereich abgestellt worden war, beinhaltet Grabkeramik mit der regionaltypischen Rollrädchen- und Haarlinien-Verzierung. Zu den bemerkenswerten Funden zählen zwei komplette sowie zwei fragmentierte Radreifen mit den Resten profilierter Nabenbeschläge. Sie gehörten zu einem vierrädrigen Zeremonialwagen, wie er vornehmen Toten mit ins Grab gegeben wurde. Am nordwestlichen Kammerrand fand sich ein ungewöhnliches Ensemble aus drei kleinen Tonmodellen, einem vierspeichigen Rad, einer Hand sowie einem flachen, rechteckigen Objekt, das nicht genauer gedeutet werden kann.

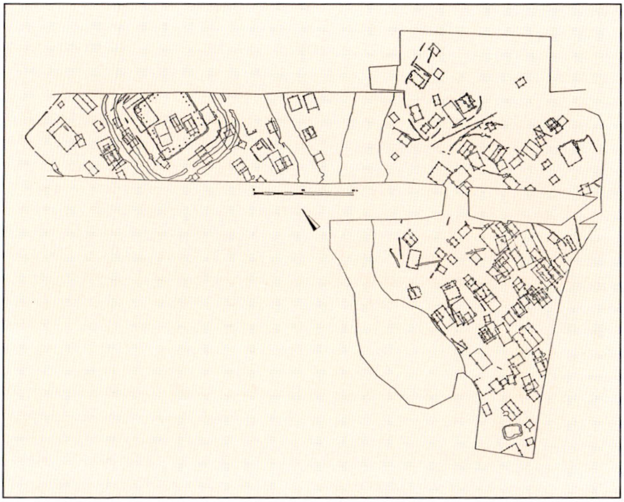

Plan der Hausgrundrisse und des „Herrenhofes" von Enkering-Gatzäcker

Mit diesen zufällig erfassten Gräbern und ihrer überdurchschnittlichen Ausstattung stellt sich die Frage nach den Wohnplätzen der dort Bestatteten. Auch hier erbrachte der Talknoten um Kinding in den letzten Jahren eine Fülle neuer Erkenntnisse. Selbst die schattigen nord- bzw. nordostexponierten Hanglagen, von anderen vorgeschichtlichen Siedlern durchweg gemieden, wurden in der Hallstattzeit erstmalig für die Anlage von Wohnsiedlungen genutzt. Neben mehrphasigen Hausgrundrissen fallen dabei immer wieder Zaungräbchen auf, die wohl einzelne Hofareale voneinander abgrenzten, so etwa in der ausgedehnten Siedlung an der Talflanke des „Kindinger Berges".

Besonders interessant sind die Befunde der Siedlung von Enkering-Gatzäcker, die auf einer Fläche von 3,4 ha ergraben wurden. Dort konnten aus mehreren Tausend Pfostengruben 184 Hausgrundrisse rekonstruiert werden, die überwiegend einer Nord-Süd-Achse angenähert sind. Die Hausbauten verteilen sich auf mehrere Bauphasen zwischen später Urnenfelder- und später Hallstattzeit. Ein Palisadenhof mit sechs Gebäuden lässt sich wohl als das früheste Gehöft herausstellen. Zu den augenfälligen Befunden aber gehört ein Grabenwerk, das aus einem maximal 0,8 m tiefen Graben mit Seitenlängen von 56 und 60 m besteht und von einer inneren Palisade begleitet wird. Ihm lässt sich ein Groß-

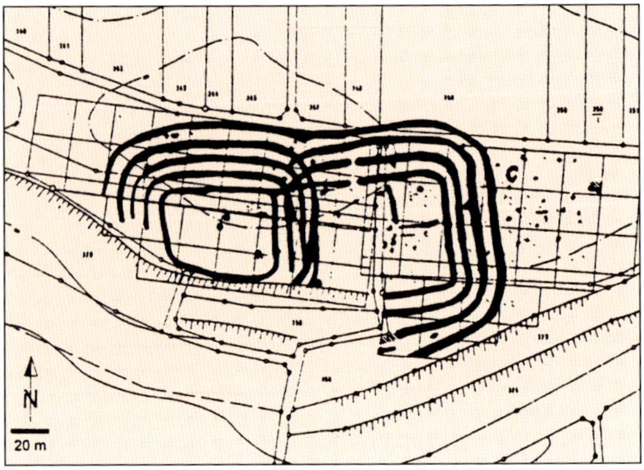

Irgertsheim. Zwei Herrenhöfe mit vier- bzw. fünffacher Umwehrung (umgezeichnet nach Magnetogrammen)

bau von 160 qm Grundfläche zuweisen. In einer jüngeren Bauphase wurde die Anlage verkleinert, sodass der Innenraum der zweiten Bauphase nur mehr eine Fläche von 26 × 32 m aufwies. Die zugehörige Palisade war so gut erhalten, dass sich eine Wand aus bündig aneinandergereihten Spaltbohlen rekonstruieren lässt. Zusätzlich wird dieser Palisadenzaun von einer Reihe in gleichmäßigen Abständen gesetzten Pfosten begleitet, die dem Baubefund möglicherweise ein kasemattenartiges Aussehen verliehen haben. Für die Interpretation der Anlage ist dies ein umso wichtigeres Detail, als eine Innenbebauung für diese Phase ansonsten nicht sicher nachzuweisen ist. Ohnehin herrscht über die Deutung derartiger Anlagen Unklarheit. Zwar hat sich der Begriff „Herrenhof" durchgesetzt, in der Annahme, es handle sich um die Gehöfte einer „ländlichen Oberschicht", die sich gleichermaßen wehrtechnisch wie prestigeträchtig von der übrigen (Land-)Bevölkerung abgrenzte, doch unterstützen in den wenigsten Fällen Innenbebauung und Fundgut diese Ansicht überzeugend. Vielmehr wird man trotz eines vergleichsweise einheitlichen Erscheinungsbildes durchaus unterschiedliche Nutzungskonzepte für solche Anlagen in Betracht ziehen müssen.

Die Region um Ingolstadt liegt inmitten des Verbreitungsschwerpunktes der „Herrenhöfe", die sich in der Donauniederung konzentrieren und überwiegend durch die Luftbildarchäologie bekannt geworden sind. Sie können neben den offenen Mehrhausgehöften schon beinahe als die typische Siedlungsform in Südbayern angesprochen werden.

Eine dritte Form der Ansiedlung stellen die Höhenbefestigungen im Jura dar. Sie sind, von einigen Wallschnitten abgesehen, insgesamt nur unzureichend erforscht. Ein Beispiel ist die Abschnittsbefestigung auf dem Michelsberg bei Kipfenberg im Landkreis Eichstätt. In einem Seitental der Altmühl, dem Schambachtal, liegt die kleine Abschnittsbefestigung in der Waldabteilung „Brand", die neben hallstattzeitlicher Gefäßkeramik mehrere Tonstempel und ein gelochtes „Tonsternchen" geliefert hat. Derartige Gegenstände gibt es auch in Enkering-Gatzäcker. Wenn man die Tonobjekte aus den Gräbern von Kinding-Ilbling sowie Beilngries (Lkr. Eichstätt) hinzufügt, so scheint sich in der Frankenalb eine gewisse Vorliebe für solche „Kultobjekte" abzuzeichnen. Sie leiten über zu einem besonders bemerkenswerten Befund aus dem Ingolstädter Becken, dem man „kultischen Charakter" unterstellen möchte.

Das Grabenwerk von Kösching – Ein Tempelbau?

Südlich von Kösching (Lkr. Eichstätt) wurden bei großflächigen Ausgrabungen zwei kreisförmig angelegte, u-förmig ausgehobene Gräben entdeckt. Der innere besaß auf der Südseite eine Erdbrücke als Zugang. Die Innenfläche wies einen Durchmesser von etwa 20 m auf. Im Zentrum zeichneten sich die Pfostengruben eines 6,3 × 7,5 m großen Gebäudes mit mächtigen Außenpfosten ab sowie drei auffallend langschmale, mit Kalksteinen gefüllte Gruben. Das aus den Gräben reichlich geborgene Fundmaterial – Keramik, Tierknochen und verbrannte Knochenreste – weist in die Späthallstattzeit. Es könnte auf Opferhandlungen hinweisen. Als Kultstätten, die in der frühen Eisenzeit, aber auch in anderen vorge-

Umfriedeter Tempelbau von Kösching während der Ausgrabung 1992

Hallstattzeitliche Rippenzisten. Deponierungen aus Ingolstadt-Dünzlau (links) und Manching

schichtlichen Perioden genutzt wurden, sind in der Region vor allem Schachthöhlen und Felsspalten der Alb lange bekannt. Dazu kommen Brandopferplätze und Aschenaltäre, die im Donauraum und in Südbayern weit verbreitet sind. Der mutmaßliche „Tempel“ von Kösching könnte dagegen ganz neue Einblicke in die religiöse Welt der frühen Kelten geben.

Latènezeit – Die Kelten an der Donau

Mit der Latènezeit treten die Kelten in das Licht der Geschichte. Wenngleich sie durch ihre Kriegszüge nach Oberitalien *(Gallia cisalpina)*, in den Balkanraum und bis in die heutige Türkei (Galater) von den dort lebenden Völkern als kriegerische Barbaren geschildert werden, zählt die Zeit zwischen 500 und 50 v. Chr. zu den glanzvollsten Epochen unserer Vorzeit, die den Weg hin zu einer Hochkultur aufscheinen lässt.

Die Frühlatènezeit (5. Jahrhundert) wird im Westen Deutschlands und im südlichen Mittelgebirgsraum von befestigten Höhensiedlungen und so genannten Fürstengräbern unter Großhügeln geprägt, die an die reichen hallstattzeitlichen Grablegen anschließen: Wagenbestattungen, die Beigabe von Goldschmuck und von bronzenem Trinkgeschirr (zum Beispiel Schnabelkannen) charakterisieren eine Bevölkerungsschicht, die, wie die Statuen vom Glauberg zeigen, neben politischen auch kultische Funktionen innehatte. Von diesem Glanz, der unter anderem in einem eigenen keltischen Stil zum Ausdruck kommt, welcher mediterrane Motive in eine eigene Formensprache umsetzt, ist in der Region um Ingolstadt nur wenig zu spüren.

Erst mit der Abwanderung großer Bevölkerungsteile im 4. und 3. Jahrhundert v. Chr., deren Ursache immer noch zur Diskussion steht, rückt das Donautal als Verkehrsachse bzw. als Durchgangsgebiet stärker in den Mittelpunkt des Geschehens. Die Hügelgräber der Stufe Latène A werden nicht weiterbelegt; die Toten bestattet man künftig in Flachgräbern. Wir werden Zeugen einer Aufsiedlung der Flusstäler, unter anderem des Donautals. In den Grabbeigaben, den aussagekräftigsten Befunden dieser Zeit, spiegelt sich das technische Können der Kelten, die die Eisen- und Glasverarbeitung perfektioniert haben, in der Waffentechnik führend waren und durch den Einsatz der Drehscheibe die Töpferei weiterentwickelt haben. Die regelhafte Ausstattung der Männer mit Schwert, Lanze und Schild lässt den Rang der Bestatteten erkennen, wirft aber auch ein Licht auf die Bedeutung des Kriegswesens der damaligen Zeit. Bronzene Hohlbuckelringe, die die Fußknöchel von Keltinnen in Bayern, Griechenland und Kleinasien schmückten, belegen die Züge der Kelten, die teils mit ihrem gesamten Hausstand unterwegs waren.

Mit der Entstehung der ersten Großsiedlungen im 3. Jahrhundert v. Chr., später der Oppida gegen Ende des 2. Jahrhunderts v. Chr. und der Viereckschanzen entwickelt sich im keltischen Raum ein kompliziertes Geflecht von handwerklichen und zentralen Einrichtungen, zu denen unter anderem auch die Münzprägung gehört, von Zulieferungs- und Verteilungsmechanismen, die wir zum Teil urbanen Strukturen zuordnen können. Manching wird hier zum Zentralort für eine ganze Region, die weit über das Ingolstädter Becken hinausreicht. Der Niedergang des Keltentums, der seine Spuren auch in Manching hinterlassen hat, ist wohl auf das Zusammenwirken mehrerer Ursachen zurückzuführen; eine davon ist mit Sicherheit im Erstarken und in der Expansion Roms zu suchen.

Höhensiedlungen

Aus dem Arbeitsgebiet ist eine Reihe von Höhensiedlungen bekannt, die vor allem nördlich der Donau liegen. Am besten zu überblicken ist sicherlich der Stadtberg von Neuburg a. d. Donau, der sich unmittelbar südlich über der Donau markant aus der Landschaft erhebt. Nach dem bisherigen Forschungsstand sind hier Siedlungsspuren erstmals für die späte Bronzezeit nachgewiesen, und in der Urnenfelderzeit lässt sich eine großflächige Besiedlung wahrscheinlich mit einer Befestigung belegen. Durch die zahlreichen Bodenaufschlüsse innerhalb der Altstadt konnte auch ein mächtiges Kulturschichtpaket der Frühlatènezeit erfasst werden. Neben Pfostenstellungen belegen besonders zahlreiche Silogruben eine ausgedehnte Siedlung, zu der auch eine eigene Befestigungsanlage gehören könnte. Das bisher geborgene Fundspektrum zeigt typische Formen, die sich hauptsächlich in die Stufe Latène A und in eine frühe Phase von Latène B datieren lassen: Schalen, eine Linsenflasche, zwei ostalpine Tierkopffibeln sowie eine Fibel mit ritzverziertem Bügel und mehrfach profiliertem Fuß. Sowohl die Linsenflasche wie auch die beiden Fibeln weisen Verbreitungsschwerpunkte im östlichen Frühlatènebereich auf. Für den gesamten südbayerischen Raum gehören sie zu den seltenen Formen, über die sich weitreichende Kontakte schlaglichtartig zu erkennen geben und die wahrscheinlich auch mit der Lage der Fundstelle an einem Weg entlang der Donau zu erklären sind.

Verkehrsgünstige Positionen lassen sich für weitere Höhensiedlungen feststellen, von denen latènezeitlicher Fundstoff bekannt ist. Die Abschnittsbefestigung auf dem Michelsberg bei Kipfenberg liegt über dem Mündungsdreieck von Altmühl und Birktalbach. Die Hochfläche ist durch ein ausgedehntes System von Abschnittswällen und -gräben gegliedert, deren Zeitstellung nur aufgrund der topographischen Verhältnisse als vor- und frühgeschichtlich angesehen wird. Die zwischen 1903 und 1906 durchgeführten Untersuchungen erbrachten Hinweise auf eine Belegung der Höhensiedlung während der Bronze-, Urnenfel-

Neuburg a. d. Donau. Luftbild des Stadtberges von Süden

der- und Hallstattzeit. In einer dieser Zeitstufen wird die Errichtung der südlichen Wall-Graben-Kombinationen vermutet. Hierfür sprechen die Struktur und deren Lage im Gelände sowie die Gestaltung des Tores. Eindeutig in die Latènezeit sind bisher keine Befunde einzuordnen. Aus den frühen Untersuchungen stammen allerdings Ränder von Schalen und eine größere Zahl an Graphittongefäßen. Sie weisen auf eine kontinuierliche Nutzung des Platzes während der gesamten Latènezeit hin. Unmittelbar am westlichen Hangfuß des Michelsberges konnten bei der Erweiterung des Friedhofes von Kipfenberg Einblicke in eine späthallstatt- und frühlatènezeitliche Siedlung gewonnen werden. Aus vier einzelnen Gruben stammen neben glatter und Graphittonkeramik auch Schlacken und Gusstropfen, die auf eine eisenzeitliche Metallverarbeitung schließen lassen.

Weitere Fundstellen belegen eine dichtere latènezeitliche Besiedlung des Altmühltales in der näheren Umgebung der Höhensiedlung. Bei Gungolding wurde bereits 1897 eine frühlatènezeitliche „Wohngrube“ angeschnitten. Von dort wenige Kilometer altmühlabwärts befindet sich im unmittelbaren Umfeld des römischen Kastells von Böhming eine ausgedehnte latènezeitliche Siedlung. Nördlich von Kipfenberg gelang der Nachweis einer weiteren frühlatènezeitlichen Fundstelle bei Kemathen. Im weiteren Verlauf öffnet sich die Landschaft am Zusammenfluss von Schwarzach und Altmühl, wo während der Ausgrabungen im Zuge der Baumaßnahmen für die ICE Strecke nach Nürnberg auch mehrere frühlatènezeitliche Siedlungen untersucht wurden, die sich im näheren Umfeld der Schellenburg konzentrieren.

Keltische Siedlungsspuren in Höhlen

Aus diesem Bereich des Altmühltales ist auch eine bisher nur in Ansätzen zu überblickende Befundgattung der Latènezeit bekannt. Mehrere Höhlen erbrachten neben Funden aus älteren Zeitstufen auch Hinweise auf eine latènezeitliche Nutzung. Aus den beiden Spalthöhlen „Sandleiten-Höhle“ und „Sandleite“ im steilen östlichen Hang des Altmühltales und den Höhlen „Steinerner Rosenkranz“ bei Mörnsheim und „Hohler Stein“ im Schambachtal stammt Keramik der Latènezeit, wobei sich der bekannte Fundstoff aus den Spalthöhlen anscheinend auf die Frühlatènezeit beschränkt. Funde aus Höhlen sind nördlich der Donau nicht nur auf den Bereich des Altmühltales einzugrenzen, sondern stammen auch aus der Oberpfalz und der Frankenalb. Für die Nutzung der Höhlen sind unterschiedliche Funktionen wie Opferung, Siedlungsplatz oder auch Abfallbeseitigung denkbar, aber eine eindeutige Zuweisung lässt sich meist nicht vornehmen. Nur die schmalen Spalthöhlen dienten sicherlich nicht für Siedlungszwecke.

Die Zusammenschau der unterschiedlichen Arten an Fundstellen macht deutlich, dass dem Altmühltal während der gesamten Latènezeit aufgrund seiner verkehrsgeographisch günstigen Lage im Netz der Wegeverbindungen eine wichtige Rolle zukommt. Ein weiterer Grund für die besondere Dichte an Siedlungen dürfte in der Nutzung des Eisenerzes liegen, das auf der Albhochfläche auftritt. Die Weiterverarbeitung lässt sich an einer Siedlungen aus der Nähe von Bergheim nordöstlich von Neuburg belegen, wo innerhalb eines eng begrenzten Areals anhand von Tondüsen, Ofenresten, Eisenschlacken und Graphittonkeramik mehrere spätlatènezeitliche Verhüttungsplätze nachgewiesen werden konnten, die anscheinend in ein zeitgleiches Siedlungsareal eingebunden waren. Die Bedeutung der Eisenverhüttung für die latènezeitliche Entwicklung der Region wurde auch für das Donau- und Feilenmoos im Umland von Manching mehrfach betont.

Offene Siedlungen südlich der Donau

Südlich der Donau sind dagegen die Dichte und Zahl der latènezeitlichen Siedlungen trotz einer Vielzahl an Ausgrabungen nur schwer zu überblicken, da der überwiegende Teil nicht publiziert ist. Im Zuge der Baumaßnahmen der Bundesstraße B16 und der Bahnverlegung wurde bei Zuchering, südlich von Ingolstadt, ein komplexer, zweiphasiger Pfostenbau der Latènezeit entdeckt. Ein Grundriss besteht aus sechs mächtigen Pfosten, die den Kernbau bilden. Dieser ist umgeben von einem parallel verlaufenden, nur in Teilen erhaltenen Fundamentgräbchen, an dessen Eckpunkten Pfostenstellungen sichtbar sind. Weitere Pfosten und der Nachweis eines Mittelständers erlauben die Rekonstruktion eines Umgangsbaues. Demselben Bautyp gehört auch die zweite Phase des Befundes an. Beide Baukörper weisen sowohl in der Gestaltung des Umgangs als auch der äußeren Anordnung der Pfosten

Ingolstadt-Zuchering. Mehrphasiger Hausgrundriss (nach SCHUBERT 1995)

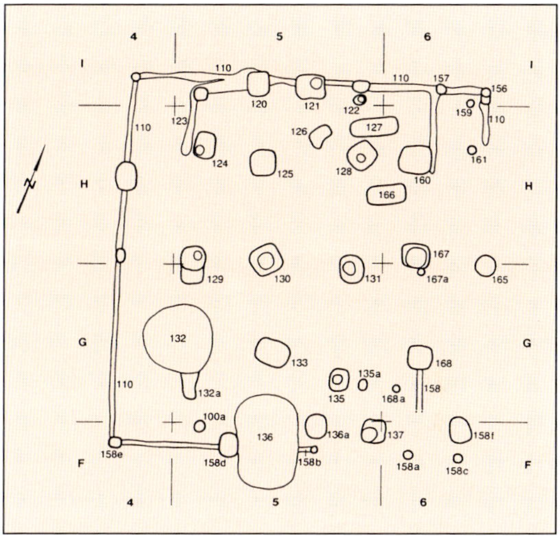

Übereinstimmung auf. Abweichungen ergeben sich nur in der jeweiligen Größe und Fläche der Bauten. Durch einen Vergleich mit Grundrissen und Maßverhältnissen von Bauten aus keltischen Viereckschanzen und Gebäuden im Oppidum von Manching konnte F. Schubert zeigen, dass diese Bauten einem sehr ähnlichen Entwurfsschema folgen. In dieses lassen sich weitere Siedlungsbefunde, wie etwa einfache Sechspfostenbauten einbinden, die sowohl in ihren Ausmaßen als auch in den Pfostenstellungen dem Kernbau von Zuchering entsprechen.

Flachgräberfelder

Anhand der bisher beschriebenen Siedlungen und Höhlenfunde ist es kaum möglich, ein einigermaßen umfassendes Bild der latènezeitlichen Besiedlung darzustellen. Bezieht man aber die Bestattungsplätze mit ein, so erfolgt eine deutliche Verdichtung des Verbreitungsbildes. Es gilt in besonderem Maße für die Zeit der Flachgräberfelder. Die Gräber der Stufe Latène A sind dagegen bisher auffallend selten. Als gesicherte Belege für Bestattungen in Grabhügeln können nur Gaimersheim, Lenting und Haunsfeld im Landkreis Eichstätt angeführt werden. Von dort wurde 1994 eine größere Zahl an Fundgegenständen aus einem zerstörten Grabhügel bekannt, der zu einer größeren hallstattzeitlichen

Frauengrab aus Weichering mit Bronzeschmuck

Nekropole gehört. Drei unterschiedlich gestaltete Vogelkopffibeln, Keramikgefäße, eine blaue Glasperle, zwei Gürtelringe sowie eine Speerspitze zeigen, dass es sich um die Beigaben aus mehreren Gräbern handelt. Die anthropologische Bestimmung des geborgenen Skelettmaterials erbrachte drei Individuen – Mann, Frau und Kind –, die als Nachbestattungen in einem Hügel der späten Hallstattzeit niedergelegt wurden. Die wenigen Nachweise frühlatènezeitlicher Gräber entsprechen sicherlich nicht dem tatsächlichen Bestand. Vor allem innerhalb der zahlreichen obertägig erhaltenen Grabhügelfelder auf der Albfläche muss wohl mit einer größeren Zahl an Ergänzungen gerechnet werden, wie das Beispiel Haunsfeld schlaglichtartig zeigt.

Durch die großflächigen Ausgrabungen der beiden letzten Jahrzehnte hat sich das Verbreitungsbild verändert und die Zahl der Flachgräber erhöht. Neben den 20 bei Krämer (1985) aufgeführten Friedhöfen und Einzelgräbern lassen sich nun weitere sieben Fundstellen anführen, die hauptsächlich im Umfeld von Ingolstadt entdeckt wurden und den gesamten Zeitraum der Stufen Latène B1 bis C umspannen. Eine Gruppe von fünf Bestattungen wurde im Bereich eines hallstattzeitlichen Herrenhofes bei Etting freigelegt. Die vier Männergräber sind jeweils durch die Beigabe von Schwertern und in zwei Fällen von Lanzenspitzen gekennzeichnet. Im einzigen Frauengrab wurde ein umfangreiches Trachtensemble gefunden, das aus zwei Armringen an den Unterarmen und insgesamt sieben Fibeln besteht, wovon sechs im Halsbereich lagen.

Ein ähnlich gut ausgestattetes Frauengrab der frühen Mittellatènezeit kam im Bereich der neu errichteten B16 und der Bahntrasse bei Weichering zutage. Die Bestattete lag in gestreckter Rückenlage in einem hölzernen Sarg. An den Unterschenkeln und -armen fanden sich Ringe mit Petschaftenden, wobei der Armschmuck in der gesamten Formgebung einfacher gearbeitet ist. Um den Hals trug die Tote einen tordierten Ring, der ebenfalls Petschaftenden aufweist. Die fünf Fibeln in diesem Grab lassen sich drei formalen Gruppen zuordnen: zwei Münsinger Fibeln, zwei Eisenfibeln vom Frühlatèneschema und im Brustbereich eine große Duxer Fibel sowie ein Gürtelhaken.

Entlang der Trasse wurden weitere Bestattungen aufgedeckt, wobei die Frauengräber regelhaft gut ausgestattet waren. Bei zwei isoliert liegenden Gräbern aus der Nähe von Oberstimm handelt es sich um das Grab einer etwa 70-jährigen Frau und eines ca. 40-jährigen Mannes. Das Frauengrab zeigt mit den angewinkelten Beinen und den Händen, die seitlich auf dem Becken lagen, eine Abweichung zur sonst üblichen Niederlegung in gestreckter Rückenlage. Mit einem Schaukelarmring lässt sich eine Erweiterung des bisher umschriebenen Fundgutes feststellen. Die Männerbestattung aus Oberstimm weist nur eine eiserne Fibel auf. Dieses Ausstattungsmuster ist in mittellatènezeitlichen Männergräbern durchaus häufig belegt und kann von Baden-Württemberg über Südbayern bis Böhmen nachgewiesen werden.

Diesem Schema folgen auch zwei Männergräber aus dem nördlich der Donau gelegenen, bisher unpublizierten Flachgräberfriedhof von Stepperg, wo jeweils eine Fibel mit flachgewölbtem Bügel im Brustbe-

Frauengrab mit Gürtelkette aus Stepperg während der Ausgrabung 1997

reich gefunden wurde. Nach dem Bestattungsritus und Fundgut lässt sich der Friedhof, der aus zehn Bestattungen besteht, in einen Latène-B/C-zeitlichen Horizont setzen. Holzreste belegen immerhin sechsmal die Niederlegung in Särgen. Die Kombination der Trachtbestandteile zeigt eine erstaunliche Vielfalt. Neben den erwähnten Männergräbern sind charakteristische Muster in der Tracht zu erkennen. In zwei Gräbern erlauben unterschiedlich gestaltete Fibeln sowie Arm- und Beinringe eine Datierung in die Stufe Latène B1. Durch aufwändigere Trachtkombinationen zeichnen sich drei Bestattungen aus. In einem Grab mit Gürtelkette fanden sich drei Bronzefibeln mit Vasenkopf, zwei Stücke aus Eisen sowie blaue Glasperlen. Als Armringe sind ein plastisch gegliedertes und ein außen gekerbtes Stück sowie ein Sapropelitring nachgewiesen. Zwei unterschiedlich gestaltete Bronzeknotenringe dienten als Beinschmuck. In einem weiteren Grab mit Gürtelkette fehlen dagegen die Fußringe. Von dort stammt aber ein Spinnwirtel, der eine Erweiterung des umschriebenen Beigabenspektrums darstellt.

Die hier im Überblick behandelten latènezeitlichen Flachgräberbefunde im Großraum Ingolstadt können anhand der Beigaben, der Gräberfeldgrößen und ihrer inneren Struktur gut in ein überregionales Gesamtbild eingepasst werden. Neben den Nachweisen von sicheren Einzelgräbern innerhalb größerer Grabungsareale erscheinen ausschließlich kleine Bestattungsplätze, deren geringe Ausdehnung, wie schon von Krämer betont, anscheinend für ganz Südbayern typisch ist. Schon Friedhöfe mit zehn Gräbern gehören zu den seltenen Ausnahmen. Hierin ist ein deutlicher Unterschied zu den Verhältnissen in der Schweiz oder in Böhmen und Mähren zu erkennen, wo Friedhöfe mit weit über 100 Bestattungen bekannt sind. Meist lässt sich keine innere Struktur der Nekropolen feststellen, und die Gräber liegen in der Fläche locker gestreut. Eine Ausnahme ist der 1997 ergrabene Friedhof von Stepperg. Hier wurden die Bestattungen entlang einer bewusst gewählten Linie in relativ einheitlichen Abständen zueinander angelegt.

Die Dichte der Flachgräberfelder gibt darüber hinaus einen indirekten Hinweis auf die Siedlungsabstände. So liegen etwa zwischen dem Friedhof von Etting und einem erst 2002 bekannt gewordenen Gräberfeld im Gelände von AUDI nur wenige Hundert Meter, wobei zwischen beiden Plätzen sogar Sichtverbindung besteht. Diese geringe Entfernung ist aber nicht nur für den Ingolstädter Raum typisch. Im östlichen Teil der Münchner Schotterebene zwischen Aschheim und Dornach sind mittlerweile sechs Bestattungsplätze bekannt, die im Abstand von wenigen Hundert Metern angelegt wurden. Ein ähnliches Bild ist auch in der Gegend um Regensburg sowie um Straubing in Niederbayern festzustellen. Diese überregional gemachten Beobachtungen lassen die Vermutung zu, dass die Bestattungsplätze einen indirekten Hinweis auf das Siedlungsbild erlauben. Neben Einzelgehöften scheinen wenige Weiler oder größere Siedlungen typisch zu sein.

Diese Beobachtungen bei den Nekropolen sind um die beiden Gräberfelder von Manching-Steinbichel und Hundsrucken zu ergänzen. Beide Bestattungsplätze bilden anhand ihrer Größe mit zusammen über 60 Gräbern eine absolute Ausnahme innerhalb der aus Südbayern bekannten Flachgräberfelder.

Das keltische Oppidum von Manching

Es ist wahrscheinlich kein Zufall, dass am Ende des 4. Jahrhunderts v. Chr. an der Mündung der Paar in die Donau eine Siedlung gegründet wurde, die sich schnell zu einem der bedeutendsten keltischen Zentralorte entwickeln sollte: Manching.

Die verkehrsgünstige Lage an der Mündung der Paar in die Donau, umgeben von an Raseneisenerz reichen Mooren, die, wie das Feilen- und Riedelmoos, direkt an die Siedlung angrenzten, aber auch die Lage in der Ebene in einigermaßen fruchtbarem Gebiet, waren beste Voraussetzungen für ein rasches Wachstum sowie den Zuzug von Handwerkern und anderen Spezialisten. Der Donau-Altarm „Dürre Au“, der nördlich in das Siedlungsgebiet eingriff, eignete sich bestens als Hafen. Wohl schon um 300 v. Chr. entstand ein zentrales Heiligtum neben einem größeren freien Platz. In der unmittelbaren Umgebung deponierte man Waffen und Gerätschaften, von denen einzelne Stücke südlich der Alpen hergestellt worden sein dürften. Ein erster Rückstrom ausgewanderter Kelten zeichnet sich hier ab. Im 3. und 2. Jahrhundert v. Chr. hat man das zentrale Tempelchen noch zweimal erneuert, und man legte weitere Bauten dieser Art an, die ebenso unscheinbar blieben: ein quadratischer oder runder Kernbau mit einem Umfassungsgräbchen, in dem ein Zaun gesessen haben kann. Nur vereinzelt sind weitere Informationen

Das Osttor des Oppidums im Modell

über den Fundstoff zu beziehen. Einzigartig ist beispielsweise ein in einem vergoldeten Futteral deponiertes Kultbäumchen, gleichfalls vergoldet. Es soll womöglich eine von Efeu umrankte Eiche darstellen und ist wohl Teil eines Baumkultes gewesen.

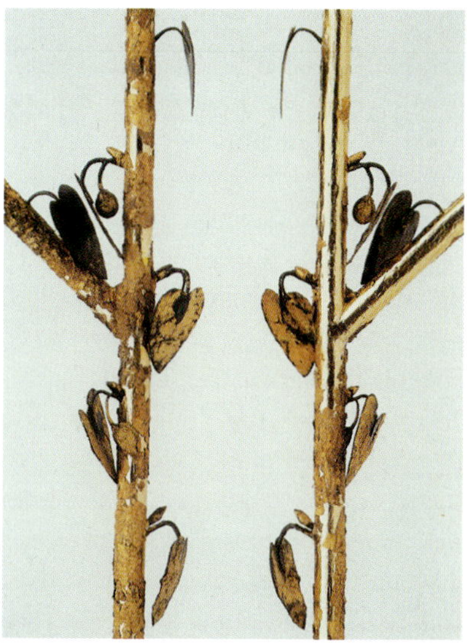

Kultbäumchen aus Gold aus dem Oppidum in Manching

Das Siedlungsgefüge, das anfangs durch Einzelgehöfte charakterisiert gewesen sein mag, war an natürlichen Gegebenheiten orientiert, zum Beispiel an Bachläufen oder feuchten Niederungen. Je mehr Menschen sich hier niederließen, desto geregelter musste das Zusammenleben werden. Wir können auf den Grabungsplänen große Gehöfteinheiten erkennen, die mit Zäunen gegeneinander abgegrenzt waren; sie reihten sich an bis zu 10 m breiten Straßen auf, die von Gräben begrenzt sein konnten. An die Gehöfte schlossen sich Felder und Weiden an.

Handel und Handwerk

In den Gehöften treffen wir, interpretieren wir die Funde richtig, die herrschende Klasse einschließlich der Aristokratie an, umgeben von Bauern und Handwerkern, Händlern und Kriegern. Man verarbeitete Bronze und Eisen, Holz und Leder, stellte Glas-, vielleicht auch Sapropelitschmuck her, produzierte Keramik und Stoffe und begann schließlich im 3. Jahrhundert v. Chr. Münzen zu prägen. Die Münzen selbst, Schrötlingsformen, Schrötlinge, der Rest eines zugehörigen Ofens und eine Patrize für Münzstempel sind eindeutige Belege dafür, dass in Manching in großem Stil Münzen geprägt wurden, das heißt, dass auch der Schutz der Edelmetalle Gold und Silber gewährleistet war. Die Ausgrabungen in Manching haben einen wesentlichen Beitrag dazu geliefert, dass wir über handwerkliche Spezialisierung und Produktionsformen der jüngeren Latènezeit informiert sind. Dies betrifft neben der Münzprägung die Glas- und Eisenproduktion, aber auch die Töpferei. Neben dem breiten Spektrum an Gerätschaften aus Eisen gewähren die

Münzschatz aus dem Oppidum

Funde Einblick in die Versorgung mit Töpfereiprodukten; der hohe Anteil der hochwertigen bemalten Ware spiegelt den sozialen Status der Bevölkerung Manchings, das sich als Produktions-, aber auch als Verteilerzentrum zu erkennen gibt. Dagegen sind auf der Basis von Siedlungsfunden Details der Tracht weniger gut zu rekonstruieren.

Es ist davon auszugehen, dass Manching mindestens das gesamte Ingolstädter Becken mit seinen Randgebieten beherrscht hat, wobei das Verhältnis zum benachbarten Kelheim noch unklar ist. Es ist auffällig, dass zum Beispiel Amphoren in großen Mengen in Manching gefunden wurden, dass sie aber in Kelheim bislang nicht nachgewiesen sind. Manching beherrschte offensichtlich den Handel mit dem Westen und Süden, hatte aber auch engste Beziehungen zum ostkeltischen Raum, wie zahlreiche boische Funde, vor allem der Goldschatzfund von 1999 mit 483 Vollstateren und einem 217 g schweren Gussklumpen, erkennen lassen. Für einen geregelten Fernhandel sprechen unter anderem zwei Bleigewichte (65 und 125 g), die an griechische Marktgewichte erinnern; Schreibgriffel und Beschläge von Holztäfelchen belegen den Schriftgebrauch. Als Maßeinheit benutzte man den keltischen Fuß, von dem ein Maßstab in der Länge eines halben keltischen Fußes zeugt (15,45 cm).

Dass Manching als reicher Zentralort gefährdet war, zeigt am Ende des 2. Jahrhunderts v. Chr. ein Bruch im Siedlungsgeschehen. Im Zentrum verstreut finden sich zahlreiche Waffen, manche verbogen, aber auch Reste einer Pferdeplastik aus Eisen, die nur in kultischen Zusammenhängen zu verstehen ist. Hat man im Zuge von Kämpfen im Zentrum der Siedlung auch ein oder mehrere Heiligtümer in Mitleidenschaft gezogen?

Der Bau der Stadtmauer

Der Bau der Stadtmauer am Ende des 2. Jahrhunderts v. Chr. veränderte nichts an der schon städtisch zu nennenden Grundstruktur der Siedlung, gab ihr aber den Status einer Befestigung, die mit ihren monumentalen Zangentoren sicherlich der Machtdarstellung und Repräsentation diente, die aber ganz konkret auch eine Schutzfunktion für das von ihr beherrschte Gebiet ausübte. Die Umleitung zweier Bäche im Süden des Oppidums vor den Wall sowie die jetzt erkennbar sehr regelmäßige Ausrichtung der Bebauung lassen auf stadtplanerische Eingriffe schließen. In Zusammenhang mit der ständig wachsenden Bevölkerungszahl, erschließbar an der Erweiterung des besiedelten Areals, erhebt sich die Frage nach den Auswirkungen dieser Zentralisierung auf das Umland Manchings.

Menschenknochen in der Siedlung

Unübersehbar ist das Fehlen von spätlatènezeitlichen Gräbern in der Region. Auch hier gibt Manching eine Antwort. Zum einen treffen wir – eventuell schon im 3. oder 2. Jahrhundert v. Chr. beginnend – zahlreiche menschliche Skelettreste in der Siedlung verstreut an, zum anderen registrieren wir vereinzelte Bestattungen und grabähnliche Befunde im Siedlungsinneren. Wird ein Teil der Schädel als Kriegstrophäen angesprochen, die man zu Hause stolz vorzeigte, so verlangen Teilskelette und einzeln aufgefundene Knochen, bei denen die Langknochen zahlenmäßig dominieren, nach einer anderen Erklärung. Es wird diskutiert, ob man einer bestimmten Gruppe der Bevölkerung eine gesonderte Art der Bestattung (in der Siedlung) zukommen ließ, oder ob die Kelten in ihrer Spätzeit allgemein eine mehrstufige Bestattungsweise praktiziert haben, bei der einzelne Knochen eine Zeitlang in der Siedlung aufbewahrt worden sind. Auffällig ist, dass es sich nur selten um Deponierungen handelt, ja dass die Masse der Menschenknochen in planierten Abfallschichten zwischen Keramikscherben und Tierknochen gefunden wurde.

Der Niedergang des Oppidums

Dem Oppidum, also der im letzten Viertel des 2. Jahrhunderts v. Chr. umwehrten Stadt, war nur eine kurze Blütezeit beschieden. Ab etwa 80 v. Chr. kamen keine Amphoren mehr an die Donau; auch die Graphitzufuhr aus der Gegend um Passau ließ merklich nach. Ein Grund dafür mag in der römischen Expansion gelegen haben. Vielleicht musste aber auch schon damals der Hafen aufgegeben werden; womöglich zwang die übermäßig starke Ausbeutung aller Ressourcen (Eisenerz, Holz) zu einer vermehrten Altmetallwirtschaft, das heißt zu einer Zunahme der Selbstversorgung und einem allmählichen Verlust zentraler Funktionen. Die Verlagerung einzelner Gehöfteinheiten zurück aufs Land ist in diesem Zusammenhang nicht auszuschließen, lässt sich jedoch bislang nur sehr vereinzelt nachweisen. Um die Jahrhundertmitte vernichtete ein Brand das Osttor, womöglich im Zuge kriegerischer Auseinandersetzungen. Als potentielle Feinde kämen andere keltische Stammesteile oder Germanen infrage.

Die Viereckschanzen

Im unmittelbaren Umfeld und Einzugsbereich des Oppidums von Manching fällt eine Konzentration von Viereckschanzen auf. Am besten erhalten ist eine obertägige Anlage, die etwa 1400 m vom südlichen Ringwall entfernt liegt. Die Schanze weist mit 80 und 86 m sowie 129 und 131 m langen Seiten einen annähernd rechteckigen Grundriss auf. Die Wälle sind teilweise stark verflacht, erreichen aber mit 1,9 m punktuell noch beträchtliche Dimensionen. Mittlerweile sind noch zwei weitere Fundstellen bei Lindach und Westenhausen östlich der Stadt durch Luftbilder bekannt geworden. Eine weitere, allerdings bisher nicht eindeutig gesicherte Schanze findet sich westlich des Oppidums bei Pichl, von wo auch latènezeitliche Siedlungsfunde stammen. Trotz der regelmäßigen Flugprospektion mit einer Vielzahl an neuen Fundstellen wurden südlich von Ingolstadt keine weiteren Viereckschanzen festgestellt.

Die Verteilung der Viereckschanzen, die 1959 von Schwarz vorgelegt wurden, ist innerhalb des Arbeitsgebietes sehr uneinheitlich. An obertägig erhaltenen Beispielen sind aus dem gesamten Raum südlich der Donau nur die erwähnte Anlage bei Manching und eine weitere in der Nähe von Winden bei Scheyern bekannt, während im Norden des Flusses im Bereich der Frankenalb zehn gesicherte und eine vermutete Anlage liegen. Bezieht man in dieses Bild die durch Luftbilder bekannt gewordenen verebneten Schanzen mit ein, so wird deutlich, dass sich der Gesamtbestand regional unterschiedlich verändert. Mit fünf verebneten Anlagen findet sich erneut die größte Zahl nördlich der Donau, wobei vier Schanzen im intensiv landwirtschaftlich genutzten Gebiet zwischen Adelschlag und Eitensheim entdeckt wurden.

Das an dieser Stelle umschriebene aktuelle Verbreitungsbild beruht hauptsächlich auf einer typologischen Ansprache der Bodendenkmäler. Sowohl bei den obertägig erhaltenen wie bei den verebneten Schanzen lassen sich als Grundformen nur einfache Anlagen mit quadratischen

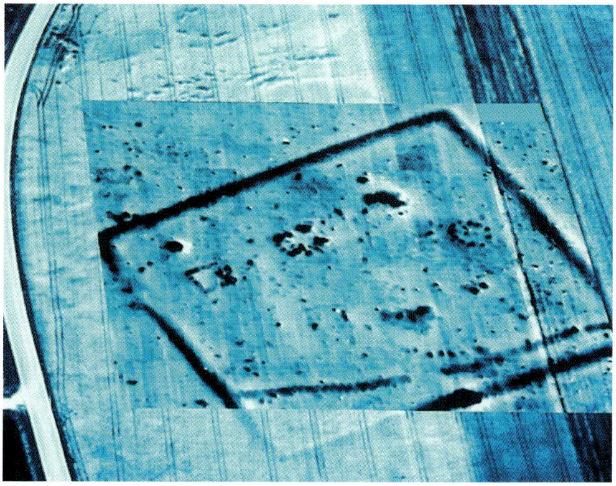

Viereckschanze von Egweil. Das Ergebnis der geophysikalischen Prospektion ist in das Luftbild eingeschnitten; die dunklen Stellen im Innenraum markieren einzelne Gebäudegrundrisse (nach FASSBINDER/IRLINGER 1999)

bis rechteckigen Grundrissen feststellen. Mehrfachschanzen, wie sie etwa aus Deisenhofen, Lkr. München, oder Sallach, Lkr. Straubing-Bogen, bekannt sind, kommen dagegen nicht vor.

Umfangreichere Informationen liegen eigentlich nur für die verebnete Viereckschanze von Egweil vor. Dort wurde aufgrund des Luftbildbefundes eine geophysikalische Prospektion der gesamten Anlage durchgeführt. Im Zuge der Geländearbeiten konnten einige Graphittonscherben aufgelesen werden, die chronologisch in die Spätlatènezeit zu setzen sind. Die Messungen zeigten Gesamtausdehnung und Struktur der Innenbebauung. Die Schanze passt sich mit ihrem leicht rechteckigem Grundriss und den Seitenlängen an der Grabeninnenseite von 90 m im Süden, 112 m an der West- und 97 m an der Nordseite sowie 105 m im Osten gut in das bekannte Größenspektrum ein. Im Innenraum ließen sich zahlreiche Pfostenstellungen erschließen, die zu Gebäudegrundrissen gehören. Zum überwiegenden Teil orientieren sie sich an den Walllinien oder den Ecken. Nur ein Baukörper liegt frei im Inneren der Schanze. Diese Gliederung der Bebauung und bewusste Platzierung der Gebäude lässt sich gut mit ergrabenen Anlagen aus Niederbayern und Württemberg vergleichen. Diese Elemente sprechen für eine bewusste Struktur der Bebauung im Innenraum keltischer Viereckschanzen, die anscheinend aus einer Kombination von bebauten Bereichen und größeren Freiflächen besteht.

Die Römische Kaiserzeit an Donau und Limes

Mehr als vier Jahrhunderte stand das Voralpenland bis zur Donau unter römischer Herrschaft. Die Donau war in zwei verschiedenen Zeitabschnitten Grenze des Imperium Romanum: in der frühen Kaiserzeit im 1. Jahrhundert n. Chr., von den späten 30er-Jahren bis um 80 n. Chr., und erneut nach dem Zusammenbruch des rätischen Limes infolge der Alamanneneinfälle seit dem späten 3. bis ins 5. Jahrhundert n. Chr.

Die römische Besetzung und Besiedlung des Donausüdufers

Unter Kaiser Augustus (27 v.–14 n. Chr.) begannen im Sommer des Jahres 15 v. Chr. mit dem so genannten Alpenfeldzug zwei römische Heere unter der Führung seiner Stiefsöhne Drusus und Tiberius das von rätischen und keltischen Stämmen bewohnte Zentralalpengebiet und das schwäbisch-bayerische Voralpenland zu erobern. Ein bedeutender Militärstützpunkt der frühen Okkupationszeit lag in Augsburg-Oberhausen.

Die Siedlungen der einheimischen Bevölkerung, auf welche die Römer bei ihren Feldzügen trafen, konnten bislang mit archäologischen Mitteln nur schwer nachgewiesen werden. In die rund 80 Jahre dauernde scheinbare Besiedlungslücke zwischen Kelten und Römern im oberbayerischen Donauraum fallen einige neuere Entdeckungen in der Region um Ingolstadt (Gräber in Zuchering und Oberhaunstadt, eine Siedlung in Burgheim). Wir können heute davon ausgehen, dass in unserem Raum eine relativ dünn besiedelte Kontaktzone zwischen keltischer Bevölkerung und germanischen Zuwanderern existierte. Eine solche dünne Besiedlung bereitete den Römern bei ihren Vorstößen keine besonderen Schwierigkeiten.

Unter Kaiser Tiberius (14–37 n. Chr.) wurde die eroberte Voralpenregion durch neu eingerichtete Militärstationen im Binnenland kontrolliert. Die Sicherung der Donau als Flussgrenze des Römischen Reichs erfolgte erst gegen Ende der Regierungszeit des Tiberius und unter seinen Nachfolgern durch Truppenlager am Südufer. Hauptstadt der neuen kaiserlichen Provinz *Raetia* wurde spätestens unter Kaiser Claudius (41–54 n. Chr.) Augsburg/*Augusta Vindelicum.*

Kaiser Claudius forcierte die Neugründung von Kastellen und den Ausbau der Infrastruktur der jungen Provinz entscheidend. Die *Via*

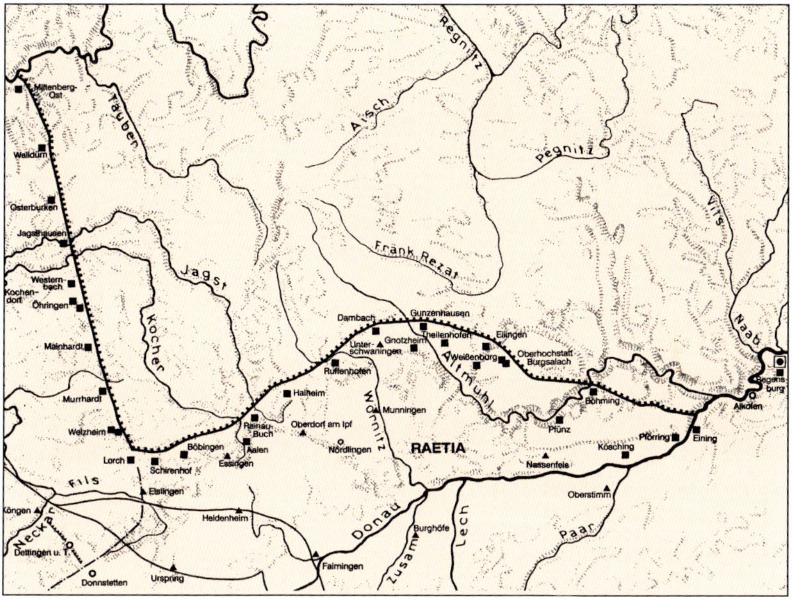

Der obergermanisch-rätische Limes in Deutschland ab der Mitte des 2. Jahrhunderts n. Chr.

Claudia, die vom Po über die Alpen nach Augsburg und weiter entlang des Lechs bis zur Donau führte, ließ er 46/47 n. Chr. ausbauen und die Garnisonen durch eine Straße entlang des südlichen Donauufers verbinden. Abschnitte dieser ursprünglichen Militärstraße sind durch Grabungen und Luftbilder auch aus dem Ingolstädter Stadtgebiet bekannt (Gemarkung Zuchering).

Die Besatzungen in den größeren Kastellen waren Hilfstruppen *(auxilia),* mehrheitlich wohl teilberittene Einheiten, die in den eroberten Provinzen ausgehoben wurden. Der östlichste Truppenstandort in claudischer Zeit für eine größere Einheit in der Kastellreihe entlang der Donau in Rätien lag bei Oberstimm in der Gemeinde Manching.

Das Kastell Oberstimm wurde in den 40er-Jahren des 1. Jahrhunderts gegründet und bestand bis in die 20er-Jahre des 2. Jahrhunderts. Zwischen den größeren Standlagern ergänzte eine ganze Reihe von Kleinkastellen die Grenzlinie am Donausüdufer. In diesen kleineren Anlagen waren etwa 12–80 Mann starke Abteilungen der Auxiliareinheiten abge-

Südostecke des römischen Kastells (Lager I) mit Doppelgraben in Zuchering

ordnet. Ihre Aufgabe war die Überwachung der Grenze an besonderen topographischen Situationen wie Flussmündungen oder Furten.

Die Verlegung einer größeren Truppe nach Oberstimm stand nicht am Beginn der Erschließung unseres Donauabschnitts, sondern bezeichnete den vorläufigen Endpunkt einer mehrjährigen Kampagne nach dem Bau einer durch Posten überwachten Straße von Burghöfe donauabwärts. Hierzu waren in unserem Raum für mehrere Jahre Truppen in semipermanenten Lagern (Lager I in Zuchering) oder schwach befestigten bzw. einfach umfriedeten Lagern (Zuchering II und III) stationiert.

Reichskrise und Reorganisation unter den flavischen Kaisern

Die erste akute Bedrohung der Kastelle an der rätischen Donaugrenze ging nicht von Germanen jenseits der Grenze aus, sondern von den römischen Truppen selbst in den Bürgerkriegsjahren 68–70. Auslöser dieser reichsweiten Krise waren die Streitigkeiten um die Thronfolge nach dem Tode Kaiser Neros 68 n. Chr. und die Aufstände der Bataver in Niedergermanien und der Helvetier in der heutigen Schweiz.

Die Ereignisse, die auch für die Sicherung der Donau einschneidende Veränderungen brachten, sind durch Tacitus eindringlich geschildert.

Vespasian leitete nach dem Ende des Bürgerkrieges an Rhein und Donau eine Reorganisation der Truppen an der Donaugrenze ein. In dieser Zeit könnte auch das kleine Lager beim Auxiliarkastell in Oberstimm, das bislang nur durch Luftaufnahmen dokumentiert ist, zur Überwachung eines kleinen Hafens an der Donau errichtet worden sein.

Die frühen ländlichen Siedlungen an der Donausüdstraße

Die Versorgung des Militärs und der Zivilbevölkerung wurde in römischer Zeit durch einzeln gelegene, über das Land verteilte Gutshöfe sichergestellt.

Die römischen Patrouillenboote von Oberstimm während der Ausgrabung 1994

Die Frage nach der ersten ländlichen Besiedlung des Donautales zur Zeit der militärischen Sicherung um die Mitte des 1. Jahrhunderts konnte die Archäologie bis in jüngste Zeit nur unbefriedigend beantworten. Ein entscheidender Fortschritt wurde durch die intensive Grabungstätigkeit im Zuge großflächiger Untersuchungen in den 1990er-Jahren erzielt, wo allein südlich von Zuchering entlang der Donausüdstraße fünf dieser frühen ländlichen Siedlungen in Holzbauweise aus dem 1. Jahrhundert nachgewiesen werden konnten. Weitere wurden etwa in Weichering, Manching-Pichl und Rockolding ausgegraben. Diese Gutshöfe wurden nicht in Stein ausgebaut, sondern blieben als reine Holzvillen bis ins 2. Jahrhundert bestehen. Sie repräsentieren einen in der Donauregion in römischer Zeit wohl üblichen Typus der frühen ländlichen Besiedlung, die schon etwa 10–20 Jahre nach der militärischen Sicherung der Flussgrenze erfolgte. Das Gebiet war keine reine militärische Grenzzone mehr, sondern der Fluss eher eine überwachte Verkehrslinie.

Die militärische Besetzung des Donauvorlandes und der Ausbau des Limes

Unter Kaiser Vespasians Söhnen und Nachfolgern Titus (79–81) und Domitian (81–96) wird die rätische Grenze über die Donau hinaus nach Norden vorverlegt. Von den Kastellen im südlichen Donautal ausgehend rückten die Truppen über die Flussgrenze vor und besetzten die Schwäbische Alb und das Nördlinger Ries und einige Jahre später das Vorland der Fränkischen Alb. Einer der Gründe für die Verlegung von Truppen auf das linke Donauufer waren die ungünstigen Geländeverhältnisse auf dem südlichen Donauufer. Darüber hinaus gewann man fruchtbare Gebiete für die Versorgung der Truppen hinzu.

Schon bald wurden unter Kaiser Domitian (81–96) Kastelle weiter im Norden gegründet, zunächst für kurze Zeit im Nördlinger Ries bzw. in Pfünz im Altmühltal. Um 90 n. Chr. stießen die Truppen bis ins Vorland der Fränkischen Alb vor. Der endgültige Verlauf der neuen Grenze des Reichs wurde unter Trajan (98– 117) und Hadrian (117– 138) festgelegt und die Linie der Kastelle ergänzt. Den künstlich abgesteckten Limes sicherte man mit dem Bau einer Holzpalisade und Wachtürmen in kurzen, regelmäßigen Abständen.

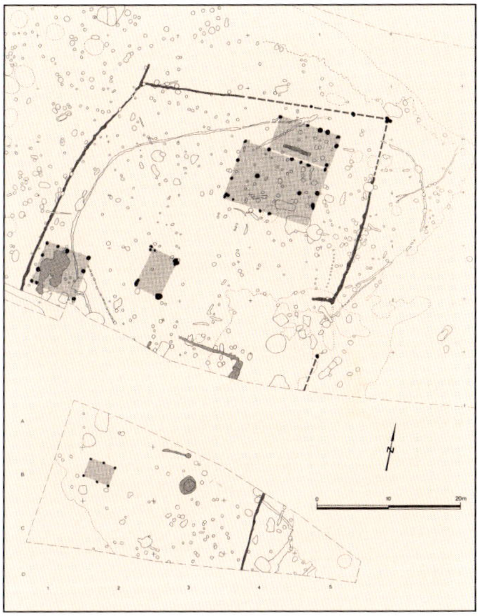

Römischer Gutshof in Holzbauweise an der Donausüdstraße bei Zuchering

Wahrscheinlich erfüllte das Oberstimmer Lager in den 80er-Jahren des 1. Jahrhunderts als Etappenkastell weiterhin Versorgungsaufgaben, diesmal für die nach Norden über die Donau vorgerückten Einheiten. Hierfür sprechen auch die unweit des Kastells an einem alten Lauf der Brautlach entdeckten großen Speicherbauten. Die beiden 1995 ausgegrabenen Römerschiffe in Oberstimm zeigen, dass von hier aus noch zu Beginn des 2. Jahrhunderts Patrouillenfahrten auf der Donau unternommen wurden.

Dass trotz der Errichtung des Limes das Donautal um Ingolstadt weiterhin als „empfindlicher" Punkt der Grenze betrachtet wurde, belegen die Neugründungen von Alenkastellen mit Reitereinheiten in Kösching/*Germanicum* und später, unter Trajan in Pförring/*Celeusum* am nördlichen Donauufer. Sie überwachten den Verkehr auf der in trajanischer Zeit gebauten Donaunordstraße.

Mit der Verlegung der Truppen über die Donau nach Norden wandelte sich das südliche Donautal vom Grenzgebiet zum zivilen Hinterland.

Die Entwicklung der zivilen Besiedlung im 2. Jahrhundert

Bei den dauerhaft besetzten Kastellen in der Donauregion und am Limes entstanden Siedlungen *(vici)* für die Familien der Soldaten sowie für Handwerker und Händler.

Aus dem neben dem Kastell in Nassenfels liegenden *vicus Scuttarensium* wurde im 2. Jahrhundert der Mittelpunktort der Region mit dem

Mosaik mit Jagdmotiv aus einer Villa des 3. Jahrhunderts n. Chr. bei Westerhofen

Sitz der zivilen Verwaltung. In Neuburg entwickelte sich ein ziviler *vicus*, dessen Ursprung auf die erste frühkaiserzeitliche Kastellsiedlung zurückgeht. Auch in Oberstimm blieb nach dem Abzug der Soldaten ein Teil der Zivilbevölkerung zurück.

Das Land nördlich der Donau wurde bald nach der Vorverlegung der Kastelle mit einzelnen Gutshöfen in Holzbauweise aufgesiedelt. Die flächige Erschließung der Region mit Gutshöfen war noch vor der Mitte des 2. Jahrhunderts abgeschlossen. Das Ingolstädter Becken mit seinen fruchtbaren Böden und der günstigen verkehrsgeographischen Situation entwickelte sich zu einem bedeutenden Wirtschaftsraum für die Versorgung der Soldaten und der Zivilbevölkerung in der Limesregion.

Die Villa rustica von Gaimersheim im Luftbild; innerhalb der Hofmauer die Strukturen von Wohnhaus, Bad und Wirtschaftsgebäuden

Steinkeller des Gutshofes „Am Wettstettener Weg" in Ingolstadt-Etting

Besonders im Donauvorland wurden an günstigen Standorten Villen in großer Zahl gegründet, in denen sich wahrscheinlich auch Veteranen der Grenztruppen ansiedelten. Durch Luftbilder und Ausgrabungen sind im Stadtgebiet Ingolstadt und den umliegenden Gemeinden Eitensheim, Gaimersheim, Kösching und Großmehring eine Reihe von großen Gutshöfen bekannt.

Das typische Gebäudeensemble einer *villa rustica* bestand aus dem Wohnhaus *(praetorium)*, einem separaten Badegebäude *(balneum)* und durchschnittlich fünf bis sieben Wirtschaftsgebäuden (Speicher, Ställe, Remisen und anderes). Im 2. Jahrhundert wurden die Wohngebäude meist aus Stein errichtet bzw. in Holzfachwerktechnik auf Steinsockeln. Die Gebäude waren teilweise unterkellert, wie zum Beispiel in der *villa rustica* am Wettstettener Weg in Etting, wo 1999 ein gut erhaltener, aus Kalksteinen gemauerter Keller ausgegraben wurde. Innerhalb der Hofareale, die in der Regel von einer Mauer umschlossen waren, lagen Brunnen, der Gemüsegarten und gelegentlich ein kleines Heiligtum.

Die Zeit der Markomannenkriege bis zum Fall des Limes

Die ruhige Entwicklung der Region an der Donau und am Limes endete, als die Markomannen, Quaden und andere Stämme die Donaugrenze durchbrachen und bis nach Oberitalien vordrangen (166/167–180). Als Reaktion auf die Markomannenkriege verlegte man zum Schutz der Provinz Rätien die *Legio III Italica* an die Donaugrenze in das 179 n. Chr. fertiggestellte Legionslager in Regensburg/*Castra Regina*. In einer Reihe

Schatzfund von Manching. Silbergeschirr des 2. und 3. Jahrhunderts

von Militäranlagen in Rätien kam es in der Regierungszeit des Commodus (180–192) zu Wiederaufbaumaßnahmen. Die Holzpalisade am rätischen Limes wurde durch eine Mauer ersetzt.

Für wenige Jahre blieb die politische Situation am Limes ruhig, und die Siedlungen im Hinterland erlebten noch einmal eine Blütezeit. 212 n. Chr. gewährte Kaiser Caracalla (211–217) durch die *Constitutio Antoniniana* allen Provinzbewohnern das römische Bürgerrecht. Er führte 213 von rätischem Boden aus einen Feldzug gegen die germanischen Stämme und verschaffte dem Limesgebiet für die nächsten 20 Jahre noch einmal eine Phase des Friedens.

Als aber 231 Kaiser Severus Alexander für einen Feldzug gegen die Perser Truppen aus den Rhein- und Donauprovinzen abzog, nutzten die Alamannen diese militärische Schwäche an der rätischen Grenze zu Überfällen und Plünderungen bis weit ins Limeshinterland. Von den unsicheren Zeiten im zweiten Drittel des 3. Jahrhunderts zeugen die vielen Verwahrfunde, die in dieser Zeit in den Boden kamen und von ihren Besitzern nicht wieder gehoben werden konnten. In diese Zeit gehören Metalldepotfunde, wie sie in Manching 1955 und 1995 in der Trasse der MERO-Pipeline bei Vohburg-Hartacker entdeckt wurden.

Anhand der zahlreichen Versteckfunde von Münzen konnten in Rätien drei verheerende Alamanneneinfälle postuliert werden, bevor spätestens 260 die römischen Truppen das Limesgebiet nördlich der Donau endgültig aufgaben. Die Bevölkerung in den Kastellsiedlungen und in den *villae rusticae* hatte das Land zum größeren Teil schon vorher verlassen. Das römische Militär und die Zivilbevölkerung musste sich hinter die Donau zurückziehen, die bis ins 5. Jahrhundert Nordgrenze des Römischen Reiches blieb.

Spätantike und Völkerwanderungszeit

Nach der Katastrophe der Alamannenstürme, in denen der Limes mit seinen Wachttürmen sowie die Kastelle und die *villae rusticae* im Hinterland in Flammen aufgegangen waren, hatten die Anstrengungen des Römischen Reiches, die alten Verhältnisse wieder herzustellen, keinen bleibenden Erfolg. Nach dem Jahr 260 hatte man sich vonseiten Roms gänzlich hinter den „Nassen Limes", also die Donau, zurückgezogen und beschränkte sich auf den Unterhalt einer Heerstraße, der so genannten Donausüdstraße. Frühestens seit Kaiser Probus (276–282), sicher unter Diokletian (284–305) und seinem Nachfolger Konstantin dem Großen (306–337), fand eine Sicherung dieser Straße durch die Einrichtung von Militärstandorten statt. Zwischen burgähnlich ausgebauten Kastellen an topographisch markanten Plätzen wurden entlang der Donausüdstraße so genannte *burgi* errichtet, von

Spätrömische Bronzefibeln aus Manching, Vohburg und Münchsmünster

Gefäßbeigaben aus einem germanischen Grab bei Ingolstadt-Etting

denen auf Ingolstädter Stadtgebiet wohl einer südlich von Zuchering-Seehof stand. Das nächstgelegene größere Kastell lag auf dem Stadtberg von Neuburg, ein weiteres zu vermutendes Kastell wohl bei Manching. Weiter im Osten sind die eindrucksvollen Überreste eines dieser Kastelle im ehemaligen mittelkaiserzeitlichen Kastell *Abusina*/Eining festgestellt worden. Auch auf dem Vohburger Stadtberg deutet sich jüngst ein Militärstützpunkt, wohl ein *burgus* an. Eine zivile Aufsiedlung des Hinterlandes fand dagegen nicht mehr statt. Nur im Hinterland von Regensburg sind wenige zivile Landgüter festgestellt worden.

Eine völlig neue Entwicklung lässt sich dagegen nördlich der Donau feststellen. Im Zuge von Bündnisverträgen zwischen Rom und den Alamannen oder Juthungen fand eine Aufsiedlung der Landschaft mit germanischen Siedlerverbänden als Föderaten statt. Noch im 3. Jahrhundert siedelten sich zunächst Familienverbände an hierfür geeigneten Stellen an, unter anderem im Umfeld römischer Ruinenplätze. Derartige Siedlungsstellen wurden auf Ingolstädter Stadtgebiet in Irgertsheim, Pettenhofen, Etting, Oberhaunstadt und Mailing gefunden. Ein Schlaglicht auf diese Entwicklung wirft auch eine kleine Grabgruppe, welche erst 1999 nördlich der Gebäude der Technischen Entwicklung der AUDI AG entdeckt wurde. Die dort bestattete germanische Familie dürfte aufgrund der Beigaben dem ostgermanischen Kreis zugerechnet werden und gegen Ende des 3. Jahrhunderts zugezogen sein. In großer Zahl konnten im letzten Jahrzehnt germanische Siedlungsplätze im gesamten Ingolstädter Becken, im Altmühltal sowie dem nördlichen Albvorland nachgewiesen werden. Gesellschaftlich und herrschaftlich organisiert war die Bevölkerung unter regional ansässigen „Häuptlingen" oder Gaufürsten, welche ihre Sitze auf exponierten Bergkuppen wie beispielsweise dem Kipfenberger Michelsberg oder dem Steinberg bei Gaimersheim hatten. Aus dieser Bevölkerung rekrutierte Rom sein Militärpersonal an der Nordgrenze Rätiens, was durch Grabbeigaben und anthropologische Untersuchungen, beispielsweise im spätrömischen Kastellfriedhof von Neuburg a. d. Donau, eindrucksvoll nachgewiesen werden konnte. Ein germanisches Töpfchen, in der Nähe des *burgus* bei Zuchering-Seehof gefunden, gibt ebenfalls Zeugnis von den damaligen Verhältnissen.

Über etwa 100 Jahre hinweg dürften die Verhältnisse relativ stabil bestanden haben. Erst im Zuge des Beginns der Völkerwanderung gegen Ende des 4. Jahrhunderts, als der Durchzug von Alanen und Vandalen erfolgt sein dürfte, kam es zu einer einschneidenden Unterbrechung. Um das Jahr 400 muss der Abzug der militärischen Kräfte von der Donau stattgefunden haben, die vom Reichsheermeister Stilicho zur Verteidigung Roms gegen die Westgoten benötigt wurden.

Lebensbild des Kriegers von Kemathen

Die Entblößung und Schwächung der Reichsgrenze in Rätien hatte wohl zur Folge, dass Rom erneut germanische Gruppen nördlich der Donau ansiedelte, diesmal aus dem Böhmischen Kessel. Bei dieser Bevölkerung wird es sich wohl um jene *Baiovarii* gehandelt haben, deren Name auf die späteren Bajuwaren tradiert wurde. Die von den neuen Siedlern hergestellte Keramik, im Wesentlichen schwarze Schalen mit teilweise glänzend polierter Oberfläche mit schräg kannelierten oder mit Ovalfacetten verzierten Schultern, wird nach zwei Fundorten in Böhmen und an der Donau bei Straubing als Gruppe

Friedenhain-Přešt'ovice bezeichnet. Charakteristische Keramik- und Verzierungsformen finden sich ihrerseits auch in den Kastellplätzen südlich der Donau wieder, insbesondere in Regensburg. Die mit dieser Bevölkerungspolitik wiederhergestellte Grenzsicherung des Reiches hat wahrscheinlich weitere zwei Generationen bestanden. Ihr Ende könnte mit dramatischen Ereignissen beim Durchzug der Hunnen in Zusammenhang stehen, deren Eroberungs- und Raubzüge mit der Schlacht auf den Katalaunischen Feldern im Jahr 451 ihren Höhepunkt und ihr Ende erreichten, oder infolge der Ermordung des mächtigen Heermeisters Aetius im Jahr 453. Auffallend ist, dass in jener Zeit die Keramik der „Friedenhainleute“ aus dem archäologischen Fundgut verschwindet.

Der Donauraum um Ingolstadt im Mittelalter

Bis in die Jahrzehnte um 700 n. Chr. war es bei den Germanen Brauch, die verstorbenen Männer als Krieger mit ihren Waffen, die Frauen dagegen mit ihrem Schmuck zu bestatten. Man unterscheidet daher aus archäologischer Sicht die „Reihengräberzeit“ vom nachfolgenden übrigen Mittelalter, das in unserem Raum weitgehend beigabenlose Gräber hinterlassen hat. Diesem Wechsel im Grabbrauch stehen jedoch wichtige Entwicklungen gegenüber, die sich bruchlos vollzogen. Deswegen soll das Mittelalter an dieser Stelle in einem Beitrag abgehandelt werden.

Bayerns Mitte – ein altes Grenzland

Wie zur Römerzeit blieb der oberbayerische Donauraum um Ingolstadt auch während des Mittelalters und der Neuzeit Grenzland. Trotz seiner Randlage in Altbayern spielte er jedoch stets eine wesentliche Rolle in der Landesgeschichte. Die Grenzen, die den Raum Ingolstadt durchzogen, deckten sich nur zum Teil mit seiner naturräumlichen Gliederung. Die ältesten bekannten mittelalterlichen Grenzen sind die der Bistümer Eichstätt, Augsburg und Regensburg. Sie stoßen noch heute bei Ingolstadt aneinander. Im 8./9. Jahrhundert traf an der Donau zudem der fränkische auf den bajuwarischen Einflussbereich. Die dritte bayerische Landesteilung schlug nach 1392 den westlichen Teil dieses Gebietes um Ingolstadt, Neuburg und Schrobenhausen dem Herzogtum Bayern-Ingolstadt, den östlichen Teil um Vohburg und Pfaffenhofen dem Herzogtum Bayern-München zu. Diese Teilung der Region wurde erst in der Neuzeit wieder aufgehoben. Seine Randlage in Bayern verlor der Raum Ingolstadt sogar erst in Napoleonischer Zeit.

Die verschiedenen Naturräume und Territorien waren trotz der trennenden Grenzen eng miteinander verbunden. Dafür waren vor allem die Fernverkehrswege verantwortlich, die sich im oberbayerischen Donauraum trafen und noch heute treffen. Besonders wichtig war die Ost-West-Verbindung auf und entlang der Donau. Der Fluss wurde seit dem Spätmittelalter durch die Wittelsbacher mit erheblichem Aufwand ausgebaut, sodass der heutige Donaulauf sein ursprüngliches Aussehen kaum mehr erahnen lässt. Auf dem Weg von Nord nach Süd stellte die Donau kein unüberwindliches Hindernis dar. Südlich der Orte Ingolstadt, Feldkirchen und Mailing ermöglichte die Auffächerung des Stromes im Laufe des frühen und hohen Mittelalters sein Überqueren an seichten Stellen. So lassen sich neben den Flussübergängen bei Neuburg und Feldkirchen, die schon in der Römerzeit in Benutzung waren, in nachrömischer Zeit eine größere Zahl weiterer Donauübergänge nachweisen. Zu nennen sind Fähren und Brücken bei Gerolfing, Ingolstadt, (Groß-)Mehring, Menning-Auhöfe und Vohburg sowie bei Pförring, wo schon 787 ein fränkisches Heer Karls des Großen auf dem Weg nach Regensburg Station gemacht haben soll. Der gesamte oberbayerische Donauraum erhielt dadurch den Charakter eines großen Kreuzungspunktes von Fernwegen.

Die Grenzen, die den Raum Ingolstadt durchzogen, haben ihrerseits das regionale und überregionale Wegenetz beeinflusst. In der Römerzeit verstellte die befestigte Reichsgrenze den im Mittelalter so wichtigen Weg nach Norden und sorgte dadurch für markante Unterschiede zwischen antiken und mittelalterlichen Verkehrsverhältnissen. Dennoch verdichten sich die Hinweise darauf, dass die römischen Straßenknotenpunkte bei Kösching, Feldkirchen und vor allem bei Nassenfels auch nach Abzug der Römer interessant blieben. Eine kontinuierliche Nutzung der römischen Ruinenareale während der Völkerwanderungszeit zeichnet sich aber nach wie vor nirgends ab. Schon in der Zeit um 300 n. Chr. ließen sich jedoch die ersten germanischen Siedler im Umfeld Köschings nieder. Der antike Kreuzungspunkt mit Donauübergang bei

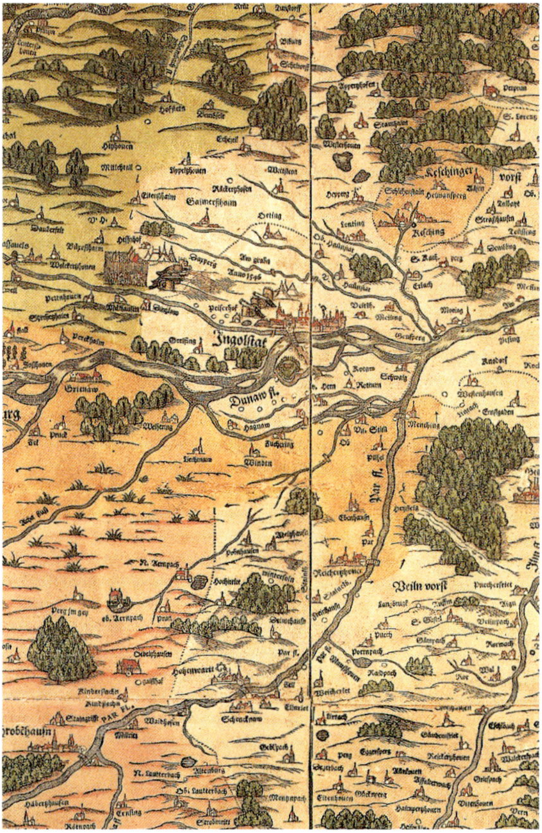

Die Region Ingolstadt. Ausschnitt aus dem Kartenwerk „Baierische Landtaflen" von Philipp Apian, gedruckt zu Ingolstadt 1568

Feldkirchen könnte für die Entstehung der Siedlung Ingolstadt von ausschlaggebender Bedeutung gewesen sein. In Nassenfels bestimmen die hier zusammentreffenden Römerstraßen bis heute das Ortsbild. Vielleicht weisen auch beim ehemaligen römischen Truppenlager Pförring merowingerzeitliche Reihengräber und ein im Luftbild entdeckter Kirchengrundriss auf eine weiterhin günstige Verkehrsanbindung des alten Kastellgeländes hin. Nach dem Fall der römischen Grenzbefestigungen (259/260 n. Chr.) bildeten sich zusätzliche Verkehrsachsen und -knotenpunkte heraus, die vor allem mit den späteren Städten Vohburg und Ingolstadt in Verbindung stehen.

Die Donau – der königliche Strom

Wichtigste Bezugsachse für die Besiedlung blieb stets die Donau, entlang der sich früh eine fränkisch-deutsche Königslandschaft mit zentralen Stützpunkten entwickelte. Das zeigt vor allem die Schriftquellenforschung, die alten Herzogs- und Königsbesitz in Neuburg, Ingolstadt oder Münchsmünster, aber auch anhand der großen Forste nördlich und südlich des Stromes nachweisen oder wahrscheinlich machen kann. Archäologische Funde unterstreichen zunehmend die Bedeutung der Region im frühen Mittelalter. So zeichnet sich auf dem Neuburger Stadtberg in dieser Zeit eine flächige Besiedlung ab, über deren Charakter allerdings noch keine Aussagen gemacht werden können. Im Ingolstädter Becken lässt sich spätestens seit dem 5./6. Jahrhundert eine der größten zusammenhängenden Siedlungskammern des bayerischen Stammesherzogtums nachweisen. In den merowingerzeitlichen Bestattungsplätzen beiderseits der Donau weisen Gräber durch ihre Anlage und Ausstattung auf die Anwesenheit gesellschaftlich herausgehobener Personen hin, beispielsweise in Gerolfing, Etting, Kösching, Großmehring und wohl auch in Manching.

Frauenschmuck aus der Zeit um 700 aus einem Grab bei Ingolstadt-Etting

Die Sicherung des Verkehrswegs Donau und seiner Übergänge durch Befestigungen lässt sich nach dem Rückzug der Römer archäologisch erst wieder seit karolingisch-ottonischer Zeit mit Wallanlagen wie denen auf den Donauterrassen bei Irnsing und Dünzing nachweisen. Spätestens seit dieser Zeit trägt auch der steil aus der Donau aufragende Vohburger Burgberg eine Wehranlage. Ob der Neuburger Stadtberg damals schon befestigt war, ist noch unklar. Hinweise auf die Existenz einer Fortifikation als Teil des karolingischen Königsgutes Ingolstadt konnten bislang nicht beigebracht werden. Die frühen Befestigungen finden ihre Fortsetzung in den meist anders situierten und anders beschaffenen Adelsburgen und Stadtbefestigungen des hohen und späten Mittelalters. Sie lassen sich nun auch archäologisch auf dem Stadtberg von Neuburg, dem Vohburger Burgberg und in den Kernbereichen der Ingolstädter Altstadt nachweisen. Hinzu kommen Burgen wie die von Gerolfing oder von den Auhöfen, falls die dortigen Befunde richtig interpretiert wurden. Die Nord-Süd-Verbindung über die Donau kontrollierten nun befestigte Ansitze wie die archäologisch noch kaum erforschte Alte Burg von Lenting nördlich von Ingolstadt oder die bislang nur aus den Schriftquellen erschlossene Burganlage der Marschalken von Schrobenhausen, die eine Vorläuferin des späteren Pflegschlosses gewesen sein könnte.

Eisenland und Waffenschmiede?

Eine wichtige Rolle dürfte – wie schon in der Latènezeit – die Eisenverhüttung im oberbayerischen Donauraum gespielt haben. Die reichen Erzvorkommen auf der Fränkischen Alb und in den Mooren südlich der Donau wurden seit der Merowingerzeit, stellenweise schon seit der Spätantike erneut genutzt. Durch großflächige Untersuchungen in einer früh- bis hochmittelalterlichen Siedlung am Ostrand von Zuchering südlich von Ingolstadt konnte nachgewiesen werden, dass hier bis ins 11./12. Jahrhundert Eisen gewonnen wurde. Weitere Verhüttungsplätze wurden bei Seehof und Manching dokumentiert. Die wirtschaftliche oder gar militärische Bedeutung der mittelalterlichen Eisenverhüttung an der Donau lässt sich aus den vorhandenen archäologischen Aufschlüssen beim Fehlen von Schriftquellen noch nicht präziser herauslesen.

Der Übergang von der Renn- zur Hochofentechnologie wurde im Raum Ingolstadt nach derzeitigem Kenntnisstand nicht mehr vollzogen. Im Spätmittelalter dürfte die Eisenverhüttung nach Jahrhunderten endgültig verschwunden gewesen sein. Auf der Alb, etwa bei Eichstätt, wurde sie bis ins 19. Jahrhundert fortgesetzt.

Dorf – Markt – Stadt

Ländliche Siedlungen des frühen und hohen Mittelalters konnten um Ingolstadt bei Manching, Seehof, Zuchering, Gaimersheim, Etting, Kösching, Großmehring und wenig nördlich der Ingolstädter Altstadt zum Teil großflächig archäologisch erforscht werden. In das 13.–15. Jahrhundert fällt die Entwicklung vieler ländlicher Siedlungen zu Städten und Märkten. Das heutige Siedlungsbild entsteht. Die Städte werden seit der Mitte des 13. Jahrhunderts urkundlich greifbar. Es handelt sich um Ingolstadt, Neuburg und eventuell Vohburg, das im 13. Jahrhundert zumindest den Charakter einer Stadt besessen haben soll. Später folgen Pfaffenhofen und Schrobenhausen. Von den Märkten liegen aus Burgheim, Gaimersheim und Kösching aufschlussreiche archäologische Untersuchungen vor.

Diese Prozesse bewirkten massive Einschnitte in die Siedlungsentwicklung mancher Ortschaften. Archäologische Untersuchungen machen das besonders deutlich. So fielen im Umfeld der neuen Marktsiedlung von Kösching jahrhundertealte Siedlungsareale wüst, die an den Hängen nördlich und östlich außerhalb des heutigen Marktkernes lagen. Heute zeugen nur noch eine Burg und ein Kirchlein von ihnen. Parallel dazu entwickelte sich das Gelände des alten Römerkastells nach einem Jahrtausend wieder zum Ortszentrum mit der Pfarrkirche im Mittelpunkt.

Für Ingolstadt wurde bis vor kurzem eine Siedlungsverlegung um mehrere Kilometer donauaufwärts nicht ausgeschlossen. Der 806 in

Funde aus einer Latrine des 16. Jahrhunderts (Ingolstadt-Ludwigstraße)

Ausgrabungen in der Ingolstädter Altstadt (Wagnerwirtsgasse 3) 2001

einem Reichsteilungsplan Karls des Großen ausdrücklich erwähnte Königshof *Ingoldesstat* ließ sich trotz mehrerer Ausgrabungen und zahlreicher Fundbergungen und Einzelbeobachtungen in der Ingolstädter Altstadt nicht lokalisieren. Die Ursprünge der heutigen Stadt wurden daher nahe des alten Donauübergangs bei Feldkirchen vermutet. Erst seit 2003 deuten Funde bei der ältesten Stadtpfarrkirche St. Moritz an, dass sich die Siedlung von ihren frühmittelalterlichen Anfängen an kontinuierlich und ortsfest entwickelte. Weitere Beispiele dafür sind Schrobenhausen und Neuburg.

Die archäologische Erforschung der Städte und Märkte der Region hat somit bereits zahlreiche und wichtige Erkenntnisse geliefert. Dennoch steht sie erst am Anfang ihrer Möglichkeiten.

Archäologische und historische Denkmäler

Die kreisfreie Stadt Ingolstadt

Geschichte der Stadt Ingolstadt

Vom Kammergut zur Stadt

Die Quellen für Ingolstadt reichen bis in die bajuwarisch-tassilonische Zeit zurück. Bei dem am 6. Februar 806 verkündeten Plan der Teilung des Reichs unter die Söhne Karls des Großen wurde vom Herzogtum Bayern, wie es Tassilo innehatte *(tenuit)* und wie es für Pippin vorgesehen war, der Nordgau mit Ingolstadt ausgenommen und dessen Bruder Karl zugedacht, um diesem von Norden her den Weg nach Italien freizuhalten, ob als Alternative zu anderen Wegen von Norden nach Süden etwa über Neuburg, bleibe dahin gestellt. Daraus folgt, dass Ingolstadt mit Lauterhofen unter Tassilo zu Bayern gehört hatte, also vor dessen Absetzung im Jahr 788, vielleicht sogar vor der Abtretung des Nordgaus 743/44, als 725/728 Karl Martell von Nordwesten nach Ingolstadt und damit an die Donau vorgestoßen war.

Ingolstadt, dessen Name man als einen Ort eines Ingold erklärt, war eine Stätte an der Donau und des Übergangs über diese im Zuge einer Nord-Süd-Achse. Spätestens nach Tassilos Gefangennahme war es mit dem Nordgau karolingisch geworden. Die 841 bezeugte Stationierung von Sintmannen, also königlichen Boten, unterstreicht die Funktion des Standorts an einem wichtigeren Verkehrsweg, der hier denjenigen der Donau und der flussbegleitenden Straßen querte.

Ingolstadt dürfte als ein Ort, dessen Name auf -statt endet, wie Haunstadt (Ober- und Unterhaunstadt), Eichstätt und Seligenstatt (Neustadt) als eine Stätte nach Art einer „Lanstatt“, einer Lände an einem Fluss und Flussübergang, zu verstehen sein. Es lag inmitten einer bajuwarischen Siedlungsachse, die sich in „-ing“-Orten abzeichnet, war also gleichsam von diesen ausgespart gewesen, woraus sich die Frage nach den Gründen seiner Sonderstellung und nicht zuletzt nach seiner Entstehung und exakten Lage ergibt.

Am 18. August 841 hatte König Ludwig der Deutsche einen stattlichen Besitz zu Ingolstadt dem Abt Gozbald von Niederaltaich, einem seiner Getreuen, zu Eigen gegeben, der diesen 851 an sein Kloster

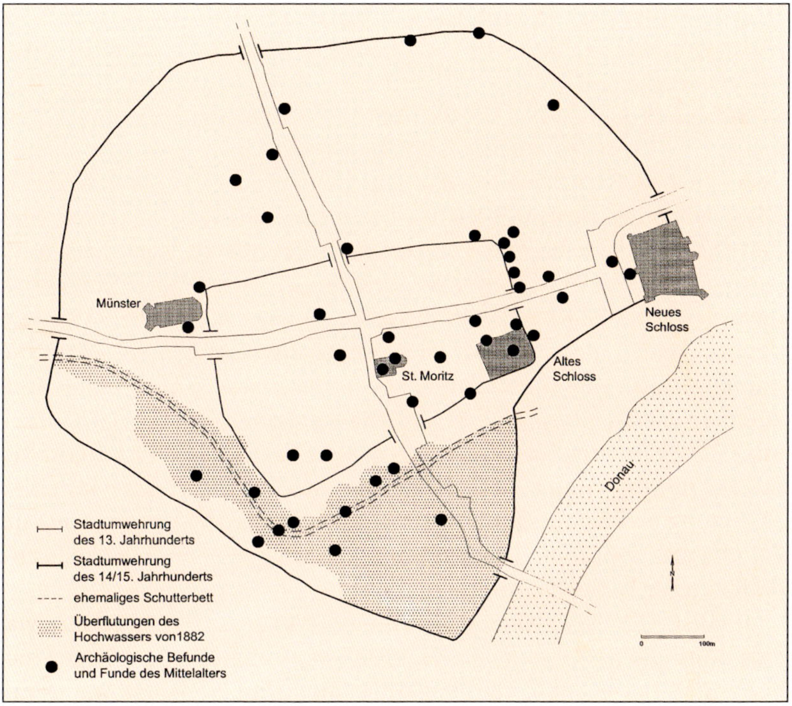

Archäologische Befunde und Funde des Mittelalters in der Altstadt (G. RIEDEL)

Niederaltaich weiterreichte. Ingolstadt wurde auf diese Weise niederaltaichisches Klostergut. Der ingolstädtische Zehentbesitz umfasste einen Herrenhof *(curia dominicata)* mit entsprechendem, von diesem unmittelbar bewirtschafteten Salland, 22 Hufen für Unfreie und 12 Hufen für Sintmannen und nicht zuletzt zwei Eigenkirchen. Der nur durch Indizien gestützten Meinung, dass dieser Herrenhof mit angrenzenden Hufen bei der heutigen Kirche St. Moritz und inmitten eines zehentpflichtigen Umgriffs mit Höfen in Streulage lag, steht als Alternative die gerade von archäologischer Seite ins Spiel gebrachte These einer Lokalisierung bei Feldkirchen an einer einstigen Römerstraße und der späteren Transferierung in das heutige Stadtzentrum mit St. Moritz gegenüber. Mit Ingolstadt am nördlichen Ufer des verzweigten Flussgebiets stieß hier die Spitze des sich nach 743 bildenden Bistums Eichstätt zwischen den Diözesen Augsburg und Regensburg an die Donau vor. Eine weiterführende Klärung ist von archäologischen Funden bzw. Grabungen zu erhoffen.

Ingolstadt war von 841/51 bis ins frühe 13. Jahrhundert zumindest zu einem beträchtlichen Teil niederaltaichischer Klosterbesitz geblieben. Diese Eigentumsstruktur ist von herzoglichem Besitz, über den das älteste bayerische Herzogsurbar von ca. 1231 berichtet, überlagert. Dieser bestand vor allem aus sieben herzoglichen Höfen in Streulage und Mühlen an der Schutter, die nicht nur zum herzoglichen Amt Ingolstadt in Gestalt von Naturalabgaben zinspflichtig, sondern auch zum niederaltaichischen Zentrum bei St. Moritz zehentpflichtig waren. Wenn in diesem Urbar von einem dieser Höfe, die samt und sonders außerhalb der Stadt des 13. Jahrhunderts zu lokalisieren sind, die Lage als *„in der selben stat"* beschrieben wird, ist dies ein Hinweis, dass damals das Gebiet der von Wall und Graben zu umschließenden Stadt noch nicht abgegrenzt war. Nicht aus dem Auge zu verlieren ist, dass auch von einer herzoglichen Propstei, einem Kamerer und einem Brückenzoll von 7 lb. die Rede war. Es ist damit zu rechnen, dass bereits damals zu Ingolstadt eine Stadt *(stat)* im Werden war, zu der auch die 1234 geweihte Pfarrkirche St. Moritz mit dem niederaltaichischen Patronat des hl. Mauritius und der niederaltaichische Hof im Winkel beim heutigen Schliffelmarkt gehörten. 1245 fand dann wohl schon im Blick auf das sich abzeichnende Stadtgebiet eine Zehentteilung statt, die der Pfarrei St. Moritz, die keine Eigenkirche des Klosters mehr war, das nun nur noch das Patronatsrecht an ihr innehatte, die Zehenteinnahmen sicherte, und den außerhalb gelegenen zehentpflichtigen Besitz einem Zehenthof des Klosters Niederaltaich zuordnete. Die Folge war, dass neben dem Pfarrhof ein eigener, östlich an diesen und den Friedhof angrenzender Zehenthof notwendig wurde. Um die Mitte des 13. Jahrhunderts war Ingolstadt in vollem Rechtssinn Stadt, 1254 ist ein Bürger *(civis)* namens Heinrich Trost genannt.

Die befestigte Stadt des 13. Jahrhunderts

Um die Mitte des 13. Jahrhunderts ging auch die Planung der neuen Stadt vor sich. Ein rechteckiges Areal mit dem Straßenkreuz West-Ost- und Nord-Süd-Achse bildete das Gerüst, zwischen der Donaubrücke und dem Zentrum der Kreuzung mit anschließender Kirche St. Moritz und dem südlich vorgelagerten Rathaus entstand ein Marktplatz, den man nach dem Haupthandelszweig Salzmarkt nannte. An St. Moritz und Zehenthof schloss im Südosteck eine herzogliche Burg für den durch das Land reisenden Hof an, für den nach der Landesteilung von 1255 Ingolstadt neben München erheblich an Stellenwert gewonnen hatte und wo ab 1258 Herzog Ludwig II. wenigstens vorübergehend wiederholt Quartier genommen hatte.

Nach 1250 wurde sicherlich auch die Abgrenzung des Stadtgebiets durch Wall und Graben vorgenommen, die Straßen wurden schachbrettartig angefügt, planmäßig Hofstätten parzelliert, und die großen, mehr Platz beanspruchenden herzoglichen Höfe außerhalb gelassen. Präurbane, das heißt dieser Stadtplanung der Mitte des 13. Jahrhunderts vorausliegende Zentren wurden teilweise integriert, so das Osterdorf östlich der herzoglichen Burg (des „Herzogskastens") und wohl auch der Bereich des 1307 bereits als alter Kornmarkt *(antiquum forum frumenti)* bezeichneten *vicus* im Gebiet der heutigen Schäffbräustraße, wobei freilich die bisherigen archäologischen Aufschlüsse, vom Bereich des „Herzogskastens" abgesehen, nicht wesentlich über ca. 1200 zurückreichen. Charakteristische Zentren entstanden bei St. Moritz und der herzoglichen Burg, im Bezug zu zentraler Straßenkreuzung (Schliffelmarkt), Brücke und Marktplatz (Salzmarkt, heute Rathausplatz), Donaulände und dem im 14. Jahrhundert nachweisbaren „Judenviertel" zwischen Burg und Donaulände. Vor allem bei St. Moritz, dem wohl älter als der Zehenthof anzusetzenden Pfarrhof, und dem „Herzogskasten" wird man weiteren archäologischen Aufschlüssen entgegensehen. Von 1258 stammt die älteste Baurechnung über die Neuerrichtung des wohl einem Brand zum Opfer gefallenen Klosterhofs mit Speicherbau, die näheren Einblick in die bauliche Struktur gibt.

Noch im 13. Jahrhundert entstanden Wall und Graben. Im Herzogsurbar von ca. 1280 ist erstmals von *„vallum"* und den Toren als topographischen Bezugspunkten für die Besitzungen außerhalb der neu erschlossenen rektangulären „Planstadt" die Rede. Diese hatte in den sich kreuzenden Straßen ihr festes Gerüst, in der Burg und St. Moritz ihre starken Akzente, vier Tore und an den Eckpunkten vier Türme. Die West-Ost-Achse (heute Ludwig- und Theresienstraße) folgte einer Höhenlinie. Das Rechteck der Stadtanlage war lediglich im Südwesteck entlang der Kante der Hochterrasse und dem Schutterknie etwas verzogen, der alte Kornmarkt mit der Georgskirche in der heutigen Schäffbräustraße lag funktionsgerecht zwischen den Mühlen an der Schutter und St. Moritz als Zentrum der werdenden Stadt. Einen starken Akzent auf lange Sicht setzte 1270/75 die Niederlassung der Franziskaner auf der Basis der herzoglichen Schenkung von Grund und Boden vor dem nördlichen Stadttor an der Ausfallstraße nach Norden, dem an der westlichen Straßenseite Beginenhäuser gegenüber lagen, die schließlich zum Kloster St. Johann im Gnadenthal wurden.

Förderung durch Ludwig den Bayern

Im 14. Jahrhundert erlebte Ingolstadt eine Blütezeit durch die Förderung Ludwigs des Bayern, dem sie 1312 in der kurzen Zeit als Hauptstadt eines Teilherzogtums (1310/13) die Kodifizierung und Bestätigung ihres schon über ein halbes Jahrhundert bestehenden Stadtrechts verdankte. Vor allem stiftete Ludwig der Bayer 1319 ein Spital mit den Patronen Maria und Nikolaus, das sich schließlich zum Hl.-Geist-Spital entwickelte und 1337/50 eine im 15. Jahrhundert umgebaute Kirche erhielt, die noch heute zu den kostbarsten sakralen Innenräumen Ingolstadts zählt.

In der im 14. Jahrhundert aufblühenden Stadt kam es zu beachtlichen Baumaßnahmen sowohl beim *palas* der Burg wie den bestehenden Kirchen der Franziskaner und von St. Moritz. Zu den noch heute die Stadtgestalt prägenden Maßnahmen zählt die Stadterweiterung von ca. 1360 bis ca. 1420, die ein Werk sowohl der Herzöge wie auch der Stadt war. Vom alten, noch heute stehenden Feldkirchner Tor von 1368 wurde ein polygonaler Bogen um die

Ingolstadt. Sandtnermodell von 1571

Stadt geschlagen, der 1372 das Hardertor und 1385 das Kreuztor erreichte. Die Flanke an der Donau wurde erst um 1420/30 mit dem Donautor von 1430 geschlossen. Damals erhielt die Stadt ihre noch an beträchtlichen Abschnitten ablesbare Kontur, aber auch die charakteristische Struktur, in der sich die neu hinzu gewonnenen Flächen in der Großzügigkeit der Straßen, am deutlichsten in der Harderstraße, von der Stadt des 13. Jahrhunderts absetzten. Neue Plätze entstanden etwa im Süden zwischen dem Riegel von Spital und Fleischbänken und dem Donautor, im Westen zwischen Kreuztor und altem Stadttor, aber auch entlang der alten Stadtmauer zum Beispiel beim Holzmarkt und der Schleifmühle.

Haupt- und Residenzstadt – Universitätsstadt – Festungsstadt

Mit der bayerischen Landesteilung im Jahr 1392 setzte Ingolstadts Rolle als Haupt- und Residenzstadt des Teilherzogtums Bayern-Ingolstadt ein, das neben Bayern-Landshut und Bayern-München trat. Nun zog in die bürgerliche Stadt eine neue Maßstäblichkeit ein. Der Ingolstädter Herzog Ludwig der Gebartete begann um 1418 eine Neue Veste mit dem Neuen Schloss als *palas* im hinzugewonnenen Südosteck und 1425 eine Herrschaftskirche mit Grablege und zweite Pfarrkirche Ingolstadts zu errichten, zu der noch ein Pfründnerhaus, die spätere Hohe Schule, hinzukam. Über den gewaltigen Baumaßnahmen lag das tragische Schicksal des Herzogs. Auf vielen Jahren seiner Herrschaft, die

Das Neue Schloss

er 1413 bzw. 1416 angetreten hatte, lag nahezu durchwegs der Schatten der Exkommunikation und des drohenden Herrschaftsverlusts. 1438 musste er aus Ingolstadt nach Neuburg ausweichen, als sich sein Sohn, Ludwig der Höckerige, gegen ihn erhob. 1447 starb er in Gefangenschaft des Landshuter Herzogs in Burghausen. Mit Ludwig dem Gebarteten wurde Ingolstadt als Residenz „international", die Lebensperspektive des Herzogs wird an Paris, wo er jahrelang am Hof seiner Schwester Isabeau de Bavière als einer der französischen Großen lebte, und Wien erkennbar. Aus seinem Lebensschicksal wird begreiflich, dass er sowohl das Schloss wie auch die Kirche zur Schönen Unserer Lieben Frau als gewaltigen Torso hinterließ.

Mit dem Tod Ludwigs des Gebarteten im Jahr 1447 fiel das Teilherzogtum Bayern-Ingolstadt an Bayern-Landshut, wo es bis zum Ende des Bayerischen Erbfolgekriegs 1504 verblieb. In diesem halben Jahrhundert wurden die Kirche zur Schönen Unserer Lieben Frau (Einwölbung des Mittelschiffs 1503/04) und das Neue Schloss im Wesentlichen vollendet. In diese Periode der Ingolstädter Geschichte fiel auch die Gründung der bayerischen Landesuniversität durch Herzog Ludwig den Reichen (1472) und die Stiftung des Georgianums (1494) mit der Peter- und Paulskirche (1496). Von 1472 bis 1800 war Ingolstadt ein zeitweise weit über die Landesgrenzen hinaus wirkendes geistiges Zentrum, verwiesen sei auf Humanismus, Gegenreformation, barocke Wissenschaftsblüte bis hin zur Aufklärung. Mit dem 1434 begonnenen Pfründnerhaus und den Neubauten des Georgianums und anderer kleinerer Bauten entstand trotz relativ geringer Ausdehnung ein „Universitätsviertel".

Das Ingolstädter Münster „Zur Schönen Unserer Lieben Frau"

Die wichtigsten Handelszweige waren der Salz-, Wein- und Eisenhandel. Seit dem späten Mittelalter traten zum Salzmarkt (Rathausplatz) der Weinmarkt (Theresienstraße) und der Eisenhandel bei der Eisengred (Donaustraße). Der Getreidehandel spielte sich an der Schranne (bei der Franziskanerkirche) ab. Bäcker und Metzger hatten gemeinsame Verkaufsstätten, für die Metzger errichtete man die „Metzg" mit den Fleischbänken südlich des heutigen Rathausplatzes. Die Handwerker saßen seit dem 15. Jahrhundert vor allem in der Kupfer-, Schul-, Milch- und Dollstraße.

Am 1. März 1539 legte Prinz Albrecht, Sohn Herzog Wilhelms IV., Student an der Universität, östlich des Schlosses den Grundstein zur neuen Festung. Von 1539 bis 1541 leitete Graf Reinhard Solms von Münzenberg die Baumaßnahmen, dann, bis zu seinem Tod 1565, Georg Stern. Um die spätmittelalterliche Stadtmauer mit Graben wurde ein Niederwall mit breiterem Graben gelegt, an allen Eckpunkten wurden Bollwerke eingefügt. Nun war Ingolstadt vollends zur bayerischen Landesfestung geworden. Fortan sprach man von Ingolstadt als Festung und Stadt, wobei letztere auf die Festungswerke einschließlich des Alten und Neuen Schlosses ebenso wenig Einfluss hatte wie auf die Universität.

Eine neue Periode in der Geschichte Ingolstadts setzte mit der Berufung der Jesuiten im Jahr 1549 ein. Diese wurden zunächst in das obere Stockwerk in der Hohen Schule eingewiesen. 1576 erhielten sie durch Herzog Albrecht V. ein neues Kolleg nördlich des Münsters, das schrittweise zu einer riesigen Anlage mit der Hl. Kreuzkirche wurde. Inmitten der kleinmaßstäblichen bürgerlichen Stadt mit den herzoglichen Großbauten Neues Schloss und Kirche zur Schönen Unserer Lieben Frau breitete sich nun eine neue, raumgreifende Maßstäblichkeit aus. Dem geistigen Zentrum der Universität erwuchs jetzt dasjenige der Jesuiten, die auch an der Universität Fuß fassten, auch wenn diese nie zu einer Jesuitenuniversität geworden war. Ingolstadt wurde im 17. und 18. Jahrhundert zum größten, zeitweise einzigen Studienort der Oberdeutschen Provinz. 1649 errichtete Bartholomäus Holzhauser in der Johannesstraße das Bartholomäer-Institut als Seminar für eine Priestergemeinschaft, das heutige Kolpinghaus, das im 18. Jahrhundert einen Neubau erhielt. Nun erstreckte sich in dieser Straße ein Strang geistlicher Besitzungen vom Seminarium S. Francisci Xaverii und S. Hieronymi („Tilly-

Die Festung Ingolstadt in der Barockzeit

Haus") und dem Kloster Gnadenthal über das Bartholomäer-Institut bis zum Seminar des Klosters Kaisheim (Kaisheimer Haus) und dem Franziskanerkloster.

Im 17. und 18. Jahrhundert legten sich um die Bollwerkbefestigung des 16. Jahrhunderts weit ausgreifende bastionäre Anlagen, die im Jahr 1800 auf französisches Geheiß geschleift wurden. Innerhalb der Stadtmauern errichteten die Universität 1723–35 eine Anatomie mit Botanischem Garten (heute Deutsches Medizinhistorisches Museum) und die Marianische Akademische Kongregation ein Oratorium (1732–36, heute Maria de Victoria), das mit dem Deckenfresko Cosmas Damian Asams europäischen Rang besitzt. Das 1606 gegründete Augustinerkloster mit Seminar und der 1397 an der Stelle des Judenhofs errichteten Kirche an der Schutter erhielt 1736–40 nach Plänen Johann Michael Fischers einen neuen Kirchenbau, der 1945 den Bomben zum Opfer fiel.

Von der königlichen Landesfestung bis zur Gegenwart

Den tiefsten Fall erlebte Ingolstadt im Jahr 1800. Zur Schleifung der bastionären Festungsanlagen kam der Verlust der Universität. Eine wirtschaftliche Wende und einen Paradigmenwechsel im Selbstverständnis

Blick vom Reduit Tilly im Klenzepark auf das Neue Schloss

der Stadt brachte 1828 die Grundsteinlegung zur neuen Landesfestung mit den riesigen von Leo von Klenze gestalteten Bauwerken des zirkularen Systems am Brückenkopf und den polygonalen Fronten und Kavalieren rings um die Stadt nördlich der Donau. Nach der Mitte der Jahrhundertwende griffen diese militärischen Bauten in bis dahin in Ingolstadt ungekannter Großmaßstäblichkeit mit Kriegsspital, Zeughaus und anderem in die Altstadt über, wertvolle Bausubstanz wie beim Jesuitenkolleg mit der Hl. Kreuzkirche gingen verloren, eine neue, militärische Baugesinnung brach sich Bahn. Fortan bleibt für Ingolstadt die Gegensätzlichkeit von bürgerlicher Kleinmaßstäblichkeit und riesigen militärischen Bauten von strenger Funktionalität charakteristisch. Nach 1880 begann mit Geschützgießerei und Munitionsfabrik die Industrialisierung. Ab 1872 wuchs der Stadt mit dem 1874 eröffneten Centralbahnhof mit Umgriff eine

Luftaufnahme des geschleiften Zwischenwerks Gerolfing

neue Trabantenstadt zu, jenseits der Bahnlinie entstand noch im ausgehenden 19. Jahrhundert das Eisenbahnerdorf Ringsee.

1945 durch Fliegerangriffe schwer getroffen, erholte sich die Altstadt nach und nach. Vor allem nach 1948 erfuhr die Stadt nicht zuletzt durch neue Industrie (Auto Union, heute AUDI AG) ein unvorhersehbares Wachstum in alle vier Himmelsrichtungen, insbesondere aber nach Norden und Süden. Mit der Wirtschaftswissenschaftlichen Fakultät der Universität Eichstätt-Ingolstadt und der Fachhochschule gewann sie universitäre Einrichtungen zurück. 1989 wurde Ingolstadt Großstadt.

i

Zu besichtigen
Palas und Hof des Alten Schlosses („Herzogskasten"), heute Stadtbücherei, im Zentrum der Altstadt. Am Parkplatz am Theater steht eine Infotafel mit allen historischen Plätzen der Stadt.

Ausstellungsort der Funde
Stadtmuseum Ingolstadt.

Ingolstadt: Ausgrabungen beim Alten Schloss

Die systematische archäologische Untersuchung der mittelalterlichen Bodendenkmäler in der Altstadt steckt noch in den Anfängen, obwohl seit der zweiten Hälfte des 19. Jahrhunderts an etwa 70 Stellen Funde des Mittelalters und der Frühneuzeit geborgen wurden. Ausgrabungen des Landesamtes für Denkmalpflege und der Stadt Ingolstadt seit den 1980er-Jahren erbrachten umfangreiches Fundmaterial. Als wichtigste Bodendenkmäler sind die in die Zeit vor der Stadtwerdung zurückreichenden Siedlungsbereiche zwischen der ältesten Stadtpfarrkirche St. Moritz und dem spätgotischen Neuen Schloss sowie die heute weitestgehend eingeebnete Stadtumwehrung des 13. Jahrhunderts zu nennen. An ihrer ehemaligen Südostecke hat sich als letzter oberirdischer Rest ein Turmstumpf und das Wohngebäude (*palas*) des Alten Herzogsschlosses, der so genannte „Herzogskasten", erhalten. Hinzu kommt das Handwerkerviertel um den heute aus dem Stadtbild verschwundenen Schutterbach (siehe S. 112–114).

Das karolingische Königsgut

Im Umfeld von Moritzkirche und Altem Schloss wurden von jeher die zentralen Einrichtungen des karolingischen Königsgutes vermutet. Dementsprechend wurden dort zwei großflächigere Ausgrabungen durchgeführt, nämlich wenig östlich der Moritzkirche beim Zehenthof und im ehemaligen Hofbereich des Alten Schlosses, dem Carraraplatz vor dem „Herzogskasten". Für mehr als im Jahrzehnt haben sie das älteste mittelalterliche Siedlungsfundgut geliefert. Es stammt aus dem 12. Jahrhundert und ist einer oder mehreren Siedlungen zuzurechnen, aus denen sich um die Mitte des 13. Jahrhunderts die Stadt Ingolstadt entwickelte. Die präurbane Besiedlung bestand nach derzeitiger Kenntnis aus Holzpfostenbauten. Einziger bekannter Steinbau aus dieser Zeit ist die 1234 geweihte Moritzkirche, von der im heutigen Kirchengebäude noch große Partien erhalten sind.

Die Ausgrabungen im Alten Schloss haben gezeigt, dass diese heute wenig auffällige Stelle inmitten der Altstadt früher markanter in Erscheinung trat. Sie befindet sich an der Kante der Hochterrasse unmittelbar am Nordufer einer längst verlandeten Donauschleife. Das Gelände des Alten Schlosses fällt noch heute leicht nach Westen zur Mauthstraße hin ab. Das war auch nach Osten zu der Fall, was heute wegen spätmittelalterlicher und neuzeitlicher Aufschüttungen nicht mehr erkennbar ist.

Die leichte Spornlage über der Donau zog schon in der frühen Bronzezeit Siedler an, wie drei Bestattungen und verstreute Fragmente von Siedlungskeramik zeigen. Im 4./5. Jahrhundert n. Chr. errichteten hier erstmals Germanen eine Ansiedlung im Bereich der heutigen Altstadt. Sie scheint jedoch noch im 5. Jahrhundert wieder aufgegeben worden zu sein.

Hinweise auf das frühmittelalterliche Kammergut haben die archäologischen Untersuchungen beim „Herzogskasten" nicht erbracht. Dieser Umstand rief eine alte Theorie in Erinnerung, der zufolge sich das Kammergut Ingolstadt ursprünglich weiter östlich, beim heutigen Vorort Feldkirchen mit seiner alten Marienkirche befunden habe. Erst 2003 konnten Funde der Karolingerzeit wenig südwestlich der Moritzkirche ausgegraben werden.

Burg und Stadtumwehrung aus dem 13. Jahrhundert

Die Errichtung der heute Altes Schloss genannten Burg wird in der Mitte des 13. Jahrhunderts angenommen. Nach den Erkenntnissen von Archäologie und Bauforschung bestand die ursprüngliche Anlage aus dem damals zweigeschossigen *palas*, wie einige Fenstergewände aus Naturstein an der Nordfassade des „Herzogskastens" noch heute erkennen lassen. Ihm gegenüber stand im heutigen Hofbereich ein hölzerner Pfostenbau, der wegen seiner altertümlichen Bauweise und einem Brunnen sowie einer großen Abfallgrube in unmittelbarer Nachbarschaft eventuell als Stall diente. Die Umwehrung der Burg könnte aus einem Wall mit aufgesetzter Mauer bestanden haben. Ein Graben ist nur an der Ostseite nachgewiesen. Hier fällt die Burgmauer mit der ersten Stadtumwehrung zusammen, zu der auch der als Stumpf erhaltene

Palas des Alten Schlosses

Funde des 15.–18. Jahrhunderts aus dem Umfeld des Alten Schlosses. Krautstrunk und Warzenbecher aus Glas, Fragment eines Aquamaniles (Handwaschgefäß) und Becher aus Siegburger Steinzeug

Rundturm in der kleinen Grünfläche östlich des „Herzogskastens“ gehörte.

Die Stadtumwehrung des 13. Jahrhunderts ist zwar aus dem heutigen Stadtbild weitestgehend verschwunden, ihr verfüllter Graben ist aber noch in beachtlichen Partien als Bodendenkmal erhalten. Sein Verlauf kann zwischen Altem Schloss, Holzmarkt, Münsterchor, Hoher Schule und dem „Birnbaumhäusl“, einem spätmittelalterlichen Gerberhaus von 1473 „Bei der Schleifmühle 17“, an Straßenzügen und Parzellengrenzen nachvollzogen und auch zu Fuß erwandert werden. Wie das Alte Schloss verlor er im 14. Jahrhundert im Zuge der damaligen Stadterweiterung seinen Verteidigungswert.

Das Alte Schloss wurde dennoch als Herzogsresidenz weiter ausgebaut, wovon heute vor allem die Fialenbekrönung der Giebel und der Kapellenerker an der Westfassade des „Herzogskastens“ zeugen. Die Ausgrabungen auf dem Carraraplatz haben zu diesen Baumaßnahmen nur wenige Anhaltspunkte geliefert, denn die Nebengebäude der Burg wurden an den Rand des heutigen Platzareals gerückt. Ihre Fundamente sind durch spätere Überbauung weitgehend beseitigt. In der zweiten Hälfte des 16. Jahrhunderts baute man den *palas* des Alten Schosses zum Getreidekasten um, wobei er seine heutige Geschossgliederung erhielt.

Zusammen mit den Grabungsergebnissen vermitteln „Herzogskasten“ und Carraraplatz noch heute einen guten Eindruck von diesem wichtigen frühen Stützpunkt der wittelsbachischen Herrschaft über Bayern.

Zu besichtigen
Rundgang im Westen der Altstadt zu mittelalterlichen und frühneuzeitlichen Handwerkerhäusern und zur Stadtmauer des 14./15. Jahrhunderts.

Anfahrt
Vom Parkplatz am Hallenbad (Infotafel) durch die Stadtmauer in die Altstadt; Rundgang durch die Schutterstraße, Wagnerwirtsgasse bis zum Platz „Bei der Schleifmühle".

Ausstellungsort der Funde
Stadtmuseum Ingolstadt.

Ingolstadt: Mittelalterliches Handwerkerviertel am Schutterknie

Für die Entstehung einer Stadt ist die Existenz eines wirtschaftlich nutzbaren Fließgewässers eine wichtige Voraussetzung. Nach Aussage der Schriftquellen gehörten schon im 9. Jahrhundert Mühlen zum Königsgut Ingolstadt, die wohl von einem solchen Bach oder kleinen Fluss angetrieben wurden. Da der Herrenhof des Königsgutes bei der Stadtpfarrkirche St. Moritz gelegen haben soll, wird angenommen, dass schon damals die Schutter als Brauchwasser- und Energiequelle genutzt wurde. Heute ist sie aus der Altstadt verbannt. Lediglich der Name „Schutterstraße" und die breiten Gehsteige in der Wagnerwirtsgasse erinnern noch an ihr altes Bett. Auch auf die Mühlen, die sie antrieb, weisen nur noch Straßennamen hin.

Mittelalterliches Handwerkerviertel am Schutterknie. Ausschnitt aus dem Sandtnermodell

Die breite Niederung, der das Bett der Schutter bis ins 20. Jahrhundert folgte, ist jedoch unter dem Straßenpflaster und den bis ins Spätmittelalter zurückreichenden Häusern westlich und südlich des Platzes „Bei der Schleifmühle" archäologisch gut nachweisbar. Durch jahrhundertelange

Das „Birnbaumhäusl" bei der Schleifmühle nach der Restaurierung 1993

Aufplanierungen in der Niederung verfügt die Stadt hier über besonders gut erhaltene, mittelalterliche Bodendenkmäler, die beim Neu- und Umbau von Altstadthäusern durch die Stadtarchäologie erst ansatzweise erforscht werden konnten. Beispielhaft dokumentieren das die Ausgrabungen in der Wagnerwirtsgasse 3 und im „Birnbaumhäusl" (Bei der Schleifmühle 17). Letzteres erhielt seinen Namen von einem mächtigen Birnbaum, der vor seiner Giebelfront stand. Das im Kern auf einen Fachwerkbau von 1473 zurückgehende Gebäude steht auf meterdicken Auffüllschichten, die Fundmaterial bis ins 13./14. Jahrhundert enthielten. Spuren von Holzbottichen zeigten, dass das Gebäude zu den Gerberhäusern des hiesigen Handwerkerviertels gehörte.

Bei der Errichtung des Neubaus in der nahe gelegenen Wagnerwirtsgasse 3 konnten unter den Fundamenten eines abgebrochenen Gebäudes des 19. Jahrhunderts Gerbergruben der 1798 gegründeten Lederfabrik des Andreas Högner sowie Kulturschichten von insgesamt 3,5 m Mächtigkeit untersucht werden. Diese Schichten enthielten mindestens drei deutlich voneinander abweichende Bauphasen eines Gebäudes, das nach der Dendrodatierung von Bauhölzern in den 60er-Jahren des 15. Jahrhunderts errichtet wurde und in den Stadtmodellen der frühen 1570er-Jahre dargestellt ist. Unter diesem Haus lag ein weiterer Gebäudekomplex, der ebenfalls verschiedene Bauphasen aufwies. Der tiefste Befund war ein verfüllter Altwasserarm, auf dem die ausgegrabenen Gebäude errichtet worden waren. Es ist noch nicht zu entscheiden, ob er zur Schutter oder zur Donau gehörte. Aus dem Bett des Gewässerlaufs stammt Keramik des 13./frühen 14. Jahrhunderts. Er führte im untersuchten Bereich bis in die Zeit der Stadtwerdung nur periodisch Wasser und wurde dann relativ rasch aufgefüllt.

Zahlreiche Pfähle der Uferbefestigung der Schutter wurden geborgen und vom Landesamt für Denkmalpflege dendrochronologisch datiert. Sie gehören ins 13. bis 18. Jahrhundert. Hinweise auf die Karolingerzeit und die historisch überlieferten Mühlen fehlen bislang. Die Nutzung der Schutter als Mühlbach ist erst seit der Stadtwerdung Ingolstadts archäologisch nachweisbar.

In der zweiten Hälfte des 14. Jahrhunderts wurde das Gelände um den Platz „Bei der Schleifmühle" in die Mauern Ingolstadts einbezogen. Die Wagnerwirtsgasse endet unmittelbar an der heute noch in weiten Teilen erhaltenen, zweiten Stadtumwehrung. Durchquert man einen nahe gelegenen jüngeren Durchlass, so kann man einen kleinen Spaziergang entlang der Mauer bis zum Taschenturm, einem mittelalterlichen Nebentor, unternehmen.

i

Zu besichtigen
Topographie einer reichen vor- und frühgeschichtlichen Fundlandschaft im Bereich des AUDI-Werksgeländes am nördlichen Talrand der Donau.

Ausstellungsort der Funde
Die Funde der zahlreichen Ausgrabungen, darunter auch das große Bernsteincollier, sind im Stadtmuseum Ingolstadt zu besichtigen.

Ingolstadt, AUDI-Werksgelände: Ausgrabungen in einer reichen vor- und frühgeschichtlichen Fundlandschaft

Weithin sichtbar und beherrschend breitet sich die Industrielandschaft des AUDI-Automobilwerkes nördlich von Ingolstadt auf den Fluren der vorstädtisch gewordenen Dörfer Etting und Oberhaunstadt aus. Es bildet inzwischen die markanteste Landmarke eines Naturraumes, der als Ingolstädter Becken bezeichnet wird und einen der begünstigsten Siedlungsräume im Bereich der Stadt Ingolstadt darstellt. Wir treffen hier auf

Das AUDI-Werksgelände aus der Luft. Im Vordergrund die Ausgrabung des endneolithischen Erdwerkes auf dem Parkplatz 10

eine gegliederte, lössbedeckte Hügellandschaft an der Südabdachung des Jura, die nördlich an die rißeiszeitliche Schotterterrasse der Donau anschließt und deren Untergrund durch Juraausläufer und tertiäre Sande der oberen Süßwassermolasse gebildet wird. Zahlreiche, von West nach Ost entwässernde Bäche und Gräben durchziehen die Landschaft, die aufgrund ihrer natürlichen Vorzüge und durch ihre Verkehrsgunst am Schnittpunkt geographisch vorgegebener Verbindungen in Nord-Süd- sowie entlang der Donau in West-Ost-Richtung seit der älteren Vorgeschichte zu den zentralen Siedlungsräumen Südbayerns zählt.

Bis in die Mitte der 1990er-Jahre gestaltete sich der Landverbrauch an der nördlichen Peripherie von Ingolstadt eher zurückhaltend. Die seitdem eingetretene explosive Entwicklung erbrachte eine derartige Fülle von Befunden und Funden aus allen Perioden der Ur- und Frühgeschichte, dass es gerechtfertigt erscheint, ihnen einen eigenen kurzen Abschnitt in diesem Führer zu widmen, obgleich im Gelände selbst heute fast nur noch Industriebauten zu besichtigen sind.

Siedlungsspuren aus der Jungsteinzeit

Die frühesten Spuren dauerhafter menschlicher Besiedlung reichen bis ins 5. Jahrtausend v. Chr. zurück und sind der Bandkeramik, der ältesten Bauernkultur in unseren Breiten, zuzurechnen. Sie kamen bei der ersten großflächigen Ausgrabung auf dem Gelände der AUDI AG im Bereich des Augrabens 1996 zutage und erlaubten aufgrund der starken Erosion der Lössterrasse keine weitreichenden Einblicke. Immerhin ließen sich Pfostenreihen von Langhäusern und die charakteristischen wandbegleitenden Materialgruben nachweisen, deren Fundmaterial in eine entwickelte Stufe der Bandkeramik (Typ Flomborn) weist. Dünn ist der Niederschlag des Mittelneolithikums, etwas Keramik vom Typ Oberlauterbach, der gleichwohl Siedlungskontinuität bis hin zur Epoche des Spätneolithikums andeutet.

Hinterlassenschaften dieser bereits der Kupferzeit zuzurechnenden Zeitepoche wurden vor allen Dingen in den Jahren seit 1999 im Bereich des Parkplatzes 10 ergraben. Zwar hatten sich bereits 1996 im Areal des so genannten Abstellplatzes, südlich des Augrabens, Siedlungsbefunde des jungneolithischen Altheimer und endneolithischen Chamer Keramiktypus ergeben, doch konnten diese erst durch die Ausgrabungen im Bereich des Parkplatzes 10 in einen kulturhistorisch deutbaren Zusammenhang gestellt werden. Hier ergaben die von der AUDI AG finanzierten und vom Bayerischen Landesamt für Denkmalpflege durchgeführten Untersuchungen ein mächtiges, aus zwei Gräben bestehendes Erdwerk, das zusammen mit einem als Feuchtbereich erhaltenen, südlich anschließenden Mäander des heute begradigten und verrohrten Augrabens ein beträchtliches, etwa oval geformtes Areal umschließt. Der innere Graben dürfte als Spitzgraben einen vor- bzw. nachgelagerten Wall besessen haben, während sich der äußere im Zuge der Ausgrabung als mehrphasig erwies und durch das Einbringen von Palisaden entstanden ist. Weitere Feuchtbereiche, die aus eiszeitlichen Schmelzwasserrinnen herrühren und die, wie der Befund zeigt, in spätneolithischer Zeit noch zumindest in den feuchten Jahreszeiten Wasser führend waren, umgaben das Erdwerk im Nordwesten und im Osten, sodass wir in der landschaftlichen Rekonstruktion eine Befestigung in Insellage auf einem flachen Hügel erkennen. Dieser, heute im überbauten Gelände nicht mehr festzustellen, bildete einst den höchsten Punkt im weiten Umkreis, von dem aus sowohl das südlich anschließende Donautal wie auch die nördlich anschließende Landschaft bis hin zur nahen Albabdachung gut zu überblicken war. Das Tor, durch einen Riegelgraben zusätzlich gesichert, wies nach Norden in den einzigen Bereich, den man trockenen Fußes passieren konnte.

Zwei als Depot niedergelegte Steinbeile der Chamer Gruppe aus dem Umkreis des Erdwerkes

Zwar waren etliche Befunde des Areals der jungneolithischen Altheimer Gruppe zuzuweisen, das Erdwerk selbst ist jedoch einer speziellen ostbayerischen Fazies der nordischen Trichterbecherkultur, der nach einem eponymen Fundort im Bayerischen Wald benannten Chamer Gruppe zuzuweisen. Dies belegen zum einen die Keramik aus dem Innenraum wie auch mehrere Depots, vornehmlich mit Steinbeilen des Chamer Typs, aber auch mit Keramik im nördlich an das Erdwerk anschließenden Gelände. Sie sind ohne Zweifel in einem allgemein rituellen Zusammenhang zu sehen, was freilich nicht auch auf einen sakralen Charakter des Erdwerkes selbst hindeuten muss, da Deponierungen in oder im Umkreis von Siedlungen ein Charakteristikum der immer noch wenigen ergrabenen Chamer Siedlungen darstellen.

Endneolithische Gräber

Insgesamt vier Nord-Süd orientierte Hockerbestattungen stammen aus dem unmittelbaren Umfeld des Erdwerkes. Sie waren, obwohl äußerst spärlich nur mit kulturell indifferenten Steingeräten ausgestattet, entsprechend der gängigen archäologischen Einteilung der endneolithischen Gruppe der Schnurkeramik zugewiesen worden; angesichts des Fehlens von bezeichnenden Beigaben dieser Kulturgruppe wie schnurverzierten Bechern oder steinernen Streitäxten muss jedoch die Frage gestellt werden, ob es sich bei entsprechenden Bestattungen nicht doch um die bisher unbekannte Bestattungsform der Chamer Gruppe handelt.

In jedem Falle wird sich die Frage nach den kulturellen Beziehungen zwischen Schnurkeramik und Chamer Gruppe erneut stellen, stammen doch auch von anderen Bereichen des AUDI-Werksgeländes eindeutige Grabfunde der Schnurkeramik, so etwa aus einem Bereich, wo heute im Windkanal die Windschlüpfrigkeit der Fahrzeuge getestet wird. Besonders hervorzuheben ist ein kleines Gräberfeld mit mindestens sechs Bestattungen vom Gelände des Güterverkehrszentrums, das in seinem keramischen Fundgut eindeutige Beziehungen zu dem hauptsächlich im südlichsten Bayern vertretenen Typ Geiselgasteig aufweist.

Ebenfalls gut vertreten ist die zweite, zeitlich an die Schnurkeramik anschließende Gruppe der Becherkulturen, die Glockenbecherkultur. Von der Grabung im Windkanalgelände stammt einer der raren Siedlungsbefunde dieser Zeitepoche, ein aus den Standspuren der Pfosten rekonstruierbarer Grundriss eines Hauses. Ein kleines Gräberfeld der spätesten Glockenbecherkultur kam bei den Untersuchungen im Güterverteilungszentrum zutage. Die hierin vertretene Keramik, unverzierte Gefäße vom Typ der so genannten Begleitkeramik, leitet typologisch bereits zur frühen Bronzezeit über. Ob ein weiteres kleines Gräberfeld auf dem Parkplatz 12 am Nordwesteck des AUDI-Geländes noch der Glockenbecherzeit oder bereits der frühen Bronzezeit entstammt, bleibt unklar. Zwar deutet die strikte Nord-Süd-Orientierung der Hockerbestattungen darauf hin, die wenigen, zudem äußerst schlecht erhaltenen Fragmente der Beigaben ließen sich jedoch auch in die frühe Bronzezeit datieren.

Depotfunde aus der Bronzezeit

In dieser ersten maßgeblich durch das Metall bestimmten Periode der frühen Geschichte Südbayerns gewinnt das Ingolstädter Becken bedingt durch die naturräumlich vorgegebene verkehrsgünstige Lage weiter an Bedeutung. Der namengebende Werkstoff der Epoche ist die Bronze, deren Grundstoffe Kupfer und Zinn nur in bestimmten Gebieten gewonnen werden können und deren Verbreitung daher Austausch und Handel über weite Strecken hin bedingt.

So verweist ein in den 1970er-Jahren an der südlichen Terrassenkante zum Augraben hin zufällig gefundener Ösenring-Hort auf die Herkunftsgebiete des Kupfers in den Revieren der Salzburger und Inntaler Alpen und ein in den 1980er-Jahren im selben Gebiet gemeldeter Hort von Vollgriffdolchen – der erste diesbezügliche von bayerischem Boden – auf die Absatzgebiete der Bronze, nämlich auf Nord- und Mitteldeutschland. Eben diesen Räumen, dem Verbreitungsgebiet der Aunjetitzer Kultur, kann dieser exzeptionelle Fund, dessen exakter Fundort leider nicht mehr zu ermitteln ist, zugewiesen werden. Ebenfalls in den Zusammenhang von Handel und Austausch weist der aufsehenerregendste und inzwischen wohl berühmteste Fund aus dem Ingolstädter Raum, nämlich das 1996 zusammen mit bronzenem Beinschmuck und einem Gefäß geborgene mittelbronzezeitliche Bernsteincollier vom Werksgelände der AUDI AG, das mit rund 2900 Perlen den reichsten Fund dieser Art in Bayern und darüber hinaus darstellt. Es besteht aus baltischem Bernstein und führt anschaulich den Gegenwert vor Augen, der für die in den rohstoffarmen Norden Europas exportierte Bronze aufgebracht wurde.

Nachbildung des Bernsteincolliers aus der Bronzezeit

Wie inzwischen durch großflächige Ausgrabungen erwiesen ist, entstammen alle drei genannten früh- bis mittelbronzezeitlichen Deponierungen aus Siedlungszusammenhängen. Direkt im Augrabenbereich wurden in feuchtem Untergrund frühbronzezeitliche Siedlungsspuren aufgedeckt und auch der schon mehrfach erwähnte Parkplatz 10 lieferte früh- bis mittelbronzezeitliche Siedlungsfunde. Dies erklärt freilich die Deponierungen nicht zu Siedlungs- oder Versteckfunden. Hier steht eher der Topos der rituellen Niederlegung im Vordergrund, die ebenso im Kontext eines Opfers wie als ausgelagerter und gesondert behandelter Teil einer Grabausstattung interpretiert werden kann; letzte Gewissheit ist hier kaum zu erreichen.

Siedlungen der Urnenfelder- und der Hallstattzeit

Die seit dem Endneolithikum andauernde Besiedlungsintensität der Kleinlandschaft flaut in der Spätbronze- und Urnenfelderzeit etwas ab, ist aber gleichwohl ungebrochen. Siedlungskeramik stammt von den Fluren „Im Schneller“ und „Ziegelsaum“, eine bemerkenswerte spätbronzezeitliche Bestattung kam 1999 beim Bau der TAL-Pipeline ans Licht. Sie enthielt eine mit Kreisaugen verzierte Knochenscheibe, die in Südbayern bislang nur eine Parallele von der Roseninsel im Starnberger See besitzt. Noch nicht ausgewertet war zum Zeitpunkt der Abfassung dieses Beitrages ein 2001 ergrabenes, leider stark verpflügtes Gräberfeld der Urnenfelderzeit aus einem Neubaugebiet im Güterverkehrszentrum, das anscheinend eher in die jüngeren Phasen dieser Epoche datiert.

Zeitlich etwas später ist eine urnenfelder- bis hallstattzeitliche Siedlung anzusetzen, die auf dem durch oben erwähnte becher- bis frühbronzezeitliche Gräber belegten Parkplatz 12 ergraben werden konnte. Sie markiert das Ende der reinen Bronzezeit und ist wohl als Außensiedlung eines befestigten hallstattzeitlichen Hofes zu sehen, der in unmittelbarer Nachbarschaft auf der so genannten Technischen Fläche im äußersten Westen des Betriebsgeländes aufgedeckt wurde. Mittlerweile sind drei Spitzgräben erfasst, sodass die Datierung außer Frage steht. Der Befund steht in auffälliger Parallelität zu demjenigen, der 1996 bis 1998 etwa 1 km nördlich im Bereich der Umgehungsstraße von Etting aufgedeckt wurde und führt anschaulich vor Augen, mit welch dichter Aufsiedelung der Landschaft wir bereits in der frühen Eisenzeit zu rechnen haben.

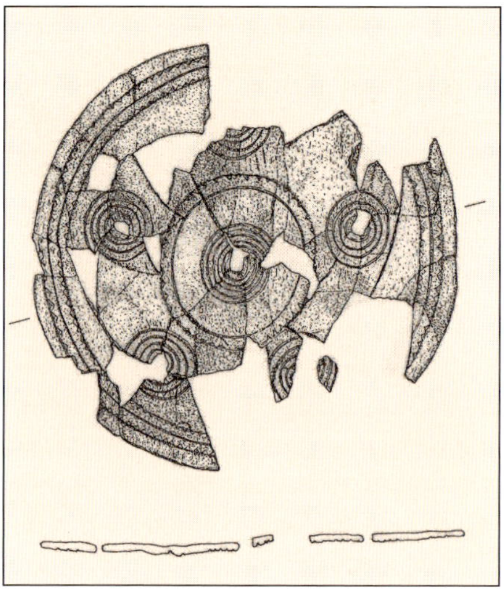

Mit Kreisaugen verzierte Beinscheibe aus einer spätbronzezeitlichen Bestattung im Bereich der TAL-Pipeline im AUDI-Gelände

Keltische Gräber

Diese Gleichläufigkeit erstreckt sich auch auf die beginnende Latènezeit, waren doch hier wie dort die inzwischen verfüllten Gräben in der Stufe Latène B1, also im 3. Jahrhundert v. Chr., mit Gräbern überlagert worden, deren Beigaben durchaus einen gewissen Wohlstand nahe legen. Auch sie sind in ein weitläufiges Siedlungsnetz einzubinden, das sich allerdings vorerst eher spärlich durch einzelne Siedlungsfunde zu erkennen gibt. Von den schon erwähnten Fluren „Im Schneller" und „Ziegelsaum" sowie von der Flur „Kammühl" stammen keramische Siedlungsfunde und auch die Grabungen im Güterverkehrszentrum sowie in jüngster Zeit auf dem Parkplatz 10 lieferten Siedlungsbefunde der Spätlatènezeit. Auch hier ist wiederum eine frappante Gleichläufigkeit mit den Grabungsergebnissen der unmittelbar nördlich anschließenden Siedlungskammer im Bereich der Umgehungsstraße und ICE-Trasse Etting zu registrieren.

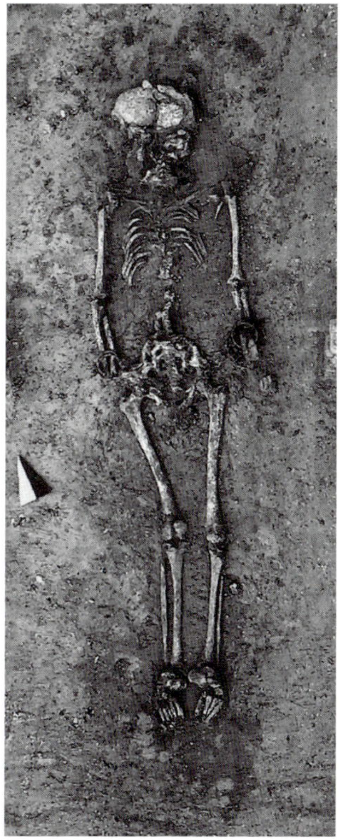

Körperbestattung der Stufe Latène B1 während der Freilegung im Mai 2002

Ein römischer Gutshof an der Donaunordstraße

Dies gilt in gleicher Weise für die Hinterlassenschaften der römischen Epoche. Auf der Flur „Stadtfeld", dem Werksgelände (noch) unmittelbar südwestlich vorgelagert, ist im Luftbild der Grundriss eines römischen Landgutes, einer Villa rustica zu erkennen. Klar nachweisbar sind das mit den typischen Eckrisaliten erbaute Haupthaus und Teile der Umfassungsmauer, während die zu erwartenden Nebengebäude bisher nicht ausgemacht werden konnten. Inwieweit Siedlungsfunde des 2. bzw. 3. Jahrhunderts n. Chr. vom Augraben im Zusammenhang etwa mit

Luftbild der Villa rustica im „Stadtfeld" mit typischen Eckrisaliten. Das Hauptgebäude zeichnet sich als heller Umriss im Gelände ab

Außenanlagen dieser Villa zu sehen sind, mag dahingestellt bleiben. In jedem Falle stehen alle römerzeitlichen Befunde in direkter Beziehung zu der im 2. Jahrhundert im Zuge des römischen Ausgreifens nach Norden über die Donau angelegten Kunststraße, die von der rätischen Provinzhauptstadt Augsburg/*Augusta Vindelicorum* nach Regensburg/*Castra Regina/Legio* führte und das AUDI-Gelände als „Schnellerweg" auf der gesamten Breite quert. Querschnitte dieser Straße wurden bei verschiedenen Baumaßnahmen angeschnitten und zeigen sie als eine gut befestigte und unterhaltene Verkehrs- und Wirtschaftsader einer prosperierenden römischen Provinzlandschaft.

Die Limesnähe des Ingolstädter Beckens bedingt frühe Kontakte zu germanischen Bevölkerungsteilen, die insbesondere seit dem frühen 3. Jahrhundert n. Chr. in zunehmendem Maße im archäologischen Fundgut auszumachen sind. Auch im unmittelbaren Vorfeld der römischen Villa am AUDI-Gelände wurden bei der Verlegung der TAL-Pipeline auf den Fluren „Hundsrucken" und „Angerl" völkerwanderungszeitliche Siedlungsbefunde festgestellt, zu denen ein kleines Brandgräberfeld gehört.

Wie sich der Übergang von der römischen Welt zu derjenigen des frühen Mittelalters vollzogen hat, wissen wir nicht. Immerhin weist das umfangreiche Landgut im Bereich der Umgehungsstraße Etting keinen Zerstörungshorizont auf, sodass eher mit einer Abwanderung der römischen Bevölkerung und einer Sukzession durch germanische Siedler als mit einer kriegerischen Eroberung zu rechnen ist. Ob auch der bisher nicht aufgedeckte Gutshof auf dem Gelände der AUDI AG ein ähnliches Schicksal hatte, ist zwar bislang nicht bewiesen, aufgrund der ähnlichen Befundlage jedoch wahrscheinlich.

Bajuwarische Neusiedler des 7. Jahrhunderts

In jedem Falle ist der Vorgang der Germanisierung zu Beginn des 7. Jahrhunderts n. Chr. abgeschlossen. Die römische *villa* dürfte zu diesem Zeitpunkt als Ruine in der Landschaft gestanden haben, die Donaunordstraße war dagegen sicher noch in Benutzung. An ihr hatten sich bajuwarische Neusiedler niedergelassen, deren Reihengräberfeld in inzwischen drei Kampagnen im Bereich des Parkplatzes 12, der August-Horch-Straße und einer südlich anschließenden Baufläche zwischen 1996 und 2001 nahezu vollständig ergraben werden konnte. Das dazu gehörige Dorf ist von der Lage her auszumachen, bislang jedoch noch nicht in die Expansion des Werksgeländes mit einbezogen. Den Schlusspunkt am Übergang zur Siedlungslandschaft, wie sie dann über die Jahrhunderte hinweg bis zur Industrialisierung ab der zweiten Hälfte des 20. Jahrhunderts bestand, bildet eine karolingische Siedlung, die beim Bau des Güterverkehrszentrums nachgewiesen wurde.

Die Siedlungskammer im AUDI-Gelände, die ungebrochene Kontinuität seit der ersten Besiedlung im 5. Jahrtausend v. Chr. aufweist, ist, wie es scheint, eher der archäologische Regelfall denn die Ausnahme. Exzeptionell dürfte dagegen der hohe Beobachtungsgrad sein, der überdeutlich zeigt, welch aufschlussreiche landeskundliche Ergebnisse die Archäologie zu liefern vermag, gibt man ihr die Möglichkeit zu konsequenter und flächendeckender Arbeit.

Zu besichtigen
Drei römische Steindenkmäler in der Kirche im Ortskern von Dünzlau, westlich von Ingolstadt.

Ingolstadt-Dünzlau: Römische Steindenkmäler in der Kirche

In der Kirche St. Andreas in Dünzlau sind drei römische Steine eingemauert: ein Altar mit Inschrift an der Innenseite der Westwand sowie zwei Reliefreste an deren Außenseite.

Der Altar aus Kalkstein im Kircheninneren ist 67 cm hoch und 50,5 cm breit. Er trägt die Inschrift: *MERCVRIO/TEMPLVM/EX VOTO SVS/CEPTO CL(audius) AV/GVSTANVS/L(aetus) L(ibens) M(erito).* (Claudius Augustanus hat dem Merkur aufgrund eines Gelübdes einen Tempel errichtet). Der Standort des in der Inschrift genannten Tempels des Merkur ist unbekannt.

An den beiden Ecken der Westwand sind auf Bodenniveau noch die jeweils oberen Hälften von zwei Reliefs zu sehen, die jedoch schon stark verwittert sind. Die beiden Reliefs (H. 47 cm, B. 46 cm; H. 48 cm, B. 47 cm) zeigen jeweils eine männliche Gestalt in einer Toga, eine davon mit einem unkenntlichen Attribut in der Hand. Die Bildsteine gehörten vermutlich zu einem Grabmal, das an der römischen Donaunordstraße stand. Etwa 250 m westnordwestlich der Kirche kamen 1990 Überreste einer römischen *villa rustica* zutage, mit der das Grabdenkmal in Verbindung stehen könnte.

Römisches Relief eines Mannes, eingemauert in der Nordwestecke der Kirche

Zu besichtigen
Überblick über die römische und frühmittelalterliche Siedlungstopographie am Informationspunkt auf dem Weg zur Ettinger Kirche.

Anfahrt
Von der Autobahnausfahrt Ingolstadt-Nord auf der Kreisstraße EI18 Lenting-Wettstetten; unmittelbar nach der Kreuzung mit der Ortsumfahrung Etting links am Schild „Flughafen“ ins Tal; dort steht im Bereich des Biotops eine Informationstafel; weiter zur Ettinger Kirche im Ortszentrum.

Ausstellungsort der Funde
Die Funde sind im Stadtmuseum Ingolstadt ausgestellt.

Ingolstadt-Etting: Römisches Landgut, frühmittelalterliche Siedlung und Adelsgräber

Das römische Landgut in der „Zellau“

Nordöstlich der Ortschaft Etting lag auf einem sanft gegen das Donautal geneigten Südosthang einer der größten römischen Gutshöfe an der Donau. Knapp 200 m nördlich des Landgutes führte die wichtige römische Straßenverbindung zwischen dem *vicus Scuttarensium* in Nassenfels und dem Alenkastell Kösching/*Germanicum* vorbei. Diese Donaunordstraße verband seit trajanischer Zeit die Provinzhauptstadt Augsburg mit Regensburg.

Vom Standort des Landgutes reicht der Blick weit über das Donautal (heute in Richtung Süden zur AUDI AG hin).

Die Villa rustica in der Flur „Zellau“ wurde durch Luftaufnahmen entdeckt und zwischen 1996 und 2000 in großen Bereichen ausgegraben. Die Gutsanlage wird von der Trasse der neuen Ortsumgehung Etting und der parallel dazu laufenden ICE-Neubaustrecke Ingolstadt–Nürnberg durchschnitten.

Das Landgut ist von einer Steinmauer umgeben, die hangabwärts bis in die feuchte Niederung des „Zellau-Bachs“ reicht. Der Bach, der heute als künstlicher Graben innerhalb der Hoffläche verläuft, floss ursprünglich unmittelbar vor der südlichen Hofmauer. Die Steinmauer umschließt ein Hofareal von etwa 3,3 ha.

Durch die Befunde der Ausgrabungen, die Auswertung von Luftaufnahmen und geophysikalische Messungen sind innerhalb der Hofmauer neben dem Wohnhaus und einem separaten Badegebäude min-

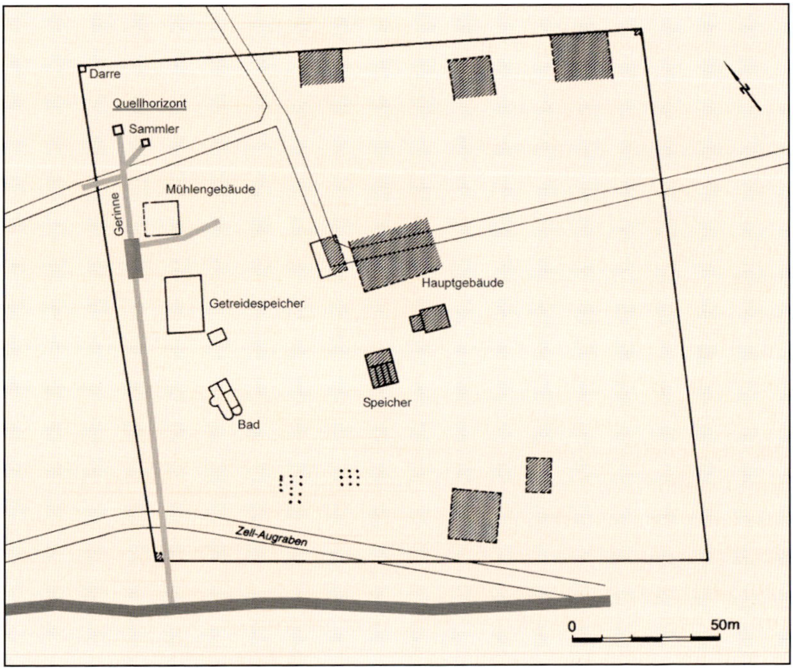

Villa rustica mit Hofmauer, Wohn-, Wirtschaftsgebäuden, Bad und Mühlenanlage

destens 13 weitere Steingebäude sowie Pfostenbauten älterer Bauphasen nachgewiesen. Zusätzliche Wirtschaftsgebäude sind in der bislang noch nicht untersuchten Fläche im östlichen Hofbereich zu erwarten (Gemarkung Lenting).

Das große Wohngebäude befindet sich fast im Zentrum des Hofareals und ist nur in einem kleinen Ausschnitt untersucht. Die Frontseite mit Portikus und Eckrisaliten war mit Blick nach Süden auf das Donautal ausgerichtet. Eine qualitätvolle Innenausstattung mit Wandmalereien ist zu erwarten. Vollständig ausgegraben sind bisher das Badegebäude *(balneum)* und sieben weitere Nebengebäude. In dem etwa 7 m × 12,5 m großen Bad sind die einzelnen Räume wie üblich ringförmig angeordnet, sodass der Badevorgang in einem Rundgang absolviert werden konnte. Mehrere Räume waren mit einer Hypokaustheizung ausgestattet. Wasserwannen oder Standbecken befanden sich in drei halbrunden Apsiden. An Wirtschaftsgebäuden fanden sich Getreidespeicher mit enormen Fassungsvermögen, Darren, Remisen und Ställe.

Das hölzerne Mühlengerinne für eine Getreidemühle im Gutshof während der Ausgrabung

Bedeutendste Entdeckung der Ausgrabungskampagne 1999 war ein hervorragend erhaltenes Mühlengerinne aus Holz entlang der westlichen Hofmauer. Die gesamte wassertechnische Anlage erstreckte sich über 150 m vom Quellhorizont am Hang bis in die Bachniederung vor der Hofmauer. Über Wassersammler und hölzerne Leitungen wurde das Wasser vom Hang in ein 10 m langes und 3 m breites Gerinne zur Mühle geleitet und von dort über einen Kanal in den Bach abgeführt. Aus einem Gebäude neben dem Mühlengerinne stammen einige Fragmente von großen Mühlsteinen.

In der dicht besiedelten Region zwischen Donau und Limes nahm die Gutsanlage in Etting eine wichtige Rolle bei der Versorgung der Reitereinheit in Kösching und der Zivilbevölkerung im *vicus* von Nassenfels ein. Die beachtliche ummauerte Hoffläche und die zahlreichen Nebengebäude sprechen für eine besondere wirtschaftliche Bedeutung des Landgutes für die Region. Das Volumen an Speicherkapazität in den *granaria* bzw. *horrea* lässt darauf schließen, dass zur Gutsanlage umfangreiche Anbauflächen gehörten. Auch eine Funktion als zentraler Speicherplatz und zugleich Verteilungsort für die Produkte der umliegenden kleineren Gutshöfe wäre denkbar. Die engen Verbindungen des Gutes zum Heer verdeutlichen Funde von Militaria, darunter Lanzenspitzen und Bronzebeschläge, die zur Ausrüstung von Soldaten gehö-

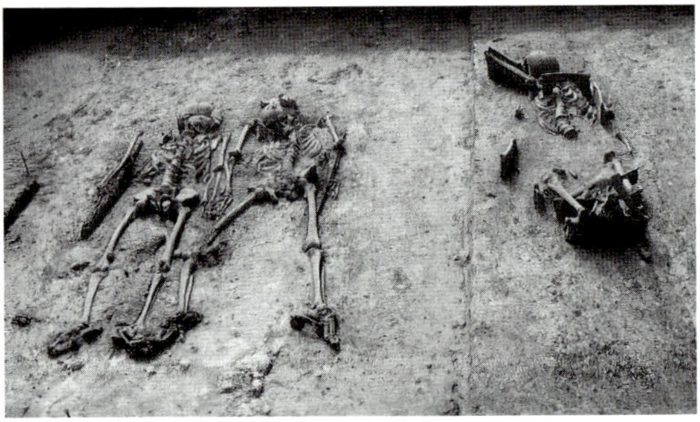

Bestattungen aus dem frühmittelalterlichen Adelsgräberfeld im „Sandfeld“ (seitlich je ein Sax)

ren. Das relativ große Fibelspektrum aus der *villa* datiert vom 1. bis ins 3. Jahrhundert.

Günstige Erhaltungsbedingungen von organischen Resten in den Feuchtbodenarealen der *villa* bieten Einblicke in die landwirtschaftliche Produktion und erlauben die Rekonstruktion von Flora und Fauna der Zeit.

Nach den Wirren der Markomannenkriege bestand die Gutsanlage weiter bis ins 3. Jahrhundert, längstens jedoch bis zum Juthungeneinfall und der Aufgabe der Garnisonen nördlich der Donau spätestens 260 n. Chr.

Frühmittelalterliche Siedlung und Adelsgräber

Bei den Ausgrabungen im Bereich der Ortsumgehung Etting und der ICE-Trasse Nürnberg–München wurden auch Siedlungsausschnitte und Grablegen aus dem frühen Mittelalter untersucht.

Im Bereich der Nordwestecke des oben beschriebenen römischen Landgutes fanden sich zahlreiche Pfostenspuren von Gebäuden eines frühmittelalterlichen Dorfes und eine kleine Grabgruppe.

Wenige 100 m westlich entdeckte man in der Flur „Sandfeld“ einen von zwei mächtigen Gräben umschlossenen hallstattzeitlichen Herrenhof.

Im Bereich der Südostecke des Herrenhofes werden die Gräben von einem mittelalterlichen Adelsgräberfeld überschnitten, das komplett ausgegraben ist. In 32 Grabgruben fanden sich insgesamt 38 Bestattungen. Die Grabgruben sind annähernd Ost-West orientiert. Auffällig ist ein Kreisgraben von 15 m Durchmesser mit einer Öffnung nach Westen. Im Zentrum befand sich eine mehrteilige Grabkammer (Grab 3) mit den Skelettresten von vier Männern, darunter eine Doppelbestattung. Die Hauptbestattung in der nördlichen Grabgrube wurde durch eine Nachbestattung gestört, die etwa 30 cm über dem alten Grab niedergelegt wurde. Die beiden Männer der Doppelbestattung sind gleichzeitig beigesetzt worden. Beide Individuen haben Verletzungen am Schädel. Sie hatten als Beigaben je einen Langsax und bronzene bzw. eiserne Sporen im Grab. Im Hals- und Brustbereich fanden sich Goldfäden vom Besatz der Kleidung. Zur Grabausstattung gehörte noch ein mit abstrahierten, ineinander verschlungenen Tierkörpern verziertes Pressblech aus Silber mit vergoldeter Oberfläche. Eine ebenfalls silbervergoldete Riemenzunge mit zugehöriger Schnalle trägt auf der Rückseite eine kursive lateinische Inschrift.

Unter den übrigen Gräbern enthielt nur noch Grab 19 einen Langsax und ein Paar Sporen, das Doppelgrab 18 je einen Sporn für jeden Toten. In Grab 24 waren zwei Kinder, ein Junge und ein Mädchen, beigesetzt, die beide mit Attributen von Erwachsenen ausgestattet waren; der Junge mit einem Miniatursax und einem Klappmesser, das Mädchen mit einer Perlen- und Amulettkette und einem Kamm. Die Ausstattung der übrigen Gräber ist eher durch-

Kirche St. Michael mit Wallfahrt zu den „Drei elenden Heiligen“

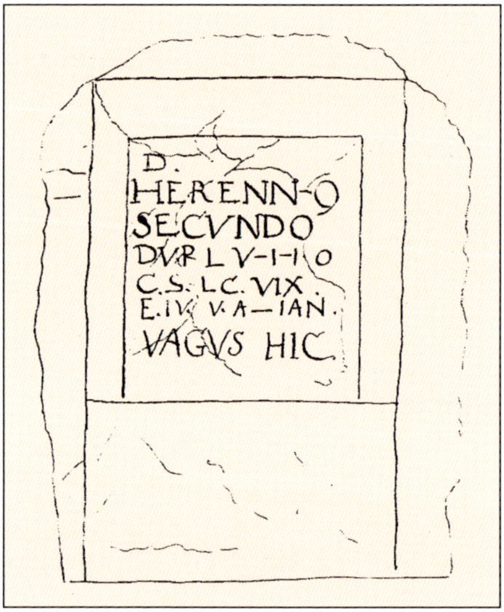

Inscrift auf dem verschollenen römischen Grabstein aus der Ettinger Kirche

schnittlich. Eine Reihe von Gräbern war stark zerstört und beraubt. Der Separatfriedhof lässt sich in die Zeit um 700 datieren.

Merowingische Bestattungen in der Ettinger Kirche

Im Innern der Ortskirche St. Michael wurden vom 2. bis 4. September 1627 drei Gräber von einer eigens dafür vom Eichstätter Bischof eingerichteten Kommission geöffnet. Die Untersuchung stand in Zusammenhang mit der Erforschung der Verehrung der „Drei elenden Heiligen“.

Das erste Grab lag unter der Kanzel an der südlichen linken Wand der Kirche. In einer Tiefe von 67 cm stieß man auf einen römischen Inschriftenstein, der in sekundärer Verwendung als Abdeckung eines Grabes diente. Das Grab enthielt noch Reste des Skeletts, einige Eisenfragmente und Stoffreste. Die heute verschollene Grabplatte war ursprünglich Bestandteil eines römischen Grabmals, gesetzt von einem Vagus für Herennius Secundus.

Unter dem rechten Seitenaltar befand sich ein weiteres Grab, das von einer Steinplatte mit einem Kreuzrelief abgedeckt war (heute in der linken Seitenkapelle eingemauert). Von der Bestattung fand man nur noch einige Skelettreste.

Eine einfache Steinplatte bedeckte das dritte Grab „hinter der Kirchentüre“. Es enthielt die Gebeine von mehreren Toten, unter anderem drei Schädel. Nach den Ergebnissen der anthropologischen Untersuchungen der Knochen stammen die Plattengräber vermutlich aus der Merowingerzeit.

Zu besichtigen
Im Wald und im Wiesengelände sind zahlreiche vorgeschichtliche Grabhügel sichtbar.

Anfahrt
Die Grabhügelgruppen liegen westlich von Gerolfing. Parken am „Zwischenwerk Gerolfing". Von dort erreicht man auf einem Weg nördlich um das „Zwischenwerk" (Festungsbau) herum nach etwa 500 m die nördlichste der Grabhügelgruppen. Die Hügel sind in der TK 25 eingetragen.

Ausstellungsort der Funde
Stadtmuseum Ingolstadt.

Ingolstadt-Gerolfing: Grabhügelfelder aus der Bronze- und Hallstattzeit

In Wald- und Wiesengelände westlich des Orts befinden sich nahe beieinander drei größere vorgeschichtliche Grabhügelgruppen.

Das nördliche Grabhügelfeld wird erstmals 1832 erwähnt. Anfang des 20. Jahrhunderts wurde ein Hügel durch Major Raithel teilweise ausgegraben (Dm. 15–20 m, H. noch 0,75 m). Von der Bestattung im Zentrum des Grabs auf der Hügelsohle war nur eine Dolchklinge (Bz B) erhalten. Zu den Beigaben gehörten vielleicht auch eine Tasse und eine Schüssel, die etwas oberhalb lagen. Bei einer Ortsbegehung 1910 konnten vom Gräberfeld I noch 97 Hügel obertägig festgestellt werden. Die topographische Vermessung 1976 verzeichnet noch etwa 65 Hügel. Die noch erhaltenen Hügel sind von unterschiedlicher Größe und liegen meist dicht beieinander. Die obertägigen Befunde sind zwischenzeitlich durch landwirtschaftliche Nutzung eingeebnet. 1981 wurden die noch erhaltenen Gräber unter Schutz gestellt.

In der mittleren Grabhügelgruppe II wurden 1910 bei einer Begehung 43 obertägig erhaltene Hügel festgestellt. Bei der topographischen Vermessung des Gräberfeldes 1976 waren noch 40 Hügel vorhanden. Die unterschiedlich großen Hügel liegen teils dicht beieinander, teils locker gestreut. Über Ausgrabungen in der Grabhügelgruppe II ist nichts bekannt. Von dem südlichen Grabhügelfeld waren 1910 bei einer Begehung 21 obertägig erhaltene Hügel vorhanden. Die topographische Vermessung 1976 erbrachte den Nachweis von 31 zum Teil sehr verflachten

Vorgeschichtlicher Grabhügel in einer Wiese vor dem Gerolfinger Eichenwald

Hügeln. Die Grabhügel liegen in zwei Gruppen teils dicht, teils locker um das Bienenhaus verstreut.

Ein viertes Grabhügelfeld liegt etwa 1 km weiter in westlicher Richtung in der Flur „Steinbuck" (südlich der Kiesweiher). Von den 60 Hügeln, die 1910 noch obertägig kenntlich waren, wurden drei durch den Historischen Verein Ingolstadt, ein weiterer durch das Denkmalamt geöffnet. Die zum Teil qualitätvollen Beigaben wie beispielsweise ein Bronzedolch, Bronzeschmuck und eine kerbschnittverzierte Schale gelangten in das Stadtmuseum. Die Gräber datieren in die Bronze- und Hallstattzeit, eine Nachbestattung in die Latènezeit.

Zu besichtigen
Mittelalterlicher Burghügel und Reste des ehemaligen Wassergrabens.

Anfahrt
Über die Autobahn A9, Abfahrt Ingolstadt-Süd, in Richtung Zentrum, von dort Richtung Westen nach Gerolfing; Burgstall ca. 60 m südöstlich der Kirche.

Ingolstadt-Gerolfing: Mittelalterlicher Burgstall

Der Burghügel des ehemaligen Pfleggerichtsschlosses im Ortskern zeigt sich als ca. 4–6 m hohe annähernd quadratische Erhebung von ursprünglich etwa 50 m × 50 m. Der Hügel war ehemals von einem steil geböschten Wassergraben umgeben, der nach Aussage von Anwohnern erst in der Nachkriegszeit weitgehend verfüllt wurde.

Eine Baumaßnahme erforderte 1990 Ausgrabungen auf dem Burghügel. Der Hügel besteht aus einer künstlichen Aufschüttung aus örtlich anstehendem sandigem Kies. Das Material für die Aufschüttung stammt zum Teil wohl aus dem Aushub des Grabens, worauf einige streifige Bänder aus Humus und Auelehm hindeuten. Die archäologische Untersuchung beschränkte sich auf den unmittelbar zur Bebauung anstehenden Bereich in der Südhälfte des Burghügels. Freigelegt wurde ein viereckiger Grundriss von ca. 12 m × 14,5 m. Der Raum war in der Mitte durch eine Wand geteilt und von zwei ziegelgemauerten Gewölben

Burghügel mit Resten des Wassergrabens im Luftbild

überdeckt. An der südlichen Außenmauer befanden sich jeweils in der Mitte der Gewölbe schmale Fensteröffnungen, das westliche Fenster war zusätzlich von zwei schießschartenähnlichen Öffnungen flankiert. In der Westwand des Gewölbes befand sich vermutlich die Türöffnung zu dem Gewölbekeller, die mit einem Sturz aus Kalkstein eingefasst war. Über dem Keller haben sich noch Reste eines Lehmestrichs mit einem Ziegelfußboden erhalten.

Die Burganlage ist wahrscheinlich im 13., spätestens im frühen 14. Jahrhundert errichtet worden. Das freigelegte Gebäude gehörte von der Lage her zum *palas*, dem repräsentativen Wohnhaus mit Versammlungshalle. Die in der Grabung erfasste Bauphase ist nach den Funden in das 15. Jahrhundert zu datieren. Die Untersuchung reichte jedoch nicht bis in die unteren Schichten der Bebauung. Der Platz wurde in späterer Zeit weitergenutzt, worauf Streufunde, unter anderem Münzen aus dem 16. und 18. Jahrhundert hindeuten. Die früheste Erwähnung des Ortes Gerolfing datiert in das Jahr 1055, die Burg selbst wird erstmals im Jahr 1329 anlässlich einer herzoglichen Schuldverschreibung genannt. Ab dem 14. Jahrhundert ist für Gerolfing ein Gericht erwähnt.

i

Zu besichtigen
Zu besichtigen ist die heutige Mühle am Platz der mittelalterlichen Wüstung.

Anfahrt
Über die Autobahn A9, Ausfahrt Ingolstadt-Nord, in Richtung Vohburg/Großmehring; umgehend Ausfahrt Feldkirchen in Richtung Kleingartenanlage Fort Wrede. Hinter der Anlage dem Schmidtmühlenweg folgen.

Ingolstadt-Schmidtmühle: Mittelalterliche Wüstung mit Kirche

Am Südrand der Niederung des Mailinger Baches liegt die Schmidtmühle. Sie stellt den letzten Rest einer Siedlung dar, die im Mittelalter aus mehreren Höfen bestanden hat und den Namen „*Smitstat*“ trug.

1938 entdeckte der Hauptlehrer F. Jobst aus Feldkirchen östlich der Schmidtmühle einen Bestattungsplatz, auf den er durch Funde beim

Kiesabbau aufmerksam geworden war. Schon 1911 kamen spätmittelalterliche Gefäß- und Ofenkachelfragmente in einer Kiesgrube südlich der Mühle zutage.

Die Bestattungen befanden sich beiderseits eines etwa 5 m langen und 0,4 m breiten Mauerfundaments, das aus unvermörtelten Jurakalkbruchsteinen bestand und eines der Skelette halbseitig überdeckte. Zusammen mit Mauerausbruchgräben, die mit Bauschutt verfüllt waren, ließ sich der Grundriss eines Ost-West orientierten Raumes mit Apsis im Osten identifizieren. In dem Bauschutt fanden sich Kalkmörtelbrocken und Scherben mittelalterlicher und vorgeschichtlicher Zeitstellung sowie menschliche Knochen. Offensichtlich war auf einem älteren Friedhof ein steinernes Gotteshaus errichtet worden, das noch im Mittelalter wieder abgebrochen wurde.

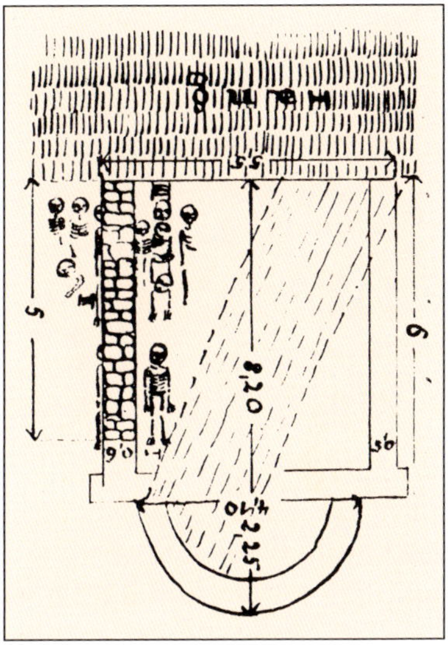

Frühmittelalterliche Gräber unter einer bereits im Mittelalter abgebrochenen Kirche (Ausgrabungsskizze 1938)

Ein vor wenigen Jahren im weiteren Umfeld der Schmidtmühle aufgelesenes frühmittelalterliches Gefäßfragment lässt es möglich erscheinen, dass die Siedlung um die Schmidtmühle bis in die Zeit der Ersterwähnung Ingolstadts im frühen 9. Jahrhundert zurückreicht. Ob die ausgegrabene Kirche entsprechend alte, vielleicht hölzerne Vorgängerbauten hatte, geht aus F. Jobsts Dokumentation nicht hervor.

Die Schmidtmühle und ihr Umfeld sind für die Erforschung der noch immer ungeklärten Anfänge Ingolstadts von besonderer Bedeutung. Denn es wird seit geraumer Zeit diskutiert, ob der Herrenhof des karolingischen Königsgutes Ingolstadt bei Feldkirchen und nicht im heutigen Areal der Ingolstädter Altstadt gelegen haben könnte. Die Siedlung bei der Schmidtmühle könnte dann zum unmittelbaren Umfeld dieses Herrenhofes gehört haben.

Zu besichtigen
Topographie eines reichen vor- und frühgeschichtlichen Siedlungsraumes am südlichen Rand des Donautales.

Anfahrt
Über Ingolstadt-Zentrum auf der B13 Richtung München, am Ortsende rechts Richtung Zuchering. Ehemaliger Platz des Friedhofs der Urnenfelderzeit und der mittelalterlichen Siedlung aus dem 6./7.–12. Jahrhundert ist das Wohngebiet links am Ortseingang.

Ausstellungsort der Funde
Empfehlenswert ist die Ausstellung der qualitätvollen Funde und Befunde im Stadtmuseum Ingolstadt.

Ingolstadt-Zuchering: Gräberfeld der Urnenfelderzeit, mittelalterliche Siedlung und Eisenverhüttungsplatz

Verursacht durch die Ausweisung eines großen Neubaugebietes begannen 1983 am östlichen Ortsrand von Zuchering mehrjährige Ausgrabungen. Luftbilder hatten gezeigt, dass auf den zuvor landwirtschaftlich genutzten Flächen viele archäologische Befunde zu erwarten waren. Tatsächlich wurden bis heute zahlreiche urnenfelderzeitliche Gräber, einige Brandgräber der Latènezeit, eine kleine römische Villa rustica und große Teile einer Siedlung des frühen und hohen Mittelalters aufgedeckt.

Gefäße aus der urnenfelderzeitlichen Nekropole

Die urnenfelderzeitliche Nekropole

Die erste Nutzung des Geländes datiert in die spätbronzezeitliche Urnenfelderzeit, in der das Gelände als Friedhof diente. Bisher wurden etwa 580 Gräber, ausschließlich Brandbestattungen, aufgedeckt.

Mit einer ursprünglichen Gesamtzahl von sicherlich 1000 Gräbern gehört Zuchering zu den größten urnenfelderzeitlichen Bestattungsplätzen Bayerns. Verschiedenartige Grabformen, oft mit Kreis- oder Viereckgräben, die durchgehende Belegung des Friedhofs vom 13.–8. Jahrhundert v. Chr. sowie die reiche Ausstattung vieler Gräber weisen Zuchering als Gräberfeld von überregionaler Bedeutung aus.

Modell der frühmittelalterlichen Siedlung in Zuchering (Stadtmuseum Ingolstadt)

Das mittelalterliche Dorf

Seit 1983 wurden Tausende von Befunden, vor allem von Pfostenbauten, Grubenhäusern, Abfallgruben und Brunnen sowie einige Körpergräber bzw. Gräbergruppen einer ausgedehnten mittelalterlichen Siedlung im Rahmen planmäßiger Ausgrabungen dokumentiert. In dem etwa 10 ha großen Grabungsareal konnten die Kernbereiche der Siedlung mit einer Fläche von etwa 300 m auf 200 m und deren Umfeld weitgehend erfasst werden. Der Bezug dieser Siedlung zum heutigen Zuchering ist mangels archäologischer Erkenntnisse in dessen Ortskern erst noch zu klären.

Der dichte Befundteppich der Grabungsfläche erlaubt keine schnelle und umfassende Interpretation der ergrabenen Befunde. Die herausgehobene Bedeutung der Eisenverhüttung ist jedoch durch besonders gut erhaltene Reste von Schmelzöfen und das massierte Auftreten von Verhüttungsschlacke erkennbar. Naturwissenschaftliche Untersuchungen (G. Gassmann, Tübingen) zeigen, dass Eisenerz nicht nur verhüttet wurde, sondern dass das Schmelzprodukt am Ort auch weiterverarbeitet worden ist. Das Rohmaterial Raseneisenerz ist in der Umgebung der Siedlung flächenhaft abbaubar.

Der Mantel eines technisch weit entwickelten Rennofens des 11./12. Jahrhunderts wird im Stadtmuseum ausgestellt. Er veranschaulicht die schon in keltischer Zeit betriebene Eisenverhüttung im Ingolstädter Becken. Auf der Fränkischen Alb blieb die Eisenverhüttung bis in die Neuzeit ein wichtiger Wirtschaftsfaktor.

Das nördliche Donauvorland, Altmühltal und Fränkische Alb

i

Zu besichtigen
Arndthöhle im Wald zwischen Attenzell und Kruth, Markt Kipfenberg, Lkr. Eichstätt.

Anfahrt
Von der Verbindungsstraße Attenzell-Kruth aus ist die Höhle über einen markierten Wanderweg zu erreichen; von Schloss Arnsberg und vom Birktal zwischen Kipfenberg und Kruth aus führen ebenfalls markierte Wege zur Höhle.

Ausstellungsort der Funde
Die Skelettreste sind im Ur- und Frühgeschichtlichen Museum auf der Willibaldsburg in Eichstätt ausgestellt.

Attenzell: Arndthöhle

Die Arndthöhle liegt am Rand eines Seitentales der Altmühl und ist als Kultur- und Naturdenkmal ausgewiesen. Die Höhle wurde 1799 erstmals erwähnt mit dem Hinweis: *„Auf dem Boden liegen allerlei Gebeine von Tieren allenthalben herum.“* Die Höhle kann heute über eine gesicherte Treppe mit 80 Stufen begangen werden. Von der 6–8 m großen Höhlenöffnung führt ein Schacht steil hinunter in einen hallenartigen Raum. Von dort aus zweigen mehrere Gänge und Kamine in verschiedene Richtungen ab. Der ca. 30 m tiefe Höhlenraum bildete sich in dolomitisiertem Riffkalk des Malm. An den Decken finden sich Reste spärlicher Tropfsteinbildungen.

Eingang der Arndthöhle

Von Ausgrabungen in der Höhle ist bisher nichts bekannt geworden. Oberflächliche Aufsammlungen durch Kreisheimatpfleger Anton Gäck und den Verfasser lieferten immer wieder Fundgegenstände, überwiegend Großsäugerknochen in Zusammenhang mit hoch- und spätmittelalterlicher Keramik. Einzelne Keramikscherben belegen auch eine hallstattzeitliche Begehung. Interessant sind zerschlagene menschliche Skelettreste, wahrscheinlich zweier Individuen, die Rudolf Albert Maier als Belege ritueller Menschenopfer interpretiert.

Menschenknochen aus der Arndthöhle

Zu besichtigen
Keltische Viereckschanzen.

Anfahrt
Die Wanderung mit einer Dauer von etwa drei Stunden oder die Fahrradtour (Dauer etwa eine Stunde) zu den keltischen Viereckschanzen beginnen in der Ortsmitte von Böhmfeld und führen in nordöstlicher Richtung über Feld- und Waldwege zu den einzelnen Anlagen. Die beiden Schanzen (Schwarz, Bl. 18 und 98) sind in wenigen Gehminuten auch von Waldparkplätzen zu erreichen.
Eine ausführliche Routenbeschreibung findet sich im Internet unter http://www.altmuehlnet.de/gemeinden/Boehmfeld/dorf/kelten/ks-wandg-weg.htm. Hier gibt es außerdem Erläuterungen zu den keltischen Plätzen in der näheren Umgebung.

Böhmfeld: Eine Gruppe keltischer Viereckschanzen

Etwa 2 km nordöstlich der Kirche von Böhmfeld, Lkr. Eichstätt, befindet sich in einem Waldgebiet eine Gruppe von drei keltischen Viereckschanzen. Die einzelnen Anlagen sind jeweils nur wenige Hundert Meter Luftlinie voneinander entfernt. Es lässt sich daher vermuten, dass sie einen direkten Bezug aufweisen. In den beiden Anlagen Nummer 95 und 96 fanden bereits Ende des 19. Jahrhunderts erste Versuchsgrabungen statt, die allerdings ohne Ergebnisse blieben. Das zeitliche Verhältnis der Schanzen zueinander und die Nutzungsdauer ist somit bis heute

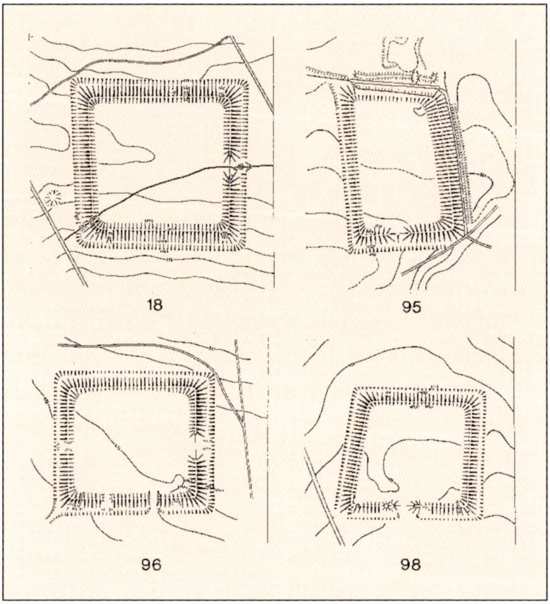

Pläne der Viereckschanzen bei Böhmfeld (nach SCHWARZ 1959)

nicht geklärt. Aus der Schanze 98 stammt ein römischer Dachziegel. Die Beschreibung der Viereckschanzen bei Böhmfeld muss sich daher auf die im Gelände sichtbaren Merkmale beschränken. Aufgrund der teilweise sehr guten Erhaltungsbedingungen ergeben sich jeweils ausreichend Anhaltspunkte, die für eine eindeutige typologische Ansprache der einzelnen Bodendenkmäler herangezogen werden können.

Viereckschanze „Schwarz, Blatt 95"

Auf der im Internet vorgeschlagenen Wanderung wird als erstes eine Schanze (Schwarz, Bl. 95) mit langrechteckigem Grundriss erreicht, die in annähernd flachem Gelände liegt. Die Seiten weisen Längen von 80 und 115 m auf. Am besten erhalten zeigt sich der südliche Wallzug, in dessen Mitte der antike Eingang deutlich zu erkennen ist. Der davor liegende Graben ist durchlaufend, ein wichtiges Kriterium für Viereckschanzen. In diesem Bereich erreicht die Höhe zwischen Wallkrone und Graben mit bis zu 2,6 m und 1,3 m zum Innenraum hin noch beträchtliche Ausmaße. Die restlichen Begrenzungen sind demgegenüber deutlich schwächer erhalten, was vor allem mit modernen Veränderungen im Grabenbereich an der Nord- und Ostseite zusammenhängt.

Viereckschanze „Schwarz, Blatt 96"

Etwa 380 m südöstlich liegt auf einem nach Nordwesten ausgerichteten Geländerücken mit flachen Hangseiten die zweite Schanze (Schwarz, Bl. 96). Der Grundriss ist annähernd quadratisch mit 80 und 70 m langen Seiten, die sich an den Himmelsrichtungen orientieren. Der Wallkörper ist im Süden und Westen an mehreren Stellen durch Abgrabungen und Durchstiche in seinem ehemaligen Aussehen verändert. Besonders eindrucksvoll ist die östliche Wall- Graben-Begrenzung mit bis zu 3,5 m Höhe erhalten, in deren Mitte sich der Eingang in die Anlage als breiter Einschnitt zu erkennen gibt. Die Gesamtstruktur der Viereckschanze ist heute im Gelände nur noch schwer zu erfassen, da sie fast vollständig mit Sträuchern bewachsen ist.

Viereckschanze „Schwarz, Blatt 98"

Von dieser Anlage aus etwa 550 m nordöstlich befindet sich die dritte Schanze dieser Gruppe (Schwarz, Bl. 98) auf einem schwach ausgeprägten Geländevorsprung. Die Seiten der Viereckschanze haben im Westen, Norden und Osten eine Länge von etwa 70 m, im Süden beträgt sie an die 80 m. Dort findet sich in der Mitte auch der Eingang, der aber durch rezente Bodeneingriffe in seinem ursprünglichen Aussehen verändert ist. Mit einer Höhe von bis zu 3 m zwischen der schmalen Wallkrone und der Grabensohle erreicht auch dieses Denkmal noch beträchtliche Dimensionen.

Viereckschanze „Schwarz, Blatt 18"

Etwa 1700 m südöstlich der beschriebenen Gruppe von Viereckschanzen befindet sich eine einzeln liegende Anlage, die aufgrund der größeren räumlichen Distanz keinen unmittelbaren Bezug zu den anderen Schanzen besitzt (Schwarz, Bl. 18). Das Bodendenkmal liegt auf einem schmalen West-Ost orientierten Geländerücken. Der Grundriss ist annähernd quadratisch und erreicht mit rund 110 m langen Seiten ein beträchtliches Ausmaß, das deutlich die Dimensionen der anderen Anlagen überschreitet. Sowohl der Wall als auch der davor liegende Graben ist sehr gut erhalten und vermittelt mit einem Höhenunterschied von bis zu 3,5 m an der Außenseite einen guten Eindruck von den gewaltigen Ausmaßen keltischer Viereckschanzen. Die Torlücke befindet sich fast exakt in der Mitte der östlichen Seite.

Alle an dieser Stelle beschriebenen Anlagen lassen sich durch einzelne typologische Elemente miteinander verbinden und in das Gesamtbild der Viereckschanzen einbinden. Ein charakteristisches Merkmal bildet der durchlaufende Graben, der keine Unterbrechungen, etwa durch Erdbrücken aufweist. Als Eingang dient jeweils nur ein Tor, das meist nach Osten orientiert ist, wie bei den Anlagen 18 und 96, seltener ist dagegen die Südrichtung nachgewiesen. Auch die Konzentration mehrerer Schanzen in einem eng begrenzten Bereich lässt sich häufig belegen. Meist liegen nur wenige Hundert Meter zwischen den einzelnen Denkmälern, wie an der Region um Böhmfeld gezeigt wurde. Aufgrund des ungenügenden Ausgrabungsstandes in Bayern kann dieses Phänomen bisher nicht weiter interpretiert werden. Vergleiche mit Baden-Württemberg legen aber die Vermutung nahe, dass die Schanzen nicht gleichzeitig bestanden, sondern zeitlich aufeinander folgten.

i

Zu besichtigen
Kirche auf römischen Fundamenten und Kastellumwehrung im Gelände westlich des heutigen Ortes.

Anfahrt
Im Ort der Ausschilderung „Kirche" bzw. der Kirchstraße auswärts folgen.

Ausstellungsort der Funde
Die Funde aus dem Kastell sowie ein Modell des Kastells sind im Römer und Bajuwaren Museum in der Burg Kipfenberg ausgestellt.

Böhming: Römisches Kastell

Das römische Kastell lag westlich des heutigen Ortes Böhming, Lkr. Eichstätt, dessen Kirche im Hochmittelalter auf den massiven Steinfundamenten des römischen Stabsgebäudes errichtet wurde. Steht man neben der Kirche, lässt sich die einstige Wehrmauer des Kastells noch deutlich als Wallviereck im Gelände erkennen.

Luftbild mit dem Wallgeviert des Kastells und der Kirche auf dem Fundament des römischen Stabsgebäudes im Zentrum

Das Kastell wurde in der ersten Hälfte des 2. Jahrhunderts n. Chr., vermutlich unter Kaiser Hadrian, zunächst in Holzbauweise erbaut. Nach einem Brand, der mit den Markomannenkriegen (165–180 n. Chr.) in Zusammenhang stehen dürfte, erfolgte der Wiederaufbau als Steinkastell. Dies geschah laut einer Bauinschrift, die einst über dem Westtor angebracht war, im Jahr 181 n. Chr. unter Kaiser Commodus. Die Bauarbeiten wurden durch eine Abteilung der 3. italischen Legion aus Regensburg begonnen und unter dem Kommandanten der in Pfünz stationierten Breukerkohorte beendet.

Das Kastell lag am Nordrand der römischen Provinz Rätien. Mit einer Größe von 0,7 ha beherbergte es eine Numeruseinheit von ca. 150–200 Mann Stärke. Aufgabe der Besatzung waren der Grenzschutz des auf dem Bergrücken jenseits der Altmühl vorbeiziehenden Limes und die Sicherung des Übergangs des Limes über die Altmühl bei Kipfenberg. Im Zuge der verheerenden Alamanneneinfälle nach Rätien im 3. Jahrhundert n. Chr. verließen die Römer auch das Kastell Böhming.

Bei Ausgrabungen im Kastell in den Jahren 1898 und 1905 konnte Fr. Winkelmann, Streckenkommissar der Reichs-Limeskommission, von der Befestigung einen spitzen Graben und eine Steinmauer mit Tor- und Ecktürmen nachweisen, darunter zeigten sich Spuren des Vorgängerkastells in Holzbauweise. Im Innenraum legte man Teile des Stabsgebäudes (Dienstsitz des Kommandanten) sowie spärliche Reste der Mannschaftsbaracken frei. Außerhalb des Kastells untersuchte Winkelmann ein Badegebäude und einen kleinen Tempel. Südlich und östlich des Kastells schlossen sich ein ziviles Lagerdorf *(vicus)* und ein Gräberfeld an.

Zu besichtigen
Im Gelände sichtbar ist der imposante Kessel des aufgelassenen Steinbruchs aus dem 16.–19. Jahrhundert.

Anfahrt
Von Ingolstadt auf der B16a nach Großmehring, im Ort Richtung Demling. Steinbruch in einem Höhenzug südöstlich von Demling über einen Stichweg (Hinweisschild), der nach links von der Straße abzweigt, erreichbar. Rundgang auf die Höhe durch den Wald vom Parkplatz aus.

Demling: Naturdenkmal Steinbruch

Die Nutzung zahlreicher Steinbrüche im oberbayerischen Donauraum reicht bis ins Mittelalter und zum Teil bis in die Römerzeit zurück. Bekannt für ihren Steinabbau sind beispielsweise Hepberg, Wettstetten, der Reisberg nördlich von Gaimersheim, Wolkertshofen oder Joshofen nahe Neuburg.

Blick in den Demlinger Steinbruch

Der aufgelassene Demlinger Steinbruch (Lkr. Eichstätt) mit einem Kessel von 43 m Tiefe, ca. 300 m Länge und ca. 200 m Breite ist von dichtem Wald umrahmt und seit 1932 als Naturdenkmal unter Schutz gestellt. Sein Dolomitgestein, entstanden aus einem Riff des Weißjura, war wegen seiner Widerstandsfähigkeit für den Festungsbau besonders gut geeignet. So verdankt der Demlinger Steinbruch seine Entstehung dem 1539 unter Herzog Wilhelm IV. begonnenen Ausbau Ingolstadts zur bayerischen Landesfestung. Denn die benötigten riesigen Steinmengen stammen wohl zum größten Teil aus diesem Bruch. Nach der Zerstörung der Ingolstädter Bollwerke unter Napoleon wurde 1828 in Gegenwart von König Ludwig I. der Grundstein der neuen Landesfestung mit den beeindruckenden Bauten Leo von Klenzes gelegt. Der 150 Ztr. schwere Grundstein stammte wiederum aus dem Demlinger Steinbruch. Im darauf folgenden Jahr waren fast 300 Arbeiter dort beschäftigt.

Bis zur Jahrhundertmitte wurde der „Königsbruch" für den Festungsbau genutzt. Danach zogen die Arbeiter ab. Jahrzehntelange Verwitterung verwandelte den verlassenen Steinbruch in ein einzigartiges Naturdenkmal. In den Jahren 1950 bis 1954 wurde der Kessel mit seiner „Gebirgskulisse" für Freilichtaufführungen des Stadttheaters Ingolstadt genutzt.

i

Zu besichtigen
Ruine der mittelalterlichen Wasserburg und Quellteich.

Anfahrt
Über die Autobahn A9, Ausfahrt Ingolstadt-Nord, in Richtung Vohburg, auf der B16a und St2232 nach Pförring, im Ort Richtung Oberdolling nach Ettling, am Ortsende zweigt die Burgstraße von der Pförringer Straße ab.

Ettling: Kelsbachquellen und Burgruine

Der kleine Kelsbach gab dem Kelsbau, dem Römerkastell *Celeusum* und der Stadt Kelheim den Namen. Er entspringt bei St. Lorenzi nahe Kasing und fließt dann über Oberdolling und Pförring zur Donau. Kurz vor Ettling (Lkr. Eichstätt) wird er von einer kräftigen Quelle gespeist, die in einem kleinen Weiher entspringt. Dieser von Bäumen umstandene Weiher liegt am Nordwestende des Dorfes beim Hofbauernanwesen (Burgstraße 6, Privatgrund). In seinem Quellteich befinden sich mindestens zwei Quellen. Die eine führt Schwefel und ruft weiße Ablagerungen am Teichgrund hervor, die andere, Jod führende Quelle bewirkt blaugraue Ablagerungen.

Quellteich bei der Burgruine

Hagen an den „Schönen Brunnen"

Das Nibelungenlied, ein Epos der Zeit um 1200, berichtet, dass das Heer der Burgunder im 5. Jahrhundert vom Rhein ins Hunnenland zog. Dabei kam es in dieser Gegend an die Donau, die starkes Hochwasser führte. Auf der Suche nach einer Überfahrt gelangte der sagenhafte Held Hagen an den kleinen Quellteich, den „Schönen Brunnen", heute wohl die Kelsbachquellen. Dort vergnügten sich zwei Nixen im Wasser. Hagen erdreistete sich, ihnen die Kleider zu entwenden, um sie so zur Weissagung über das zukünftige Geschick seines Heeres zu zwingen. Die ältere der beiden weissagte Hagen den Untergang der Nibelungen, zeigte ihm aber auch die Überfahrt über die Donau und warnte ihn vor den Gefahren im Bayernland.

Wasserburg auf einer künstlichen Insel

Die Wasserburg Ettling wurde bei den Kelsbachquellen auf einer künstlichen Insel erbaut, die durch Ableitung des Kelsbaches entstand. Die quadratische Burgumwehrung ist noch bis zu 6 m hoch. In der Südwestecke hat sich ein gewölbter Keller erhalten. Die Burgkapelle St.

Peter lag gegenüber. 1248 wird mit Heinrich von Oettlingen, einem Ministerialen des Klosters Niederalteich, erstmals ein Burgherr historisch fassbar. Die „Veste Oettling“ war 1405 noch im Besitz der Familie. 1415 saß Hans der Sandersdorfer dort und von 1418 bis um 1480 die Laiminger. Oswald Oettlinger war Pfleger des Ingolstädter Herzogs Ludwig des Bärtigen zu Neuburg. Die Burg war 1568 noch intakt, erlitt im Dreißigjährigen Krieg Zerstörungen und zerfiel unbenutzt.

i

Zu besichtigen
Topographie des vor- und frühgeschichtlichen Schutterübergangs bei den Fischteichen des Gutes Feldmühle sowie Wallanlagen auf dem „Kränzelstein“.

Anfahrt
Über Nassenfels nach Wellheim, von dort in Richtung Hütting bis Feldmühle.

Ausstellungsort der Funde
Archäologisches Museum im Gut Feldmühle und Vorgeschichtliches Museum im Schloss Neuburg.

Feldmühle: Vorgeschichtlicher Schutterübergang und römische Straße unterhalb des „Kränzelsteins“

Beim Anlegen von zwei Fischteichen unmittelbar neben der Schutter, wenig westlich vom Gut Feldmühle, Gde. Rennertshofen, Lkr. Neuburg a. d. Donau, tauchten im abgeschobenen Moorboden die Überreste eines mehrphasigen Verkehrsweges auf, der von der Bronzezeit bis ins hohe Mittelalter genutzt wurde. Beim Abtragen des Moorbodens während der Ausgrabungen dieses bayernweit einmaligen archäologischen Befundes (1982–1985) kamen zahllose Funde zutage: unter anderem neolithische Steingeräte, vorgeschichtliche und römische Keramik, Bronze- und Eisengeräte und zwei römische Kalksteinköpfe von fast lebensgroßen Skulpturen. Mehrere Zentner Eisenschlackebrocken sind Relikte der in der Umgebung weit verbreiteten Eisenverarbeitung. Im feuchten Moorboden haben sich neben den Pfählen und dem Belag der Bohlenwege und Brücken eine Vielzahl organischer Funde erhalten, die

Pfahlsetzungen der hallstattzeitlichen Brücke über die Schutter während der Ausgrabung 1983

eine Rekonstruktion der Naturlandschaft und der Tierwelt im Schuttertal während der vorgeschichtlichen Zeit erlauben.

Der älteste Bohlenweg stammt aus der Bronzezeit (Dendrodatum: 1716 v. Chr.). Auch in der Urnenfelder- und frühen Hallstattzeit bestand ein Weg über das Schuttertal (Dendrodaten: 788–698 v. Chr.).

Die spektakulärste Entdeckung war jedoch die Brücke aus der späten Hallstattzeit. Sie führte über den feucht-moorigen Untergrund und flache stehende, teilweise schwach fließende Gewässer. Die Brücke war durch parallele Pfahlreihen im sumpfigen Untergrund gegründet (Bauzeit: Dendrodaten: 591 v. Chr.; 596–616 v. Chr.). Der Fahrbahnbelag der etwa 4 m breiten Brücke mit zwei Fahrspuren musste in der Folgezeit zweimal erneuert werden (Dendrodaten: 576–573 v. Chr. und um 540/530 v. Chr.). Etwa um 500 v. Chr. endet die Nutzungszeit der Brücke.

Auch in keltischer Zeit wurde ein Bohlenweg genutzt. Nach einer zeitlichen Lücke während der Frühlatènezeit ist in der mittleren Latènezeit wieder ein Pfahlweg nachzuweisen (Dendrodatum: nach 164 v. Chr.).

Die Römer errichteten die erste regelrechte Straße mit Steinbelag über das Schuttertal. Der Trassenabschnitt der römischen Straße bei der

Feldmühle gehörte zu einem wichtigen Verkehrsweg, der in nord-südlicher Richtung die Region am Limes mit der Donau verband.

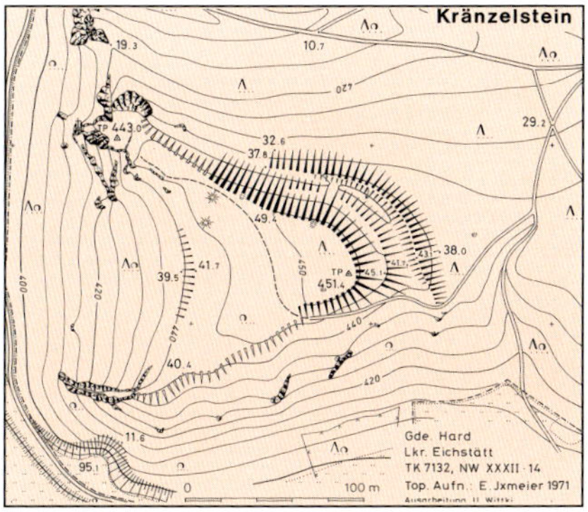

Topographischer Plan der Wallanlagen auf dem „Kränzelstein“

Befestigungsanlagen auf dem „Kränzelstein“

Auf dem „Kränzelstein“ liegt 60 m über dem Schuttertal eine vorgeschichtliche Befestigungsanlage. Von der Südseite aus führt ein schmaler Pfad auf das Plateau, das nach Osten durch mehrere noch bis zu 5 m hohe Wallzüge befestigt ist. Zur Schutter hin und nach Süden ist der Platz, der von der Bronze- bis zur Hallstattzeit besiedelt war, durch natürliche Steilabfälle geschützt.

i

Zu besichtigen
Pfarrkirche und mittelalterliche Ortsumwehrung.

Anfahrt
Über Ingolstadt auf der B13 Richtung Eichstätt, in Friedrichshofen rechts Richtung Gaimersheim zur Ortsmitte.

Ausstellungsort der Funde
Die Funde sind im Rathaus, Marktplatz 3, ausgestellt. Öffnungszeiten: Montag bis Freitag 7–12 Uhr, donnerstags zusätzlich 15.00–17.30 Uhr.

Gaimersheim: Pfarrkirche Mariä Himmelfahrt und Marktumwehrung

Gaimersheim (Lkr. Eichstätt) gehört zu den alten Märkten des Raumes Ingolstadt. Der Ort taucht in der Urkundenüberlieferung erstmals in der ersten Hälfte des 11. Jahrhunderts als Besitz des Klosters Geisenfeld auf.

Pfarrkirche Mariä Himmelfahrt

Nach seinem Übergang an die Wittelsbacher 1247 entwickelt er sich zum Markt.

Im Gegensatz zu Kösching oder Schrobenhausen ist der mittelalterliche Ortskern von Gaimersheim archäologisch kaum erforscht.

Ausgrabungen in der Kirche

Erst 1997 bot sich im Zuge der Innenrenovierung der Pfarrkirche Mariä Himmelfahrt die Möglichkeit zu begrenzten Ausgrabungen im Untergrund des Gotteshauses. Dabei zeigten sich etwa 1 m unter dem heutigen Gehniveau die Fundamente des Haupt- und des südlichen Seitenschiffes der 1087 geweihten Vorgängerkirche. Sie bestanden aus sorgfältig behauenen Handquadern aus Jurakalk und wiesen eine Stärke von etwa 1 m auf. Hinweise auf ältere Bauphasen konnten nicht gewonnen werden. Der spätgotische Nachfolgebau aus dem Jahr 1488 gab sich durch einen Fußboden etwa 0,5 m unter dem heutigen Gehniveau zu erkennen. Eine Säulenbasis in der Mittelachse des Kirchenbaus wies darauf hin, dass es sich um eine zweischiffige Anlage handelte. Die gotische Kirche musste im 19. Jahrhundert dem heute noch bestehenden Neubau weichen.

Der unregelmäßige Verlauf der mittelalterlichen Marktumwehrung Gaimersheims westlich der Kirche führte zu der Annahme, die Ortskirche befände sich auf dem Gelände eines römischen Kastells aus dem späten 1. Jahrhundert n. Chr. Beim Abbruch der gotischen Kirche 1854 war zudem ein römischer Grabstein entdeckt worden. 1997 konnten jedoch keine entsprechend alten Befunde oder Funde angetroffen werden. Der Nachweis des ebendort vermuteten „präurbanen“ Siedlungskernes und Herrschaftsmittelpunktes von Gaimersheim, der sich womöglich aus römischen Wurzeln herleitete, konnte daher noch (?) nicht erbracht werden. Immerhin könnte eine aufgelesene karolingische Scheibenfibel auf eine wie auch immer geartete, frühmittelalterliche Nutzung des Platzes hinweisen. Zudem stieß man unter den Kirchenfundamenten auf eine Kulturschicht der Hallstattzeit.

Die mittelalterliche Umwehrung

Im Mittelalter wurden der Kirchhof von Gaimersheim und später der ganze Marktort von einer Umwehrung umgeben. Für die Entstehungszeit der Gaimersheimer Marktbefestigung mit ihrem 12 m breiten und 3–5 m tiefen Graben gibt es bislang weder historische noch archäologische Anhaltspunkte. Wendet man sich an der Kirche nach Westen, so gelangt man über den Hotterweg zur Wallfahrtskapelle. Von hier aus kann man in den südlich anschließenden Gärten, aber auch entlang der Straße „Am Wallgraben“ nach Norden die alte Marktbefestigung als Wall mit aufgesetzter Steinmauer und mittlerweile verfülltem Graben erkennen. Gut nachvollziehbar ist auch die bereits erwähnte Ausbuchtung der Befestigung westlich der Kirche, die man auf die Umwehrung des hier vermuteten Römerkastells zurückführte.

Mittelalterliche Marktumwehrung

Wüstungen in der Umgebung

Die Gaimersheim umgebende Ortsflur umfasst weitläufige, fruchtbare Lössflächen. In ihr verbergen sich mehrere wüst gefallene Siedlungen, die historisch oder durch Flurnamen überliefert sind: Birkenzell, Neidertshofen, Schwaighof, Wernstall, Wartberg und Brunn. Von ihnen konnte nur letztere auf dem Brunnbuck nördlich von Gaimersheim im Rahmen von Ausgrabungen des Bayerischen Landesamtes für Denkmalpflege in einem kleinen Ausschnitt des Hoch- bis frühen Spätmittelalters archäologisch untersucht werden. Die Angermühle etwa 700 m südöstlich der Gaimersheimer Ortskirche am Retzgraben soll ein letzter Rest von Neidertshofen sein. Archäologische Untersuchungen dazu fehlen jedoch bislang. Bei den genannten Wüstungen, wie auch beim heute noch bestehenden Rackertshofen, hat es sich wohl um Ausbausiedlungen von Gaimersheim gehandelt. Künftige archäologische Untersuchungen könnten daher besonders aufschlussreiche Erkenntnisse zur facettenreichen mittelalterlichen Siedlungsgeschichte einer altbayerischen Ortschaft und ihres zugehörigen Umlandes erbringen.

i

Zu besichtigen
Das vollständig erhaltene Fort der Festung Ingolstadt aus dem 19. Jahrhundert ist von außen zu besichtigen.

Anfahrt
Über die Autobahn A9, Ausfahrt Ingolstadt-Nord, nach Großmehring. Im Ort nach der Kirche links Richtung Kösching, vor Katharinenberg Stichstraße nach rechts.

Großmehring: Fort Prinz Karl bei Katharinenberg

Das Festungswerk liegt auf einer Anhöhe südlich von Katharinenberg (Lkr. Eichstätt) und dient heute als Betriebsgelände. Das Fort – Befestigung und unterirdische Kaserne zugleich – besteht aus Backsteinmauerwerk. Es ist durch eine starke Beton- und Erdabdeckung getarnt und durch einen umlaufenden Graben gesichert.

Der Ausbau der Festung Ingolstadt, von deren Außenwerken als einziges noch das Fort Prinz Karl erhalten ist, erfolgte in mehreren Etappen.

Eingang zum Fort Prinz Karl aus dem 19. Jahrhundert

Vor der mittelalterlichen Stadtmauer ließ Herzog Wilhelm IV. ab 1539 durch Graf Solms von Münzberg einen Wall mit vorgelagertem Wassergraben und 11 starke Basteien nach der Befestigungslehre Albrecht Dürers errichten.

Im Dreißigjährigen Krieg konnten die Schweden unter König Gustav Adolf 1632 diese Festung mit einem Angriff gegen den Brückenkopf nicht bezwingen. Von 1654–1679 wurden vor dem Hauptgraben weitere Bastionen erbaut. Dieses Befestigungswerk ließ Napoleon 1800 schleifen.

Unter König Ludwig I. entstand ab 1828 eine neue Festungsanlage. Bis gegen 1850 wurden die Hauptumwallung, die so genannten „Cavaliere", sowie das Werk am Brückenkopf jenseits der Donau vollendet. 1866 legte man sternförmig in etwa 4 km Entfernung um die Festung Ingolstadt Außenwerke an. Schließlich errichtete man in rund 10 km Entfernung einen weiteren Gürtel mit insgesamt 15 Forts und Zwischenwerken. Zu diesen Außenforts gehört auch das Fort Prinz Karl, das von 1877–1881 erbaut wurde. Nach dem Zweiten Weltkrieg wurden alle Forts mit Ausnahme des Forts Prinz Karl durch amerikanische Truppen gesprengt, obwohl sie militärisch bereits veraltet waren.

Zu besichtigen
Mittelalterliche Kirche und Römerstraße.

Anfahrt
Über die Autobahn A9, Ausfahrt Lenting, in Richtung Hepberg, im Ort an der modernen Kirche vorbei, rechts in die Schulstraße zur Kirche St. Oswald. Rundgang von der mittelalterlichen Kirche den Holzmauerweg nach Norden, rechts in den Parkweg zum Steinbruch; von dort oben Blick auf die Trasse der Römerstraße.

Hepberg: Kirche St. Oswald und Römerstraße

Auf den Höhen des nach Süden abtauchenden Frankenjura gelegen, bietet sich vom Hepberger Steinbruch aus ein herrlicher Blick über das Donautal um Ingolstadt. Dieser markanten topographischen Situation könnte Hepberg (Lkr. Eichstätt) seine Entstehung verdanken, denn die nächste Umgebung des Ortes ist durch Wasserarmut und schwere Lehmböden gekennzeichnet. Die Geschichtsforschung geht von einem vergleichsweise geringen Alter des Ortes aus, zumal bis 1947 mitten durch den Ort die Grenze der Bistümer Eichstätt und Regensburg entlang der Straße von Lenting nach Stammham verlief. Hepberg wird 1317 erstmals urkundlich erwähnt. Das zwischen 1374 und 1416 nachweisbare Dorfgericht weist für diese Zeit auf die Existenz eines Ansitzes eines Adeligen hin.

Die Erbauung der ehemaligen Hofmarks- und Expositurkirche St. Oswald wird in der ersten Hälfte des 13. Jahrhunderts angenommen. Sie dürfte als Eigenkirche eines Hepberger Ortsadeligen errichtet worden sein und zeigt noch den ursprünglichen Grundriss. Im Inneren haben sich Fresken vorwiegend des frühen 14. Jahrhunderts erhalten. Bei Renovierungsarbeiten, im Zuge derer archäologische Ausgrabungen des Landesamtes für Denkmalpflege stattfanden, wurde neben der Apsis im Kircheninneren ein unterirdischer Kriechgang entdeckt, der in Richtung Südosten unter der Kirchenmauer hindurchführte. Vergleichbare Fluchtgänge gibt es bei den Kirchen der nahe gelegenen Orte Etting und Wettstetten. Hinweise auf einen Vorgängerbau der Kapelle wurden nicht angetroffen.

Ausgrabungen 1993/94 westlich des Gotteshauses legten eine verwirrende Vielfalt von Befunden frei, die in den anstehenden Plattenkalk hineingearbeitet waren. Keramikfunde führen zu der Annahme, dass

Kirche St. Oswald

Hepberg im 11./12. Jahrhundert entstand. Ein Bezug des Ortes zur nördlich vorbeiführenden Römerstraße, einer ehemals wichtigen Fernverbindung zwischen den Kastellen in Kösching und Pfünz, wurde vorgeschlagen, ist aber nicht schlüssig nachgewiesen.

Die römische Straßentrasse ist in diesem Abschnitt besonders gut erhalten und vom „Gipfelkreuz“ beim Steinbruch aus als schnurgerader, befestigter Weg sehr deutlich erkennbar. In nachrömischer Zeit ist ihre Nutzung für den Viehtrieb bekannt.

Zu besichtigen
Reste einer Befestigungsanlage und einer romanischen Kirche, Limesturm.

Anfahrt
Kipfenberg (Lkr. Eichstätt) liegt ca. 30 km nördlich von Ingolstadt. Zum Michelsberg führen ausgeschilderte Wanderwege mit Infotafeln am Wall und bei der Ruine; parken im Ort oder südlich davon am Abzweig Birktal. Zum Limesturm ausgeschilderter Wanderweg im Wald; parken im Ort bei der Schule bzw. an der Straße nach Pfahldorf.

Kipfenberg: Michelsberg und Limesturm am Pfahlbuck

Der Michelsberg

Der Michelsberg ist eine Bergzunge aus Dolomit mit steil abfallenden Flanken. Das Plateau ist über einen Weg entlang der Ostflanke des Bergs zu erreichen, wobei man einen typischen Jurahang durchwandert. Auf halber Höhe lockt ein kurzer Abstecher zu einer kleinen Höhle, dem Waggerlloch.

Der Michelsberg war mit bis zu vier Abschnittswällen befestigt, die jeweils von einem Graben begleitet sind. Die älteste Befestigung stammt

Der Michelsberg im Luftbild

aus der frühen Eisenzeit (Hallstattzeit), die jüngste diente zur Verteidigung gegen die Ungarneinfälle im 10. Jahrhundert. An der Bergspitze ist die Stelle einer abgegangenen romanischen Kirche und späteren Wallfahrtskapelle mit Fundamenten markiert. Von hier hat man einen sehr lohnenswerten Ausblick auf Ort und Burg Kipfenberg sowie das Altmühltal.

Rekonstruierter Limesturm im Wald bei Pfahldorf

Limesturm am Pfahlbuck

Auf dem Höhenrücken nördlich des Orts verlief in römischer Zeit die Nordgrenze der Provinz Rätien, der so genannte Limes, der zugleich die Grenze zwischen Römischem Reich und den Barbaren (Germanen) bildete. Der Limes, der in Kipfenberg die Altmühl überquerte, ist im Wald sehr gut als Schuttwall erhalten und deutlich sichtbar.

Am Pfahlbuck wurde neben den originalen Fundamentresten des Wachtpostens 78 der Strecke 14 ein hölzerner Limeswachturm rekonstruiert. Daneben steht eine Infotafel mit weiteren Erläuterungen. Der Besuch des Turms lässt sich gut mit einer Wanderung entlang des Limes auf dem ausgeschilderten Limeswanderweg verbinden.

Zu besichtigen
Wassergraben und Reste des spätmittelalterlichen Burghügels.

Anfahrt
Über die Autobahn A9, Ausfahrt Großmehring/Vohburg, auf der B16a Richtung Kleinmehring, vor dem Ort rechts auf die „südliche Entlastungsstraße" und links in die Straße „Am Gensberg" (Privatgrund).

Kleinmehring: Burgstall Gensberg

Der Ort Kleinmehring (Lkr. Eichstätt) liegt an der Einmündung der Niederung des Köschinger und des Mailinger Baches in die Donauauen. Er trug im Mittelalter den Namen „*Zaglheim*". Kleinmehring profitierte sicherlich von dem alten Donauübergang beim benachbarten Großmehring. Besonders sei auf die romanische Michaelskirche Kleinmehrings hingewiesen, die in zweiter Linie dem hl. Nikolaus, dem Patron der Schiffsleute, geweiht ist. Der Ort wird 1316 erstmals in der schriftlichen Überlieferung erwähnt.

Lage des Burgstalls Gensberg nördlich der Donau. Ausschnitt aus dem Ingolstädter Burgfriedensplan von Michael Vogl (1722)

Westlich der Ortschaft und durch Köschinger und Mailinger Bach von ihr getrennt, liegt ein Burgstall mit dem Namen „Gensberg“. Er wird in der Mitte des 14. Jahrhunderts erstmals urkundlich fassbar. Ein Hinweis auf seine strategisch günstige Lage könnte der Streit zwischen den bayerischen Herzögen um diese Burg in der ersten Hälfte des 15. Jahrhunderts sein. Sie liegt am Weg von Ingolstadt über Großmehring nach Westen. Im Ingolstädter Burgfriedensplan von Michael Vogl von 1722 ist dieser Weg gut erkennbar, wobei klar wird, dass der Burgstall einen Straßenübergang über die genannten Bachläufe deckte. Schon Ende des 16. Jahrhunderts wird die Burg als Ruine bezeichnet und im 18./19. Jahrhundert mit einem Bauernanwesen überbaut.

Auf dem Gelände der ehemaligen Burg wurden 1984 durch das Bayerische Landesamt für Denkmalpflege archäologische Ausgrabungen durchgeführt. Von der Burganlage war Anfang der 80er-Jahre noch der etwa 2,5 m hohe, runde Burghügel mit Resten der Grabenmauer im Südosten zu sehen, umgeben von einem breiten, streckenweise noch nassen Graben mit etwa 40 m Durchmesser und einem Außenwall. Von den Gebäuden der Burg ließen sich keine Spuren mehr nachweisen, da die Hügelkuppe offensichtlich gekappt worden war. Lediglich in den Randbereichen fand sich reichlich Fundgut des 14.–19. Jahrhunderts, das jedoch aus Auffüllschichten stammte. Ein Sondageschnitt traf unter der Hügelschüttung auf Auelehmablagerungen und eine keltische Graphittonscherbe, jedoch auf keine mittelalterlichen Befunde oder Funde.

Zu besichtigen
Platz des römischen Kastells **Germanicum**; die Kirche steht im Bereich der ehemaligen **Principia**.

Anfahrt
Über die Autobahn A9, Ausfahrt Ingolstadt-Nord, nach Osten auf die B16 a in Richtung Kösching.

Ausstellungsort der Funde
Die Funde sind im Museum Kösching und im Stadtmuseum Ingolstadt ausgestellt.

Kösching: Reiterkastell Germanicum

Das Reiterkastell *Germanicum* liegt im Westteil des heutigen Marktortes Kösching (Lkr. Eichstätt). Im Ortskern um die einst befestigte Pfarrkirche zeichnet sich mit dem Geviert von Kugelstraße im Norden, Kastell- und Bahnhofstraße im Osten und dem Ludwigsgraben im Süden und Westen das alte römische Kastellareal ab. Die Kirche steht etwa im Bereich des Mittelgebäudes *(principia)*. Im heutigen Ortsbild hat das römische Lager die Ausrichtung einiger Straßen bestimmt.

Als Römerort ist Kösching seit Aventinus bekannt und mehrfach erwähnt. Die besondere Bedeutung des Alenkastells in Kösching gründet auf einer Marmortafel mit beidseitiger Inschrift. Dieser wichtige Fund für die Geschichte des Kastells und der römischen Besetzungsgeschichte des Gebietes nördlich der Donau kam 1906 beim Ausheben einer Baugrube im Süden des vermuteten Zentralgebäudes des Kastells zutage. Die Inschrift datiert ins Jahr 80 n. Chr., in die Regierungszeit von Kaiser Titus. Damit kann in Kösching die früheste rätische Kastellgründung nördlich der Donau angenommen werden.

Die ersten Ausgrabungen in dem fast völlig überbauten Kastell begannen Ende des 19. Jahrhunderts unter J. Fink, dem späteren Streckenkommissar der Reichs-Limeskommission. Zunächst stieß man südwestlich des Kastells in der Flur „Gemäuert" auf ein großes Gebäude: ein Unterkunftshaus *(mansio)* mit Badetrakt. Nach mehreren vergeblichen Sondierungen gelang schließlich der Nachweis der Kastellumwehrung im Ortsbereich.

Weitere Beobachtungen durch H. Witz, J. Reichart und W. Ernst stimmen nicht überall mit den Ergebnissen der Reichs-Limeskommission

Ausgrabung 1890 am Südrand des Vicus mit Blick auf die Kirche im Inneren des Kastells

überein. So bestehen etwa Abweichungen bei der Lokalisierung der Nord- und der Ostfront des etwa 4 ha großen Kastells. Hinzu kam der Nachweis eines weiteren Spitzgrabens des älteren Holz-Erde-Lagers an gleicher Stelle. Bei Ausgrabungen im Kastell 1988/89 konnte auf einer kleinen Fläche eine zweiphasige Innenbebauung aus Holz festgestellt werden.

Das erste Holzkastell bezog zunächst die *Ala I Augusta Thracum*. Diese 500 Mann starke Reitertruppe verließ aber schon gegen Ende der Regierungszeit Trajans – spätestens 121–125 n. Chr. – die Provinz Rätien.

Inschrift aus dem Kastell (nach ORL B 74)

Ersetzt wurde sie durch die *Ala I Flavia Gemelliana*, die hier vermutlich bis zur Aufgabe des Limes verblieb. Diese Einheit baute 141 n. Chr. das Lager in Stein um, wie die Inschrift berichtet. Möglicherweise wurde das Kastell bereits um 240 n. Chr. aufgelassen.

Überreste der ausgedehnten Zivilsiedlung des Kastells sind hauptsächlich im Süden und im Westen des Kastells bekannt. Hier fanden zuletzt umfangreiche Untersuchungen in einem Neubaugebiet statt. Weitere Vicusbauten liegen unter dem heutigen Ort. Ein Bestattungsplatz befindet sich entlang der zum Kastell Pfünz führenden Straße im Nordwesten des Kastells.

Weitere Forschungen und die Auswertung der Ausgrabungen und Baubeobachtungen der jüngeren Zeit können den Schlüssel zum Verständnis der von den flavischen Kaisern eingeleiteten Gebietserweiterungen nördlich der Donau liefern.

i

Zu besichtigen
Pfarrkirche, Prandtenhof, Köschinger Schloss, Peterskirche und markante Topographie der Besiedlung seit der Völkerwanderungszeit.

Anfahrt
Über die Autobahn A9, Ausfahrt Lenting, in Richtung Kösching.

Ausstellungsort der Funde
Die Funde sind im Museum für Archäologie und Volkskunde im Ort ausgestellt.

Kösching: Marktkern und Wüstungen

Kösching (Lkr. Eichstätt) machte in den 70er-Jahren des 20. Jahrhunderts durch die Entdeckung qualitätvoller Grabfunde des 6./7. Jahrhunderts auf sich aufmerksam. Bisher sind in und um den Marktkern drei Beigaben führende Bestattungsplätze, zwei etwas jüngere Friedhöfe mit Steinkammergräbern und mehrere beigabenlose Grabfunde bekannt, dazu die Befunde und Funde von fünf mittelalterlichen Wüstungen. Ein

Frühe germanische Funde aus der Umgebung von Kösching. Glasperle und Fibel mit Silberauflage

Bestattungsplatz mit Steinkammergräbern lag bei der Pfarrkirche, ein Grab mit Beigaben aus dem mittleren 7. Jahrhundert in der Unteren Marktstraße. Alle übrigen Fundstellen befinden sich außerhalb des Ortskerns am linken Ufer des Köschinger Baches. Besondere Bedeutung bekommen diese Plätze aus der Frühzeit des heutigen Marktes durch die markante Topographie, die die verschiedenen Siedlungsbereiche durch breite Bachniederungen und Höhenrücken klar voneinander abgrenzt.

Fünf ehemalige Edelmannsitze

Zum heutigen Ortskern gehören drei ehemalige Edelmannsitze, die erhalten geblieben oder historisch nachweisbar sind und älter als die planmäßig angelegte Marktsiedlung der Zeit um 1300 sein dürften. Von ihnen hat der wenig östlich der Kirche gelegene Prandtenhof mit seinen markanten barocken Erkertürmchen (Hausnummer 6) das älteste Fundmaterial geliefert. Er könnte zusammen mit den Steinkammergräbern bei der Kirche auf einen Herrenhof des ausgehenden 1. Jahrtausends zurückgehen. Östlich außerhalb des Ortskerns, am gegenüberliegenden Ufer des Köschinger Baches, stehen neben dem Kreiskrankenhaus die Köschinger Burg (nicht zugänglich) und die ihr benachbarte Peterskapelle (Besichtigung nach Anmeldung). Keramikfunde und beigabenlose Gräber bei diesen Gebäuden zeigen an, dass sie noch im Spätmittelalter Teil einer Siedlung waren. Ein weiterer Edelmannsitz ist nördlich des Ortskerns, ebenfalls am linken Bachufer, historisch überliefert.

Das Köschinger Schloss

Der älteste und bedeutendste Bestattungsplatz Köschings mit zugehöriger Wüstung liegt nordöstlich der Köschinger Burg am Südhang des Eixelberges, nahe den Quellen des Lofingerbächleins. Schon im 4./5. Jahrhundert war der Platz von Germanen besiedelt, wie Ausgrabungen der Marktgemeinde Kösching im Jahr 2000 zeigten. Wegen der sehr qualitätvollen Grabbeigaben dürfte es sich um die oder zumindest um eine der Ursprungssiedlungen Köschings gehandelt haben. Sie wurde erst im 15. Jahrhundert zugunsten der aufblühenden Marktsiedlung aufgegeben. Zu dieser Zeit erhielt der Markt eine Umwehrung, die den gesamten Ortskern umfasste, aber heute verschwunden ist.

Zu besichtigen
Burgpodium mit verfülltem Graben aus dem hohen Mittelalter.

Anfahrt
Über die Autobahn A9, Ausfahrt Lenting, am Ortseingang rechts in die Alte Landstraße, nach einigen Hundert Metern Kapelle und Kindergarten auf dem Burggelände.

Lenting: Alte Burg

Im Frühjahr 1977 wurde etwa 100 m nördlich vom alten Dorfkern Lentings (Lkr. Eichstätt), ca. 250 m nordöstlich der Ortskirche St. Nikolaus durch G. Pfeilschifter ein Burgpodium entdeckt. Die Nennung einer „Alten Burg" auf dem Epitaph der Familie von Grumbach aus dem Jahr 1529 in der Lentinger Kirche hatte den Lehrer auf die richtige Spur gebracht.

Auf dem höchsten Geländepunkt einer den nördlichen Talrand des Lentinger Baches überragenden Kuppe mit Namen „Kapellenberg" lokalisierte er den einstigen Standort der Burg. Sie überragte im Mittelalter das Dorf und wurde ursprünglich wohl von einem Abschnittswall mit Graben nach Norden zur Landstraße hin begrenzt. Die Gesamtlänge der Anlage beträgt in Nord-Süd-Richtung 40 m. Ihre Ost-West-Ausdehnung

Burgpodium mit Kapelle

Die Alte Burg in Lenting

ist durch große Geländeüberformungen im Norden und Westen als Folge moderner Eingriffe stark verändert.

Eine 1977 durchgeführte Schürfgrabung auf der Scheitellinie der heute noch 3,3 m hoch erhaltenen Böschung an der Ostflanke der Burg schnitt in 0,4 m Tiefe eine schwarze Kulturschicht an, die Holzkohle, verrußte Steine, Tierknochen und Keramikfragmente enthielt. Außerdem wurden auf einer Länge von 2 m Mauerreste in Form loser, behauener Steine beobachtet, die parallel zur Böschungskante verliefen.

Der kleine archäologische Aufschluss erlaubt keine Aussagen über die Entstehungszeit und das Ende der Burganlage. Die wenigen ausgegrabenen Keramikfragmente datieren ins 12. Jahrhundert. Das heutige Schloss Lenting in der Niederung des Lentinger Baches (Ingolstädter Straße 7) entstand erst im 17. Jahrhundert. Archäologische Untersuchungen haben dort bislang noch nicht stattgefunden.

Die Ortschaft Lenting bestand bereits in der Zeit um 500 n. Chr., wie ein Reihengräberfeld belegt, das beim Autobahnbau und bei Erdarbeiten östlich des alten Ortskerns immer wieder angeschnitten wurde. Besondere Erwähnung verdient ein Frauengrab mit reichem Silberschmuck. Die Ortschaft Lenting könnte an der alten Römerstraße Augsburg–Regensburg entstanden sein, die den heutigen Ortskern in Ost-West-Richtung durchquert. Genauere Hinweise auf die Lage der zum Gräberfeld gehörigen Siedlung fehlen bislang. Am Südufer des Manterinbaches weist ein weiterer Bestattungsplatz eventuell auf den alten Ort „Lentinghofen“ hin, der heute ganz verschwunden ist.

Zu besichtigen
Topographie der paläolithischen Freilandstation auf dem Speckberg bei Meilenhofen.

Anfahrt
Der Fundplatz befindet sich etwa 1,5 km westlich von Nassenfels an der Schutter.

Meilenhofen: Paläolithische Freilandstation auf dem Speckberg

Nur etwa 1,5 km westlich des Ortskerns von Nassenfels befindet sich etwa 20–25 m über dem heutigen Schuttertal gelegen eine herausragende Jurakuppe, die das Schuttertal an dieser Stelle stark verengt. Der Speckberg wurde Anfang der 1960er-Jahre durch den damaligen Lehrer von Nassenfels, Oswald Böhme, als altsteinzeitliche Jagdstation erkannt. In der Folge fanden über mehrere Jahre hinweg intensive Ausgrabungen zunächst durch die Prähistorische Staatssammlung München, dann im Rahmen der Deutschen Forschungsgemeinschaft durch Prof. Hansjürgen Müller-Beck statt. Dabei wurden mehrere Hunderttausend Steinwerkzeuge geborgen, wobei das Schwergewicht auf Inventaren des Mittelpaläolithikums lag. Aus jüngeren Abschnitten der letzten Eiszeit stammen Klingeninventare, welche der Bearbeiter, Joachim Hahn, einem frühen Magdalénien zuwies. Umfangreich sind auch die Funde aus dem

Ausgrabungen am Speckberg 1967. Im Bild vorne Professor Hansjürgen Müller-Beck

Mesolithikum, überwiegend Dreiecksmikrolithen und Produktionsabfälle. Abgerundet wird das Fundspektrum durch zahlreiche Funde neolithischer und metallzeitlicher sowie frühgeschichtlicher Kulturstufen. Der Speckberg gilt als die größte und am besten erforschte paläolithische Freilandstation in Bayern.

i

Zu besichtigen
Rekonstruktion des Hauptgebäudes einer **Villa rustica** mit Museum am nordöstlichen Ortsrand von Möckenlohe (Gemeinde Adelschlag, Lkr. Eichstätt).

Möckenlohe: Römischer Gutshof

Seit Beginn unseres Jahrhunderts ist der römische Gutshof in der Flur „Lange Gewanne" bekannt. Die ersten Luftbilder 1983 zeigen den Grundriss des Wohnhauses und Teile von Wirtschaftsgebäuden. 1987 und 1989 wurde das Wohnhaus der Villa ausgegraben und im Anschluss an die Freilegung auf den Grundmauern des römischen Gebäudes wiederhergestellt. Das antike Laufniveau lag ursprünglich rund 1 m über der heutigen Bodenoberfläche: Die Rekonstruktion des Baukörpers stimmt in einigen Details nicht mit den archäologischen Vorgaben überein, dennoch gibt das Gebäude ein anschauliches Beispiel römischer Wohnarchitektur auf dem Land.

Das Wohnhaus des Gutsbesitzers

Mit den beiden nach Süden über die Front vorspringenden Eckräumen gehört das Hauptgebäude des Gutshofes zu dem weit verbreiteten Bautyp der Risalitvilla. Das Kalkbruchstein-Mauerwerk des eingeschossigen Baus (B. 30,5 m) war in römischer Zeit außen mit Mörtel verputzt und trug ein schweres, ziegelgedecktes Dach. Die kleinen Fenster waren mit Scheiben verglast und durch eiserne Fenstergitter gesichert. Der Haupteingang lag in der Mitte eines 14 m langen, nach Süden orientierten Säu-

Rekonstruiertes Hauptgebäude des Gutshofes mit Portikus-Risalit-Fassade

lengangs, der von vermutlich sechs Säulen getragen wurde. Von dort gelangte man in einen offenen Innenhof (22,5 × 17,0 m). Die Schlafräume befanden sich im Westflügel. Der Empfangsraum im Westrisalit war nach Art antiker Audienzhallen gestaltet. Die Küche lag vermutlich im Eckraum des unterkellerten Ostrisalits. Nachträglich wurde hier der große Steinkeller anstelle eines älteren Erdkellers als Kühl- und Lagerraum eingebaut. Der gemauerte Kellerraum (4,5 m Seitenlänge) war von der Portikus her durch eine 4,7 m lange Rampe zu betreten, auf der ursprünglich ein hölzerner Bohlensteg lag. Von der Kellertür hat sich der verkohlte Schwellbalken im Grabungsbefund erhalten. Das Bruchsteinmauerwerk der Kellerwände steht im Original noch 1,4 m hoch und trägt die Spuren eines einfachen Kalkmörtelputzes. Linker Hand befindet sich eine 90 cm breite Nische, in der man eine Öllampe abstellen konnte. Licht fiel auch durch ein schmales Kellerfenster in der Südwand, durch das Vorräte vom gepflasterten Vorplatz eingefüllt werden konnten. Der Kellerboden besteht aus einem gestampften Lehmestrich. Entlang der Ost- und Nordwand fand man etwa 15 bis zu 40 cm große Vertiefungen, in die Vorratsgefäße eingesetzt werden konnten. Ein

Mühlstein aus dem Keller gehörte zu einer Getreidemühle, mit der das Mehl für den häuslichen Bedarf gemahlen wurde.

Gründung und Ende des Gutshofes

Die Villa wurde vermutlich in der Regierungszeit des Kaisers Hadrian errichtet. Der Keller barg zahlreiche Funde, die bei der Zerstörung des Gebäudes in der Mitte des 3. Jahrhunderts in den Boden gekommen sind: Brandschutt, eingestürzte Holzbalken der Decke und des Dachstuhls (in der Masse Eiche, daneben Buche, Hainbuche und Hasel), vermischt mit zerbrochenem Ess- und Küchengeschirr, verglühtem Hausrat und eisernen Baubeschlägen. Nach dem Brand wurde der Hof verlassen und das Land fiel wüst. Siedlungsspuren der nachrückenden Alamannen fanden sich nicht.

i

Zu besichtigen
Die Überreste des römischen Kastells und des **Vicus** sind vom heutigen Ort überbaut. Am westlichen Ortsrand lag ein bedeutendes römisches Landgut. Die mittelalterliche Burg befindet sich in der Schutterniederung am südlichen Ortseingang.

Austellungsort der Funde
Die bedeutendsten Funde der zahlreichen Ausgrabungen sind im Museum für Ur- und Frühgeschichte in Eichstätt, im Schlossmuseum Neuburg, in der Archäologischen Staatssammlung München sowie in der Schule in Nassenfels zu besichtigen.

Nassenfels: Römisches Kastell mit Vicus und mittelalterliche Burg

Scuttarensium – Kastell und Vicus

Der Markt Nassenfels, im Schuttertal gelegen, ist seit langer Zeit wegen seiner römischen Funde und der mittelalterlichen Burg bekannt. Aus heutiger Sicht der Forschung befand sich auf einem ca. 15–20 m über dem Schuttertal gelegenem Plateau nordwestlich des Kernortes der römische *vicus Scuttarensium*, der seinerseits auf ein in den 80er-Jahren des 1. Jahrhunderts n. Chr. errichtetes Holz-Erde-Kastell zurückgeht. Gegen Ende des 1. Jahrhunderts verlor der Platz durch den Bau des Kas-

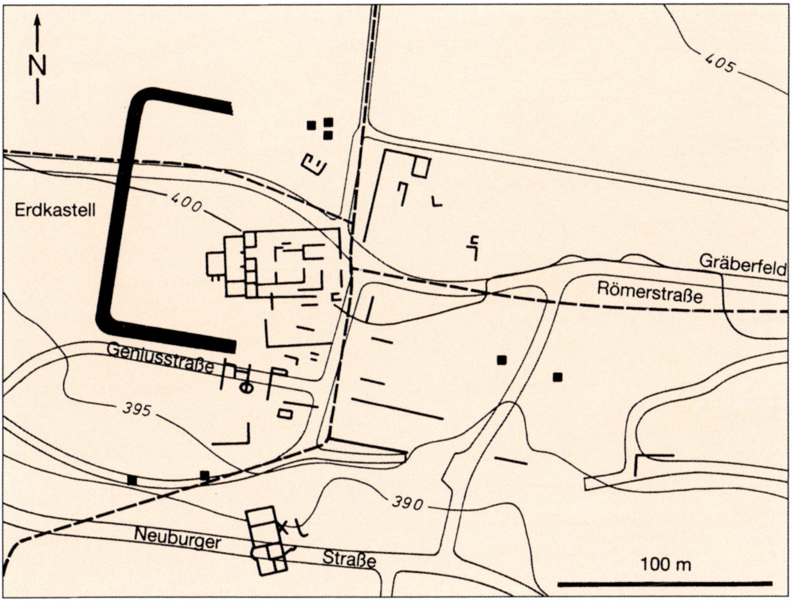

Nassenfels. Plan der Überreste des Holz-Erde-Lagers an der Geniusstraße und von Gebäuden des nachkastellzeitlichen Vicus (nach CZYSZ U.A. 1995)

tells in Pfünz seine militärische Bedeutung, worauf eine Blütezeit des *vicus* als ziviler Verwaltungssitz und kulturelles Zentrum im nördlichen Rätien folgt. Bemerkenswert sind zahlreiche Funde von Kalksteinstatuen und Reliefs der römischen Götterwelt. Ergänzt werden sie durch Altarsteine und Weiheinschriften sowie Grabsteine. Sie sind Zeugnisse einer florierenden Bildhauerwerkstatt, deren Steinbruch sich am westlichen Ortsrand befunden hat. Seit mehr als 100 Jahren werden in Nassenfels zur Klärung der Siedlungsstrukturen archäologische Untersuchungen durchgeführt. Eine Zusammenfassung der Ergebnisse ist in einer Münchner Dissertation der 1990er-Jahre enthalten (P. Eschbaumer).

Burg Nassenfels

Anfang der 1980er-Jahre wurden in der Burg Nassenfels Ausgrabungen und Profildokumentationen durchgeführt. Das Areal, auf dem die mittelalterliche Burg errichtet worden ist, erwies sich dabei als ehema-

Burg Nassenfels. Im Hintergrund (links oben) Areal des römischen Vicus im Ortsbereich

Römischer Genius aus Nassenfels

liges jurazeitliches Korallenriff, welches von der Urdonau im Mittelpleistozän als Felsinsel im Tal herauspräpariert wurde. In den mit Travertinsand gefüllten Quelltöpfen fanden sich Steinwerkzeuge des Mittelpaläolithikums und des mittleren Jungpaläolithikums sowie an deren Oberfläche ein frühmesolithischer Fundhorizont. Von besonderem Interesse war die Bestattung eines etwa 12-jährigen Mädchens, welchem als Beigaben durchbohrte Fischwirbel und abgeschnittene Vogelknochen mitgegeben waren. Überlagert wurde die Felskuppe von einer bandkeramischen Siedlungsschicht in anmoorigem Milieu, welche eine große

Anzahl an Steinwerkzeugen sowie Knochenfunden erbrachte. Auch aus jüngeren neolithischen und metallzeitlichen Epochen konnten Funde geborgen werden.

Die Anfänge der mittelalterlichen Burg gehen in das 11. Jahrhundert zurück, wobei sich im Kern des heutigen Bergfrieds die Reste einer romanischen Kapelle mit darüber gebautem bergfriedartigen Turm erhalten haben. Mehrere Ausbauphasen im 13. und 14. Jahrhundert sowie ein Küchen- und Kapellenbau schlossen sich an. Die vieltürmige Anlage ist eine der eindruckvollsten mittelalterlichen Talburgen in Bayern. Nach der Säkularisation wurden Anfang des 19. Jahrhunderts größere Teile der Bebauung niedergelegt und die Ruinenreste an Privatleute verkauft. Seit Anfang der 1980er-Jahre werden die erhaltenen Teile der Burg saniert und einer Nutzung zugeführt.

i

Zu besichtigen
Die von Bäumen und Buschwerk eingefassten Umrisse des römischen Kastells.

Anfahrt
In Pförring durch den Ort der Beschilderung „Römerkastell Celeusum" folgen (liegt unmittelbar nördlich der B299, ca. 1 km nordwestlich von Pförring).

Ausstellungsort der Funde
Museum Kösching, Stadtmuseum Ingolstadt und Museum für Vor- und Frühgeschichte in Eichstätt.

Pförring: Das römische Kastell Celeusum

Das Alenkastell

Das Kastell bei Pförring (Lkr. Eichstätt) ist unter der Regierung des Kaisers Trajan errichtet worden, etwa zwei Jahrzehnte später als das benachbarte Kastell Kösching. Das ursprünglich ganz in Holz erbaute Kastell wurde im Jahre 141 n. Chr. in großen Teilen in Stein ausgebaut. In dem Steinkastell von 3,9 ha Fläche war eine Reitereinheit aus römischen Bürgern stationiert, die *Ala I Flavia Singularium civium Romanorum pia fidelis.* Der antike Name des Ortes war *Celeusum,* woran heute noch der nahe Kelsbach erinnert.

Die Reste des Kastells liegen etwa 1 km nordwestlich von Pförring auf einer weithin sichtbaren Erhöhung, der Biburg. Das Lager war nach Nordwesten orientiert. Es stand an der wichtigen Verbindungsstraße von der Provinzhauptstadt Augsburg zum Legionslager Regensburg nahe eines Donauübergangs. Im Jahr 1843 entdeckte ein Gastwirt an der Biburg eine römische Bauinschrift, die heute im Außenbereich des ehemaligen Friedhofes der Pförringer Pfarrkirche St. Leonhard zu sehen ist. Die wichtigsten Erkenntnisse zum Kastell gehen auf die Ausgrabungen der Reichs-Limeskommission der Jahre 1891/93 zurück.

Das Truppenlager war von zwei Spitzgräben und einer 1m starken Kalksteinmauer umgeben. Der nördliche Eckturm und das rechte Seitentor (Nordosttor) wurden freigelegt. Inzwischen sind die Mauern zerfallen, aber noch teilweise sichtbar. Das Stabsgebäude *(principia)* in der Mitte des Kastells ist als geringe Bodenerhebung im Acker zu erkennen.

Der Vicus

Das Lagerdorf *(vicus)* des Alenkastells *Celeusum* erstreckt sich unterhalb der Biburg rund um das Lager. Es ist vor allem durch Luftbilder bekannt. Im Osten weisen größere Steingebäude auf ein besser ausgestattetes Viertel hin. Die westlichen Bereiche des Vicus wurden offenbar eher gewerblich genutzt. Im Nordosten befand sich das ausgedehnte Gräber-

Kastell Celeusum. Umrisse der Umwehrung durch Bäume und Buschwerk markiert

Drei römische Aurei aus einem Schatzfund

feld entlang der Straße zum Nachbarkastell Eining. Da Kastell, Lagerdorf und Gräberfeld seit römischer Zeit nicht mehr überbaut wurden, gehören sie zu den bedeutendsten Bodendenkmälern am Limes in Bayern. 1995 fanden im Zuge der Verbreiterung der Bundesstraße 299 nach Mindelstetten Ausgrabungen statt. Die Straßentrasse durchzieht den durch Luftbilder bekannten Vicusbereich westlich und nordwestlich des Kastells.

Die Schatzfunde

Etwa 300 m nordwestlich des Kastells kamen 1995 drei Goldmünzen *(aurei)* zutage. Die Münzen lagen vor dem Zugang in ein kleines Mauergeviert von quadratischem Grundriss, vielleicht eine Einfriedung für ein Pfeilergrabdenkmal oder ein kleiner Kultbau. Alle drei Münzen sind sehr gut erhaltene Prägungen des Kaisers Hadrian aus den Jahren 119–138 n. Chr.

Es ist aber nicht ausgeschlossen, dass die drei Goldmünzen gleichzeitig mit dem großen Pförringer Münzschatz aus dem Jahre 1870 in der Endzeit des Kastells *Celeusum* im zweiten Drittel des 3. Jahrhunderts in den Boden kamen. Von den ursprünglich 1200–1300 Münzen dieses Schatzfundes ist nur eine kleine Münzreihe überliefert, die mit einer Bronzemünze des Vespasian beginnt und mit einem Dupondius des Severus Alexander aus dem Jahre 224 n. Chr. endet. So ist bis heute unbekannt, wann das Kastell *Celeusum* von den Römern aufgegeben werden musste.

Zu besichtigen
Kastell mit teilrekonstruierter Umwehrung.

Anfahrt
In Pfünz der Beschilderung „Römerkastell" auf den Kirchberg folgen.

Ausstellungsort der Funde
Die Funde sind im Museum Eichstätt ausgestellt.

Pfünz: Das römische Kastell Vetoniana

Das Kastell auf dem Kirchberg in Pfünz (Lkr. Eichstätt) ist um 90 n. Chr. erbaut und in den Markomannenkriegen in den 70er-Jahren des 2. Jahrhunderts beschädigt worden. Jedenfalls sind für die Zeit danach durch eine Bauinschrift von 183–185 n. Chr. Bauarbeiten bezeugt. Als Truppe war in dem Steinkastell die *Cohors I Breucorum civium Romanorum equitata* stationiert. Die Kohorte führte zeitweise die zusätzlichen Ehrennamen *Valeria Victrix bis torquata ob virtutem appellata.* Mögli-

Das Kastell Vetoniana mit teilrekonstruierter Umwehrung

cherweise hat sie am jüdischen Krieg Hadrians teilgenommen und dort die Auszeichnung erworben.

Im Jahre 233 wurde das Lager durch die Alamannen zerstört. Funde aus der Zeit zwischen 233 und 260 sind sehr spärlich, sodass das Lager in der letzten Zeit des Limes wohl nur schwach oder nur zeitweise besetzt war.

Die Spuren des Kastells liegen südlich vom heutigen Dorf auf einer Höhe, die von der Altmühl und einem kleinen Seitental begrenzt wird. Die Reste der Umwehrung – teils Erdwälle, teils sichtbare Mauerreste – schließen die leicht erhöhte Plattform der 2,7 ha großen Kastellfläche ein. Stellenweise ist der doppelte Verteidigungsgraben zu sehen. Das wiederaufgebaute Haupttor lag im Norden.

Das Mittelgebäude *(principia)* zeichnet sich im Acker in der Mitte der Kastellfläche als leichte Erhöhung ab. Außer Inschriftsteinen und zahlreichen Funden kam bei der Ausgrabung in den *principia* eine eiserne Kette zum Vorschein, in deren verschließbarem Ring noch die Knochen des unglücklichen Gefangenen steckten, der von der letzten Zerstörung des Kastells überrascht wurde.

Vor der Nordostecke erblickt man einen Schutthügel, unter dem sich ein Rundbau (Tempel?) verbirgt, dessen römischer Ursprung nicht völlig sicher ist. Vom Südtor des Kastells führte eine Straße nach Nassenfels, wo sich eine größere römische Siedlung befand *(vicus Scuttarensium)*. An dieser Straße breitete sich südlich vom Kastell das Lagerdorf aus, in dem sich auch Heiligtümer befanden (unter anderem für Jupiter Dolichenus). Im Gelände ist davon nichts zu sehen. Auch das Kastellbad (östlich vom Kastell im Tal) ist verschwunden. Durch dieses Seitental lief am Fuß des Kastellberges die römische Straße von der Donau über Kösching, die bei Pfünz die Altmühl überschritt und nach Weißenburg führte.

Zu besichtigen
Höhlensystem in der Altmühlalb bei Schambach (Lkr. Eichstätt) mit Funden aus der Altsteinzeit.

Ausstellungsort der Funde
Die Funde sind im Vor- und Frühgeschichtlichen Museum auf der Willibaldsburg Eichstätt und im Römer- und Bajuwarenmuseum auf Burg Kipfenberg ausgestellt.

Schambach: Der Hohle Stein

Von der Straße Schambach–Böhmfeld zweigt gut 100 m hinter der Schambachquelle rechts ein geschotterter Waldweg ab, von dem nach weiteren 200 m links ein Wiesenweg abbiegt. Vorbei an einer Feldscheune, erreicht man auf diesem Weg nach ca. 500 m eine Biegung nach Westen, wo sich am Südrand des Tales, versteckt hinter einem großen Laubbaumbestand, eine Felsgruppe mit der Höhle verbirgt. Über einen Weg durch die ansteigende Wiese und durch den Wald kommt man in etwa 25 m Höhe über dem Talgrund zu dem etwa 3 m hohen Höhleneingang. Hinter einem Eisengitter (Einsturzgefahr!) erstreckt sich das 35 m lange Höhlensystem mit einer Höhe von insgesamt 18 m. In 10 m Höhe befindet sich ein weiterer, durch die Ausgrabungen wieder freigelegter Höhleneingang.

Hohler Stein. Eingang zur Höhle

Der Hohle Stein gehört zu den wissenschaftlich ergiebigsten Höhlen in der Altmühlalb, besonders hinsichtlich seiner mittelpaläolithischen Stratigraphie. Erste Ausgrabungen nahmen Prof. Max Schlosser im Jahr 1901 und Prof. Ferdinand Birkner in den Jahren 1922/23 vor. Der Ansbacher Privatgelehrte Dr. h. c. Carl Gumpert hat dann in den Jahren 1951–1953 große Teile der Sedimentfüllung ausgeräumt und fand dabei 4 mittelpaläolithische Schichten, wobei er auch eine spätpaläolithische Begehung sowie eine vielfältige Nutzung während der Metallzeiten bis in römische und mittelalterliche Zeit feststellte. Der Verfasser unternahm detaillierte Profilaufnahmen in den Jahren 1977–1982, bei denen die bislang umfangreichste Sedimentabfolge der frühen Würm-Eiszeit in Bayern dokumentiert wurde.

i

Zu besichtigen
Siedlung der Urnenfelderzeit mit gut erhaltenen Wallanlagen auf der Schellenburg.

Anfahrt
Über die Autobahn A9, Ausfahrt Altmühltal. Der Lehrpfad folgt dem Wanderweg 12 des Naturparks Altmühltal und kann wahlweise in Kinding, Ilbling oder Enkering begonnen werden. Die Gehzeit beträgt etwa zwei Stunden.

Schellenburg bei Enkering: Höhensiedlung mit archäologischem Lehrpfad

Östlich von Enkering erhebt sich gut 100 m über den Tälern von Anlauter und Altmühl ein nach Norden vorspringender Bergsporn aus Dolomit, die Schellenburg. Ihre Hänge fallen nach drei Seiten steil ab, der vierte ist durch eine quer über das Gelände verlaufende doppelte Abschnittsbefestigung von der südlich anschließenden Albhochfläche abgetrennt.

Befestigung der Urnenfelderzeit

Die Befestigung ist in der Urnenfelderzeit zum Schutz einer Siedlung auf dem Bergplateau errichtet worden. Sie bestand ursprünglich aus zwei annähernd parallel verlaufenden Wehrmauern, denen jeweils ein Graben vorgelagert war. Der Zugang zur Siedlung war nur am Westende der Mauern möglich, wo sich ebenfalls je ein Tor befand. Zusätzlich war das Plateau von einer kleineren, umlaufenden Randmauer umgeben. Diese ist nur noch an wenigen Stellen als kleiner Wall erhalten. Auch die

Die Schellenburg bei Kinding-Enkering im Luftbild

Hauptbefestigung ist im Lauf der Zeit verfallen, allerdings stellen die mächtigen Wälle als oberirdisch gut sichtbare Denkmäler auch heute noch beeindruckende Zeugnisse menschlicher Anwesenheit dar.

Nach den bisherigen archäologischen Untersuchungen wurde die Befestigung auf der Schellenburg in der späten Urnenfelderzeit errichtet. Nach einiger Zeit brannten die Wehrmauern ab und wurden nicht wieder instand gesetzt. Über die umwehrte Siedlung selbst weiß man fast nichts. Streufunde zeigen an, dass die Schellenburg bereits in der schnurkeramischen und der Bronzezeit sporadisch aufgesucht worden ist. In keltischer Zeit oder im Mittelalter wurde die äußere Befestigung noch einmal durch eine Steinmauer erhöht, weshalb der äußere Wall heute viel mächtiger erscheint als der innere.

Die Schellenburg gehört zu den kleineren Befestigungen der Urnenfelderzeit. Ihre Bedeutung bestand aber darin, dass sie an einem strategisch wichtigen Verkehrsknotenpunkt lag. Hier kreuzten sich zwei überregionale Fernwege: eine Nord-Süd-Verbindung über die Fränkische Alb mit einer Ost-West-Route quer durch die Alb. Die Funktion der Schellenburg dürfte in der Kontrolle oder Sicherung dieser Wege bzw. des damit verbundenen Handelsnetzes gelegen haben. Insofern wird sie das Zentrum eines mindestens lokalen Siedlungsverbandes gewesen sein.

Archäologischer Lehrpfad

1994 wurde auf der Schellenburg ein archäologischer Lehrpfad eingerichtet, der sich speziell der Urnenfelderzeit und – so weit als möglich – der Schellenburg widmet. Er folgt dem Wanderweg 12 des Naturparks Altmühltal und kann wahlweise in Kinding, Ilbling oder Enkering begonnen werden. Die Gehzeit beträgt etwa zwei Stunden. Mit dem Besuch ist gleichzeitig ein Ausflug in eine typische Juralandschaft verbunden, die in allen Jahreszeiten sehr reizvoll ist.

i

Zu besichtigen
Vorgeschichtliche Grabhügel (1600–1400 v. Chr.).

Anfahrt
Über Wettstetten nördlich von Ingolstadt in Richtung Westerhofen; Parkplatz bei der Ausflugsgaststätte „Högnerhäusl".

Stammham: Vorgeschichtliche Grabhügel im Neuhau

Ausgehend vom „Högnerhäusl" Richtung Nordosten befinden sich zu beiden Seiten der durch den Neuhau führenden Straße Wettstetten–Westerhofen vier Grabhügelgruppen mit insgesamt 27 Hügeln. Einige davon grenzen direkt an die Straße an, andere liegen ein Stück weit im Wald. Die Hügel haben einen Durchmesser von 8–14 m und sind noch 0,3–1,8 m hoch. Besonders die besser erhaltenen Gräber wurden bereits im 19. und frühen 20. Jahrhundert im Zuge des aufkommenden Interesses an der „nationalen Vorzeit" von „wilden" Ausgräbern heimgesucht. Man war damals freilich hauptsächlich auf Bronzegegenstände aus und achtete deshalb nicht weiter auf den Grabbau und auf „minderwertige" Beigaben wie Tongefäße.

Aus einer dieser Grabungen, die der Historische Verein Ingolstadt um 1870 anlässlich eines Ausfluges in den Neuhau unternommen hat, soll

Vorgeschichtlicher Grabhügel beim „Högnerhäusl"

ein heute verschollener Bronzedolch stammen. Die Suchgräben und Beraubungsschächte sind heute noch zu sehen. Angeschnittene Reste von Bruchsteinpackungen um die ehemaligen Grabkammern und steinerne Hügeleinfassungen waren noch in den 1930er-Jahren sichtbar. Im Jahre 1912 konnten von einem offenbar unlängst beraubten Hügel vier durchbrochen gearbeitete, herzförmige Anhänger aufgesammelt werden, die als Leitfunde für die ältere Hügelgräberbronzezeit gelten. Seitdem wurden keine weiteren Funde bekannt.

Das südliche Donautal, Donaumoos und Tertiäres Hügelland

i

Zu besichtigen
Topographie des spätrömischen **Parrodunum** auf dem Kirchberg; Reste des spätantiken Kastells im Aufgang zur Kirche sichtbar.

Ausstellungsort der Funde
Im Rathaus des Marktes Burgheim gibt es ein kleines Museum, in dem Exponate aus dem Gemeindebereich gezeigt werden. Darunter befinden sich unter anderem Spolien aus der Mauer des spätrömischen Kastells sowie eine Replik der bei Straß-Moos gefundenen bronzenen Gesichtsmaske einer römischen Paraderüstung.

Burgheim: Vorgeschichte, Römerzeit und Mittelalter

Der Markt Burgheim liegt am nördlichen Abbruch der Lech-Donauterrasse zwischen den Städten Neuburg a. d. Donau und Rain am Lech. Im Norden fließt die kleine Paar durch die Schotterfläche der Niederterrasse, die weiter nördlich in die Donauaue übergeht. Aus den lössüberdeckten tertiären Sanden im Süden entwässern einige Bachläufe nach Norden.

Vorgeschichtliche Siedlungen und Gräber

Auf den Lössflächen sind eine Reihe neolithischer Siedlungen bekannt, deren Beginn bereits in der Zeit der Bandkeramik einsetzt. Die Metallzeiten sind noch wenig erforscht; Grabhügelgruppen, Abschnittsbefestigungen und zahlreiche Lesefundplätze lassen eine kontinuierliche Besiedlung erwarten. Der Depotfund keltischer Eisenbarren, der beim Kiesabbau im Donautal zutage trat, kann als Beleg des Handels entlang der Donau als Wasserstraße angesehen werden.

Die römische Zeit

Auf dem Gebiet des Marktes Burgheim selbst fanden zahlreiche archäologische Aktivitäten statt. Baustellenbeobachtungen über Jahrzehnte hinweg erbrachten eine brauchbare Basis für die Erforschung der römischen und frühmittelalterlichen Entwicklung des Ortes.

Die bronzene Gesichtsmaske vom hellenistischen Typ gehörte zum Paradehelm eines römischen Reitersoldaten

Demnach dürfte bereits in vorflavischer Zeit mit einer Militärstation im Weichbild des Ortes und mit einer ländlichen Siedlung gerechnet werden. Ein postuliertes, mittelkaiserzeitliches Kastell ist noch nicht identifiziert, doch ist eine ausgedehnte Zivilsiedlung *(vicus)* mit den typischen Streifenhäusern an der Donausüdstraße bekannt, die heute noch mit der Hauptstraße durch den Markt deckungsgleich ist. Das Ende des Vicus dürfte mit den Alamanneneinfällen im 3. Jahrhundert gekommen sein, ebenso die Zerstörung der *villae rusticae* im südlichen Hinterland.

Der Kirchberg geriet in der Spätantike erneut ins Blickfeld des Militärs und trägt die Reste eines spätrömischen Steinkastells von etwa 0,4 ha Größe. Die *„Notitia dignitatum"* nennt die dort stationierte *Cohors I Herkulea Raetorum* und mit *Parrodunum* auch den Namen des Kastells. Das zugehörige Körpergräberfeld befand sich an der Straße nach Westen und wurde in Ausschnitten untersucht.

Frühmittelalterliche Reihengräber

Im Bereich der Marktstraße fand sich ein merowingerzeitliches Reihengräberfeld, das sich weit nach Süden und Osten ausdehnte. Die zugehörige Siedlung erstreckte sich entlang der Terrassenkante, wovon ein größerer Ausschnitt Anfang der 1950er-Jahre westlich des Ortes durch Werner Krämer untersucht wurde. Auf die damals erstmals in größerem Umfang geborgene Keramik der späten Merowinger- und frühen Karolingerzeit geht die Bezeichnung „Burgheimer Ware" zurück. Charakteristisch hierfür ist die Besenstrichverzierung der Oberfläche.

Zu besichtigen
Wall, Graben und Tore des keltischen **Oppidums**.

Anfahrt
Über die Autobahn A9, Ausfahrt Manching, in Richtung Geisenfeld, Zufahrt zum Ringwall ausgeschildert. An der Teilrekonstruktion des Osttores (Parkplatz) beginnt der Wanderweg auf dem Wall. Die B16 führt im Bereich Manching durch das **Oppidum**.

Ausstellungsort der Funde
Stadtmuseum Ingolstadt und Archäologische Staatssammlung München, Lerchenfeldstr. 2, 80538 München (Öffnungszeiten: Dienstag bis Sonntag 9–16.30 Uhr) und Heimatmuseum Manching (Museumsneubau in Manching in Planung).

Manching: Das keltische Oppidum

Über das keltische Oppidum von Manching (ca. 320–50 v. Chr.) kann man sich im Gelände kaum mehr einen ausreichenden Überblick verschaffen. Ein Teil des modernen Ortes hat die Westhälfte der 380 ha umfassenden keltischen Siedlung zerstört, der in den 1930er-Jahren angelegte und später noch erweiterte Militärflughafen das Südwestviertel. Dabei wurden große Teile des ursprünglich etwa 7 km langen Walles eingeebnet. Von einer Teilrekonstruktion des Osttores an der Straße nach Geisenfeld führt heute auf dem Wall ein Wanderweg zum Originalstandort des Osttores, dem ersten vollständig ausgegrabenen Zangentor, vorbei an dem im Gelände noch gut erkennbaren Südtor, eben-

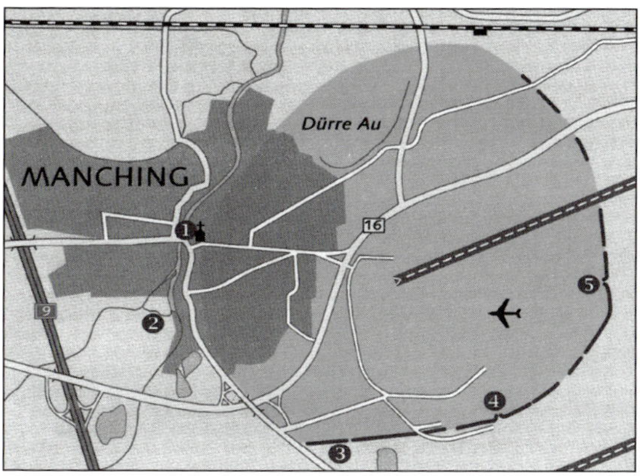

Oppidum von Manching. 1 Rathaus, 2 Standort des geplanten Keltisch-Römischen-Museums, 3–5 Archäologischer Wanderweg (3 Torrekonstruktion, 4 Südtor, 5 Osttor)

falls ein Zangentor. Mehrere Erläuterungstafeln begleiten den Wanderer auf dem schmalen Korridor zwischen modernen Industriebauten, Parkplätzen und dem Flughafengelände. Weitere Reste des Walls sind im Osten des Oppidums erhalten, nördlich der B16.

Im Gelände zu erkennen ist auch die „Dürre Au", ein im Norden des Oppidums entlang der Bahnhofstraße in die Siedlung eingreifender Altarm der Donau, der heute verlandet ist. In keltischer Zeit, mit nur begrenztem Zugang zur Donau, bot er als so genanntes Stillwasser ideale Voraussetzungen für eine Schiffslände.

Seit Beginn der großflächigen Grabungen 1955 wurden 20 ha Siedlungsfläche ausgegraben. Über die Ergebnisse dieser Grabungen kann man sich allerdings nicht an Ort und Stelle informieren, da dort heute Wohn- und Industriebauten stehen oder Straßen durch das Oppidum führen. Einige davon, wie die B16, scheinen allerdings, den natürlichen Gegebenheiten folgend, die Trasse keltischer Straßen aufzunehmen.

i

Zu besichtigen
Gut erhaltene Viereckschanze etwa 2,5 km südlich von Manching unmittelbar östlich der Autobahn.

Anfahrt
Von der Ortsmitte in Richtung Geisenfeld (Straße „Am Keltenwall") B16 überqueren; unmittelbar nach der Querung rechts auf Feldweg bis zur Autobahn und weiter parallel zur Autobahn nach Süden bis zum Wäldchen mit der Viereckschanze.

Manching: Keltische Viereckschanze

Eine obertägig noch gut erhaltene keltische Viereckschanze liegt unmittelbar östlich der Autobahn im Donaumoos, südwestlich des Oppidums. Die annähernd rechteckige von Wall und Graben umgebene Anlage ist 80 bzw. 86 m breit und 129 bzw. 131 m lang. Ihre Fläche wird im Gelände durch ein Wäldchen, das den gesamten Innenraum ausfüllt, exakt markiert. Die Wallkrone ist von innen her betrachtet noch bis zu 60 cm hoch erhalten und fällt zum vorgelagerten Graben teils bis 1,9 m

Luftaufnahme der keltischen Viereckschanze, deren Fläche durch ein Wäldchen exakt markiert ist

tief ab. Der Graben ist weitgehend verfüllt und zeigt sich nur noch als flache Mulde.

Ein Zugang zur Anlage könnte an der Ostseite gelegen haben, wo der Wall eine Unterbrechung zeigt, der Graben hingegen durchläuft. Die deutliche Lücke an der Westseite dürfte neueren Ursprungs sein.

Schon im 16. Jahrhundert wird die Schanze im Reichertshofener Salbuch als *„altes Kastl"* beschrieben. Erste Ausgrabungen fanden 1892 statt, da man hier das im *„Itinerarium Antonini"* erwähnte römische *„Vallatum"* vermutete. Unter den Funden der Grabung waren zumindest eine Graphittonscherbe und einige Stücke Hüttenlehm, die von Bauten innerhalb der Anlage stammen könnten, wie man sie mittlerweile aus anderen Regionen kennt.

Die Diskussion über die Funktion der zahlreich bekannten umwehrten Viereckanlagen ist mangels ausreichender Grabungsbefunde noch immer offen. Sie können teils als Kultanlagen, aber auch als befestigte Gehöfte interpretiert werden.

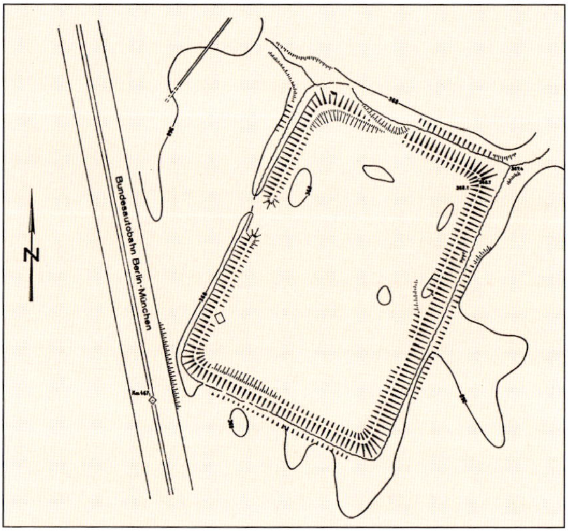

Plan der Viereckschanze südlich des Oppidums von Manching (nach KRÄMER/SCHUBERT 1970)

Zu besichtigen
Torbau und Weiher des Klosters aus dem Mittelalter.

Anfahrt
Über die Autobahn A9, Ausfahrt Manching, auf der B16 Richtung Großmehring/Vohburg. Das ehemalige Klostergelände liegt im Osten des Ortes an der Dr.-Eisenmann-Straße (Ortsausgang in Richtung Pförring). Das ehemalige Forstamt mit seinem steilen Satteldach dient als Orientierungspunkt. Parkmöglichkeit: Parkplatz Kindergarten.

Ausstellungsort der Funde
Museum Münchsmünster in Planung.

Münchsmünster: Das ehemalige Klostergelände

Das ehemalige Klostergelände liegt im Osten des Ortes. Von der einst stattlichen Anlage haben sich nur wenige Reste erhalten: Zum einen das Gebäude des ehemaligen Forstamtes (Dr.-Eisenmann-Str. 12), dessen Kernbau zum Torbereich des Klosters gehörte, zum anderen Reste des Klosterweihers, der das Gelände grabenförmig umgab bzw. noch umgibt. Das ehemalige Westportal (um 1200) der Klosterkirche St. Peter und Paul dient heute als Friedhofsportal in Landshut. Die restlichen Ge-

Die von einem Wassergraben umgebenen Strukturen der ehemaligen Klosteranlage im Luftbild

bäude – Klosterkirche, Konventgebäude, Wirtschaftsgebäude – fielen dem Abbruch im ersten Drittel des 19. Jahrhunderts zum Opfer. Einige Architekturfragmente der Kirche befinden sich heute im Bayerischen Nationalmuseum in München.

1992 und 1993 wurden im Zuge des geplanten Neubaues des örtlichen Kindergartens archäologische Untersuchungen durch das Landesamt für Denkmalpflege im Baugrund durchgeführt. Trotz des kleinen Ausschnittes konnten bedeutende Befunde und Funde gemacht werden. Es handelt sich im Wesentlichen um die Südwestecke des Südturmes der Klosterkirche und einen Teilbereich vom Westflügel der Konventgebäude. Dort fand sich neben einem Brunnen in Holz-Stein-Bauweise (Dendrodatum: 1408/09) ein Isolierboden aus umgekehrt eingebrachten Schüsselkacheln als Fußbodenunterbau. Hinzu kommt der Befund einer „Kapelle“, der sich nicht mehr eindeutig klären lässt. Aus der Verfüllung des bereits erwähnten Brunnens stammen neben qualitätvollen spätmittelalterlichen Glasfunden, die vermutlich venezianischer Herkunft sind, Keramik- und Holzfunde sowie ein Lederschuh.

Kloster Münchsmünster; Stich von Michael Wenig (1701)

Geschichte des Klosters

Das Kloster wurde als Benediktinerabtei im 8. Jahrhundert unter Herzog Tassilo III. gegründet. Die erste Benediktinerperiode endet mit dem Untergang des Klosters im frühen 10. Jahrhundert. Es folgen die Kanoniker, deren Konvent im frühen 12. Jahrhundert von Bischof Otto von Bamberg aufgehoben wird. Dieser errichtet das alte Kloster wieder als Benediktinerabtei, die im 14. und 15. Jahrhundert eine Blütezeit erlebt. Die zweite Benediktinerperiode findet in den Wirren der Reformation im Jahr 1556 ihr endgültiges Ende. Ab diesem Zeitpunkt werden die Klostergebäude herzoglich verwaltet bzw. unterliegen der Aufsicht des Jesuitenkollegs Ingolstadt. Die Nutzung des Klosterkomplexes als Ordenskommende des Malteserordens macht diesen zum Schloss, ehe er im ersten Drittel des 19. Jahrhunderts fast vollständig abgebrochen wird.

Zu besichtigen
Renaissanceschloss auf dem bereits seit der Jungsteinzeit besiedelten Stadtberg. Im 1. und 4. Jahrhundert n. Chr. errichteten die Römer Militärposten auf dem Berg.

Ausstellungsort der Funde
Die Funde der zahlreichen Ausgrabungen auf dem Plateau sind im Archäologischen Museum im Schloss ausgestellt.

Neuburg a. d. Donau: Der Stadtberg

Der Stadtberg von Neuburg erhebt sich ca. 25 m über dem Donautal an der Ostseite des so genannten Neuburger Albsporns. Südlich der Donau gelegen hat man von dem ca. 3 ha großen Plateau auf dem jurazeitlichen Riff einen hervorragenden Blick nach Osten ins Donautal mit den Auwäldern und nach Süden ins Donaumoos. Diese strategisch günstige Lage hat schon früh die Aufmerksamkeit des Menschen auf sich gezogen, wovon zahlreiche Funde Zeugnis geben. So fanden sich Steinwerkzeuge des Mesolithikums und des Mittelneolithikums sowie Keramikfragmente der Chamer Gruppe. Siedlungsbefunde der Urnenfelderzeit waren auf dem ganzen Plateau des Stadtberges anzutreffen, ebenso solche der frühen Latènezeit. Noch nicht vollständig geklärt ist die Zugehörigkeit eines den gesamten Stadtberg umziehenden mächtigen Lösswalles zu einer der beiden Besiedlungsstufen.

Mauerzug des spätrömischen Kastells während der Ausgrabung in der Münz 1984

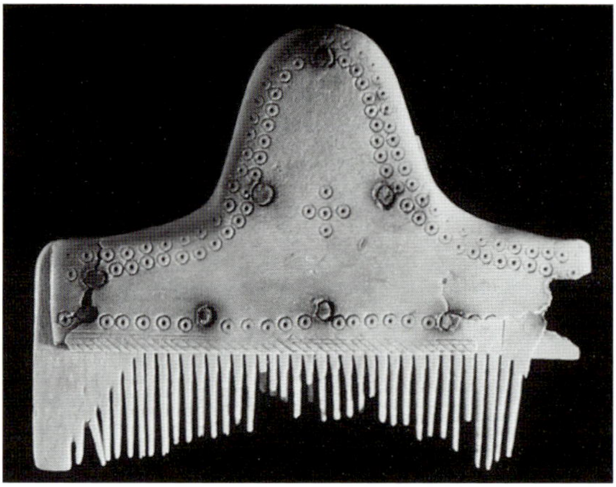

Germanischer Kamm vom Stadtberg

Der westliche Bergsporn geriet Anfang des 1. Jahrhunderts n. Chr. ins Blickfeld römischer Militärstrategen, die hier eine Holz-Erde-Anlage errichteten. Am Fuße des Berges fand sich ein römisches Brandgräberfeld der mittleren Kaiserzeit, welches einen *vicus* vermuten lässt. An der Stelle der frühkaiserzeitlichen Anlage wurde im 4. Jahrhundert n. Chr. ein Steinkastell errichtet, zu dem ein kleines Gräberfeld auf dem Stadtberg sowie ein größeres am Fuße des Berges (Seminargarten) ausgegraben wurden. Keramik vom Typ Friedenhain stammt von germanischen Söldnern, ein Beleg für die Nutzung des Kastells bis Anfang des 5. Jahrhunderts. Danach besteht eine Siedlungslücke bis ins 8. Jahrhundert, in welchem Neuburg erstmals in schriftlichen Quellen erscheint. Der Stadtberg war seit Mitte des 8. Jahrhunderts Sitz eines kurzlebigen bayerischen Grenzbistums, wobei der Bischofssitz im Umfeld der Peterskirche am westlichen Bergsporn anzunehmen ist. Siedlungsspuren aus dieser Zeit konnten neuerdings auf dem östlichen Rande des Plateaus festgestellt werden. Vermutlich nimmt im 8. Jahrhundert der Stadtberg auch als weltliches Herrschaftszentrum seinen Anfang, wobei ein agilolfingischer Herzogshof anzunehmen ist. Im 10. Jahrhundert dürfte es zur Anlage einer ersten Ummauerung des gesamten Stadtberges gekommen sein, vielleicht als Folge der Bedrohung durch die Ungarn. Unter Herzog Heinrich IV., dem späteren König Heinrich II., wurde der Königshof auf dem Stadtberg in ein Benediktinerinnenstift umgewandelt und blieb bis zum 13. Jahrhundert Königsgut. Mitte des 13. Jahrhunderts fiel Neuburg zurück an Bayern, wonach es zur Errichtung einer Stadtburg gekommen ist. Aus der Stadtburg am östlichen Plateaurand entstand im 15. Jahrhundert eine Nebenresidenz Herzog Ludwigs des Gebarteten, an dessen Stelle wiederum der legendäre Wittelsbacher Herzog Ottheinrich sein eindrucksvolles Renaissanceschloss errichtete. Darin befindet sich heute das Schlossmuseum mit einer vorgeschichtlichen Abteilung der Archäologischen Staatssammlung (Zweigmuseum).

Zu besichtigen
Ehemaliger Standort von Kastell und Vicus. Das Zentrum des Kastells aus dem 1. bis 2. Jahrhundert befand sich etwa im Bereich der heutigen Ortskirche. Die Zivilsiedlung reichte bis auf den „Barthelmarkt" (Fundort der Römerschiffe), auf dem alljährlich im Herbst ein Volksfest stattfindet.

Ausstellungsort der Funde
Die restaurierten Schiffe werden in einem zukünftigen Kelten- und Römermuseum in Manching ausgestellt.

Oberstimm: Kastell, Vicus und Römerschiffe

Das am besten erforschte Lager an der westrätischen Donaugrenze liegt in Oberstimm und wurde durch die Römisch-Germanische Kommission des Deutschen Archäologischen Instituts unter H. Schönberger untersucht. Bis heute finden laufend weitere Grabungen vor allem im Umfeld des Kastells statt. Spektakuläre Ergebnisse erbrachte 1995 die Bergung von zwei sehr gut erhaltenen Römerschiffen, die bereits 1986 im Boden entdeckt worden waren.

Das Kastell in Oberstimm wurde in den 40er-Jahren des 1. Jahrhunderts n. Chr. gegründet und bestand bis in die 20er-Jahre des 2. Jahrhunderts. Der Platz war mit Bedacht an der Kreuzung zweier wichtiger Verkehrswege gewählt: der Süd-Nord-Verbindung aus dem Voralpenland über die Donau und der Ost-West-Verbindung auf dem Niederterrassenrücken südlich des Stromes, der so genannten Donausüdstraße.

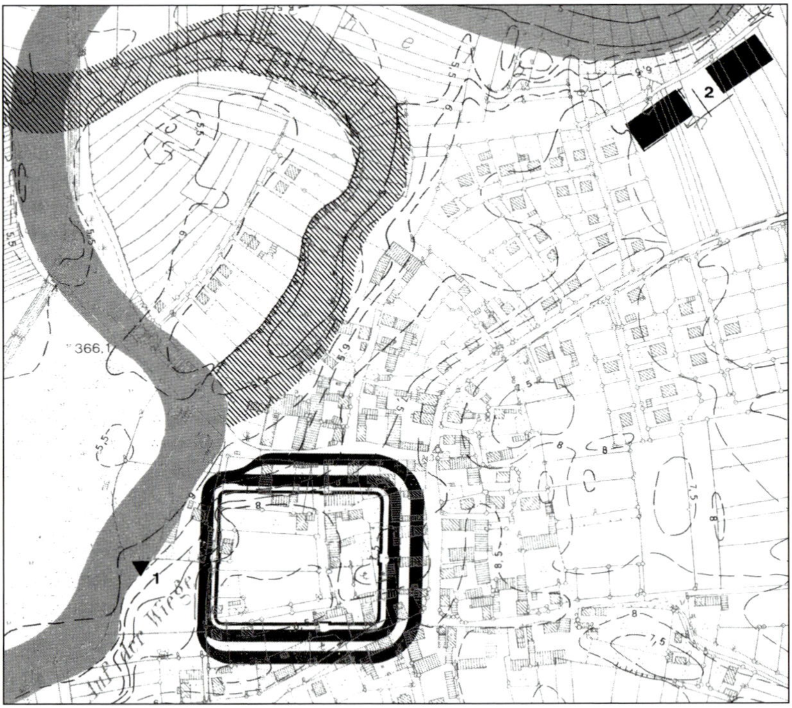

Auxiliarkastell und Fundstelle der Schiffe (1). Am nördlichen Ostrand die Hallenbauten (2).

Das Lager war 1,4 ha groß. Die Umwehrung bestand aus einem einfachen Graben an der Westseite und Doppelgräben auf den übrigen Seiten. Dahinter befand sich die Holz-Erde-Mauer mit Tor-, Eck- und Zwischentürmen. Die Innenbebauung des Lagers zeigt zwei vorflavische Hauptbauperioden, in denen man Gebäude teils neu errichtete, teils für andere Zwecke umgestaltete. Das erste kurzzeitige Provisorium aus der Gründungsphase 1a wurde bald vollständig in Holz ausgebaut. In der Phase 1b entstanden im rückwärtigen Lagerteil, der *retentura*, ein Werkstattgebäude *(fabrica)*, ein Lazarett *(valetudinarium)*, ein Magazinbau und spezielle Unterkünfte. Von den Zentralbauten wurden das Stabsgebäude *(principia)* und das Haus des Kommandanten *(praetorium)* ausgegraben. Beiderseits dieser Gebäude und im östlichen Lagerteil, der *praetentura*, lagen die Mannschaftsbaracken für die Soldaten und möglicherweise Stallungen. Eine große Grube mit den Skeletten verendeter Pferde wurde erst jüngst im *vicus* freigelegt.

Der Name der in Oberstimm stationierten Truppe ist nicht überliefert. Möglicherweise war es eine *Cohors quingenaria equitata* – eine rund 500 Mann starke, teilberittene Einheit. Verschiedene Funde und ein erst 1998 im *vicus* östlich des Kastells entdeckter Ziegelofen deuten auf die Anwesenheit eines Legions-Detachements hin.

Die Baubefunde ermöglichen Rückschlüsse auf die Funktion des Kastells. Das in der ersten Bauperiode errichtete große Werkstattgebäude und das Lazarett zeigen, dass das Lager neben dem üblichen Grenzschutz auch die Aufgabe einer Versorgungsstation für weiter östlich gelegene, kleinere Militärposten an der Donau übernahm.

In der Phase 1c sind an einigen Gebäuden Umbauten oder Erneuerungen festzustellen. Möglicherweise standen diese Veränderungen mit einem Truppenwechsel in Verbindung.

In den Wirren des Dreikaiserjahres 69/70 n. Chr. wird das Kastell vermutlich aufgegeben. Spuren einer gewaltsamen Zerstörung wie in den westlich gelegenen Donaukastellen (Hüfingen, Rißtissen, Aislingen und

Römische Hallenbauten mit mächtigen Holzpfosten. Luftaufnahme von 1981 vor der Ausgrabung

Kleinkastell aus der Luft

Burghöfe) fand man nicht. Erst in domitianischer Zeit wird das große Oberstimmer Lager erneuert – in einer Zeit, als bereits nördlich der Donau, nur 12 km entfernt, ein Reiterkastell in Kösching bestand.

Inschriften aus Günzburg (77/78 n. Chr.), Kösching (80 n. Chr.) und Eining (79/81 n. Chr.) überliefern weitere Kastellbauten aus dieser Zeit unter dem Provinzprokurator C. Saturius. Auch in Oberstimm werden die Zentralbauten auf Steinfundamenten neu errichtet, und das Kastell sogar noch einmal durch Verschieben der Ostumwehrung auf 1,66 ha vergrößert. Wahrscheinlich erfüllte das Lager als Etappenkastell (Periode 2) weiterhin Versorgungsaufgaben, diesmal für die nach Norden über die Donau vorgerückten Einheiten. Hierfür sprechen auch die unweit des Kastells an einem alten Lauf der Brautlach entdeckten großen Speicherbauten.

Als in spättrajanisch-frühhadrianischer Zeit (um 115/125 n. Chr.) die Festlegung der künstlichen Nordgrenze – des Limes – erfolgte, hatte der Standort Oberstimm seine Aufgabe erfüllt und das Militär zog ab. Am Ort verblieb lediglich eine kleine Zivilsiedlung.

Vicus, Schiffe und Hallenbauten

Vor den Kastelltoren entstand eine Zivilsiedlung *(vicus)* für die Familien der Soldaten sowie für Händler und Handwerker. Die Ausdehnung dieses Lagerdorfes ist nicht genau bekannt. Ein Teil der Zivilbevölkerung verblieb auch nach Abzug des Militärs im Vicus. Wenig ist auch von den Brandgräberfeldern der Siedlung bekannt.

Sensationell waren die Entdeckungen in den 80er-Jahren im Umfeld des Kastells. An erster Stelle sind die 1986 nur zum Teil geborgenen Schiffe an einer alten Uferbefestigung der Brautlach im Barthelmarktgelände zu nennen. Die gut erhaltenen, bis zu 19 m langen Holzboote lassen eine Deutung als Ruderschiffe für den Personentransport zu, die offensichtlich planmäßig außer Dienst gestellt worden sind. Nach dendrochronologischen Untersuchungen wurden die Eichen zum Bau der Schiffe frühestens 90 ± 10 bzw. 102 ± 10 n. Chr. gefällt.

Zusammen mit den 1982 entdeckten großen Lagerhallen 400 m nordöstlich des Kastells unterstreichen die beiden Schiffsfunde die besondere Rolle von Oberstimm als Versorgungsstation für das römische Militär.

Zu besichtigen
Keltische Viereckschanze.

Anfahrt
Über die B13 nach Ilmmünster und weiter in Richtung Scheyern. Knapp hinter dem Ortsanfang nach links abbiegen auf die Straße in Richtung Fernhag und Triefing; dort nach rechts Richtung Habertshausen. In Grub nach rechts in den Ort abbiegen und bis an den Waldrand fahren. Von dort dem Weg zu Fuß weiter folgen; nach ca. 1000 m erreicht man im Wald eine Wegkreuzung. Dort befindet sich unmittelbar rechts eine Hinweistafel mit Beschreibung und Plan der Anlage, die nach etwa 50 m auf der linken Seite liegt.

Scheyern: Keltische Viereckschanze

Die keltische Viereckschanze südlich von Scheyern (Lkr. Pfaffenhofen a. d. Ilm) liegt auf dem höchsten Punkt eines Geländerückens, der nach Norden mäßig und nach Osten sowie Süden stärker abfällt. Dort geht der Hang in ein Seitengewässer des Nöbaches über.

Die Anlage weist eine langrechteckige Grundform mit etwa 120 m langen Seiten im Norden und Süden sowie ca. 75 m an den Schmalsei-

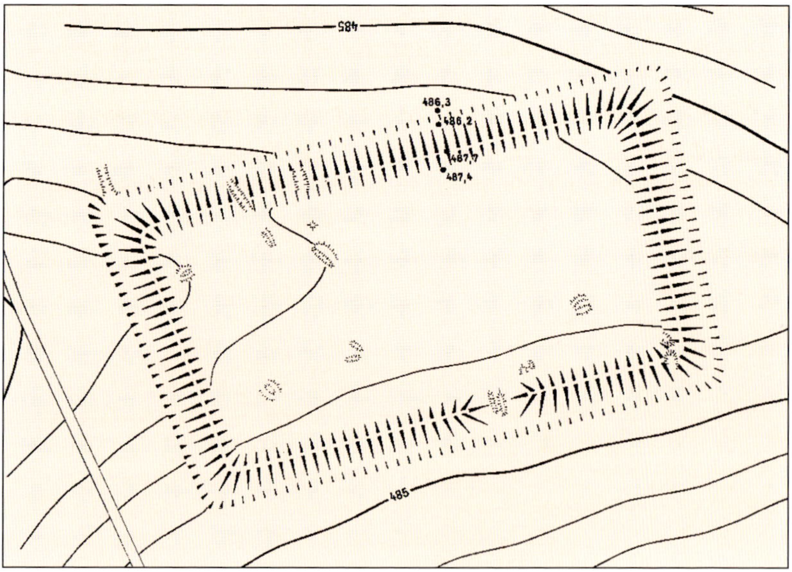

Scheyern. Plan der keltischen Viereckschanze (nach SCHWARZ 1959, Bl. 30)

ten auf. Heute ist der Wall nach außen noch 1,2–1,4 m hoch erhalten, zur Innenseite hin beträgt die Höhe dagegen nur noch 0,2–0,7 m. Der davor liegende, ehemals durchlaufende Graben ist im Westen und Osten deutlich ausgeprägt und gut zu erkennen, an den anderen Seiten dagegen weitestgehend verflacht. Die Südseite weist eine Unterbrechung im Wall auf, die etwas aus der Mitte nach Osten verschoben ist und die Stelle des Tores markiert. Bodeneingriffe durch die moderne Waldwirtschaft haben vor allem im Innenraum und an der Ostseite der Anlage zu Veränderungen und Substanzverlusten geführt.

Da bisher in der Viereckschanze keine Ausgrabungen stattgefunden haben, lässt sich die typologische Einordnung des Geländedenkmals nur anhand der verschiedenen äußeren Merkmale vornehmen. Es zeigt sich, dass die Anlage gut in das gängige Formenspektrum eingebunden werden kann. Ihre Lage auf dem höchsten Punkt eines Geländerückens bildet in Bayern mit 51 Prozent und Baden-Württemberg mit 47 Prozent den am häufigsten nachgewiesenen Lagetyp in der Gruppe der obertägig erhaltenen Denkmäler. Ebenso gibt es zur langrechteckigen Grundform zahlreiche Entsprechungen. Seltener nachgewiesen ist demgegenüber die Lage des Tores, das in Scheyern durch eine Wallunterbrechung an der Südseite markiert wird. Die überwiegende Zahl der Eingänge ist dagegen nach Osten orientiert.

Innerhalb des Gesamtverbreitungsgebietes der Viereckschanzen nimmt die Anlage eine räumlich isolierte Stellung ein. Die nächstgelegenen Schanzen finden sich in nördlicher Richtung erst wieder im Umfeld des *oppidums* von Manching und im Süden bei Arnzell im Landkreis Dachau.

Zu besichtigen
Rundgang zu Siedlungsspuren seit dem frühen Mittelalter; Stadtpfarrkirche, Pflegschloss, jüngere Markt- und Stadtbefestigung.

Anfahrt
Über die B300 in Richtung Zentrum.

Ausstellungsort der Funde
Museum Zeiselmair-Haus, In der Lachen 1. Öffnungszeiten: 15. April bis 30. Juni: Samstag und Sonntag 14–17 Uhr; 1. Juli bis 30. September: Samstag und Sonntag 14–16 Uhr. Museum im Pflegschloss, Am Hofgraben 1. Öffnungszeiten: tägl., außer Mo., 13–17 Uhr; 1. Do. im Monat, 13–20 Uhr.

Schrobenhausen: Das mittelalterliche Scropinhusun

Schrobenhausen wird 790/94 als *Scropinhusun* erstmals in den Schriftquellen erwähnt. Im 9. Jahrhundert sind zwei Herrenhöfe überliefert. Ende des 9. Jahrhunderts wird zum ersten Mal eine Kirche, im 12. Jahrhundert eine Burg genannt. Burg, Anbindung an Fernstraßen, Furten und Mühlen zeigen schon früh Schrobenhausens zentralörtliche Funktion. Der Ort dürfte sich zwischen 1294 und 1310 aus einer Burgmannensiedlung zum Markt entwickelt haben, besaß aber wohl schon vorher den Charakter eines Wirtschaftsplatzes. Aufgrund alter Stadtpläne unterteilt die Geschichtsforschung die Altstadt in eine alte Marktsiedlung mit rundem Umriss, die sich weitgehend mit der heutigen oberen Stadt (südliche Stadthälfte) zwischen Pfarrkirche und Pflegschloss deckt, und in die untere Stadt (nördliche Stadthälfte).

Besiedlung seit dem frühen Mittelalter

In der oberen Stadt werden ursprüngliche Siedlungsplätze beim Pflegschloss im Südwesten, beim Lenbachplatz und der Pfarrkirche St. Jakob sowie im südöstlichen Stadtviertel vermutet. Südlich der Pfarrkirche zeigen Keramikfunde eine Besiedlung der Römerzeit und dann durchgehend seit dem Frühmittelalter an. An der Westgrenze des Lenbachplatzes wurde weit außerhalb des spätmittelalterlichen Friedhofes um die Pfarrkirche ein beigabenloses, Ost-West orientiertes Einzelgrab freigelegt. Nahe des Grabes weisen Pfostenspuren, Gruben und Gräben auf eine frühe Holzbebauung hin. Diese Befunde könnten ebenfalls dem Frühmittelalter angehören. Da ein nahe gelegener mittelalterlicher Brunnen ins Jahr 1166 datiert werden konnte, ist es nach derzeitigem Kenntnisstand legitim, das Gebiet um die Pfarrkirche als die oder eine der Keimzellen Schrobenhausens anzusehen. Archäologische Aufschlüsse über eventuell vorhandene Vorgängerbauten der Pfarrkirche des 15. Jahrhunderts fehlen jedoch bislang. Für die übrigen genannten Plätze stehen entsprechende Befunde noch aus. Allerdings deuten jüngst ergrabene Pfostenspuren neben dem Schloss auf eine frühe Bebauung auch an dieser Stelle hin.

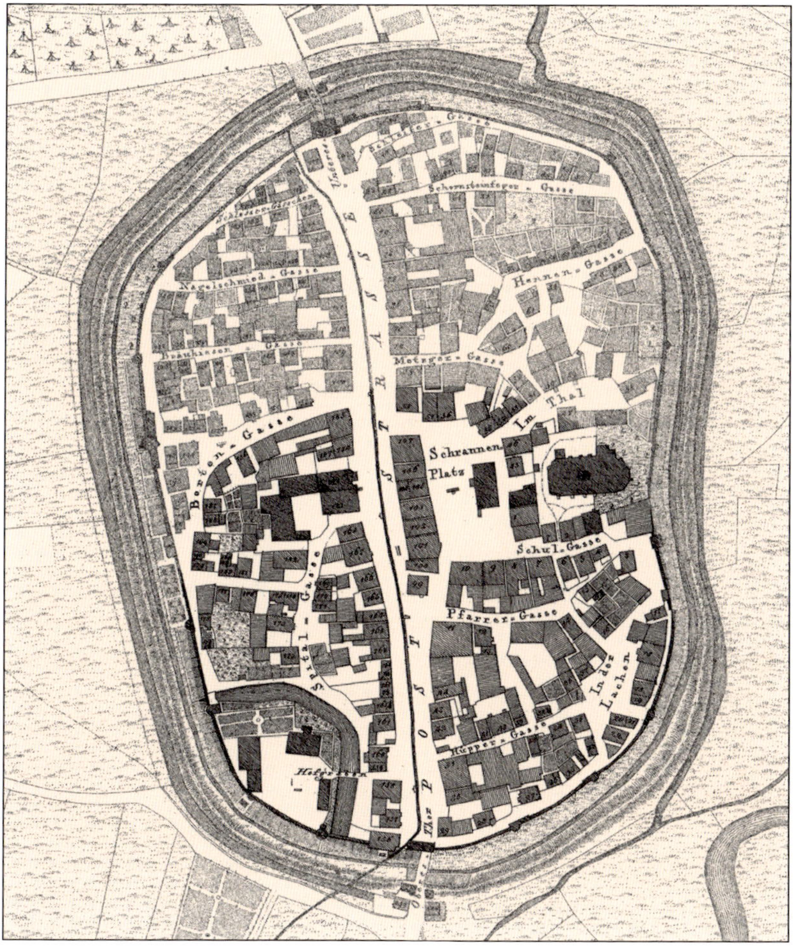

Die Altstadt von Schrobenhausen

Die mittelalterliche Stadtbefestigung

Die bislang älteste archäologisch nachgewiesene Befestigung Schrobenhausens ist ein Wassergraben, der das Areal der heutigen Pfarrkirche umgab. Nach dem Fundmaterial zu urteilen, wurde er eventuell schon im 13. Jahrhundert angelegt und war im 15. Jahrhundert bereits wieder überbaut. Die Häuserzeilen um die Kirche lassen den Verlauf des Grabens streckenweise noch heute erahnen. Ein rechtwinklig nach Westen führendes Grabenstück findet derzeit noch keine schlüssige Erklärung. Die gesamte obere Stadt bekam 1348 eine Umwehrung, die bislang nur historisch bezeugt ist.

Wann die heutige Ausdehnung der Altstadt erreicht wurde, ist unklar. Ein archäologisch untersuchter Brunnen der zweiten Hälfte des 13. Jahrhunderts zeigt, dass das Areal nördlich der oberen Stadt bereits vor der Errichtung der ersten Marktbefestigung bebaut war, aber nicht in diese Umwehrung einbezogen wurde. Im letzten Viertel des 14. Jahrhunderts beschädigten Brände Schrobenhausen schwer. Der nachfolgende Wiederaufbau könnte die Weiterentwicklung der urbanen Strukturen Schrobenhausens bewirkt haben. Unter dem Ingolstädter Herzog Ludwig dem Bärtigen wurde in der ersten Hälfte des 15. Jahrhunderts die noch heute erkennbare Marktbefestigung verbessert oder komplett erneuert und im Zusammenhang damit das herzogliche Schloss, die „Veste“ im Markt, neu angelegt.

Handwerkerhaus und Brunnenstuben

Die damaligen Baumaßnahmen passen zur ersten Nennung Schrobenhausens als Stadt im Jahr 1447. Mit der Stadtwerdung war eine Verdichtung der Bebauung verbunden, die sich auch in der wachsenden Zahl von Brunnen niederschlägt. Insgesamt konnten bislang um die 50 öffentliche und private Brunnen unterschiedlicher Zeitstellung in Schrobenhausen beobachtet und zum Teil archäologisch untersucht werden. Die ältesten besitzen Brunnenstuben aus ausgehöhlten Baumstämmen, die ins 12. und 13. Jahrhundert datieren und somit schon vor der Umwehrung der oberen Stadt angelegt wurden. Mitte des 15. Jahrhunderts tauchen erste archivalische Nachweise einer städtischen Wasserleitung auf.

Ein besonderes Denkmal aus frühstädtischer Zeit ist das Zeiselmair/Höckmayr-Haus (Museum), ein in Holzbauweise errichtetes Kleinhandwerkerhaus, das dendrochronologisch auf das Jahr 1478 datiert werden konnte. Archäologische Untersuchungen im Rahmen seiner Renovierung 1985 lieferten reichhaltiges Fundmaterial.

Die Geschichtsforschung hat zahlreiche Fragestellungen zur wirtschaftlichen, politischen und städtebaulichen Entwicklung Schrobenhausens aufgeworfen. Die guten Erhaltungsbedingungen im meist feuchten Untergrund der Stadt lassen für die Zukunft auf wichtige neue Aufschlüsse durch künftige Ausgrabungen hoffen.

Zu besichtigen
Vorgeschichtliche Wallanlagen auf dem Stätteberg nordwestlich von Unterhausen (Gde. Oberhausen) mit guter Sicht auf die Landschaft mit der Donauenge.

Unterhausen-Stätteberg: Vorgeschichtliche Befestigungsanlagen

Vorgeschichtlicher Ringwall

Knapp 10 km westlich von Neuburg a. d. Donau erhebt sich eine markante Jurakuppe, genannt der Stätteberg, über dem Donautal. Hier tritt der von Westen kommende, dem Südrand der Alb folgende Fluss in ein bis Neuburg reichendes Engtal ein. Die Donau durchschneidet hier den nach Süden ausgreifenden Neuburger Albsporn, der weiter südwärts in das Tertiäre Hügelland zwischen Lechtal und Donaumoos übergeht. Zwischen Donau und kleiner Paar gelegen, markiert der Stätteberg wie ein vorgeschobener Posten die Öffnung des nach Norden ziehenden Wellheimer Trockentales.

Die Erhebung des Stätteberges trägt drei seit langem bekannte, wohl vorgeschichtliche Befestigungsanlagen, die mehrfach Gegenstand archäologischer Untersuchungen und Überlegungen gewesen sind. Das Zentrum bildet ein knapp 6 ha großer Ringwall, der die höchste Erhebung umschließt. Darin wurde ein Brandopferplatz nachgewiesen, wel-

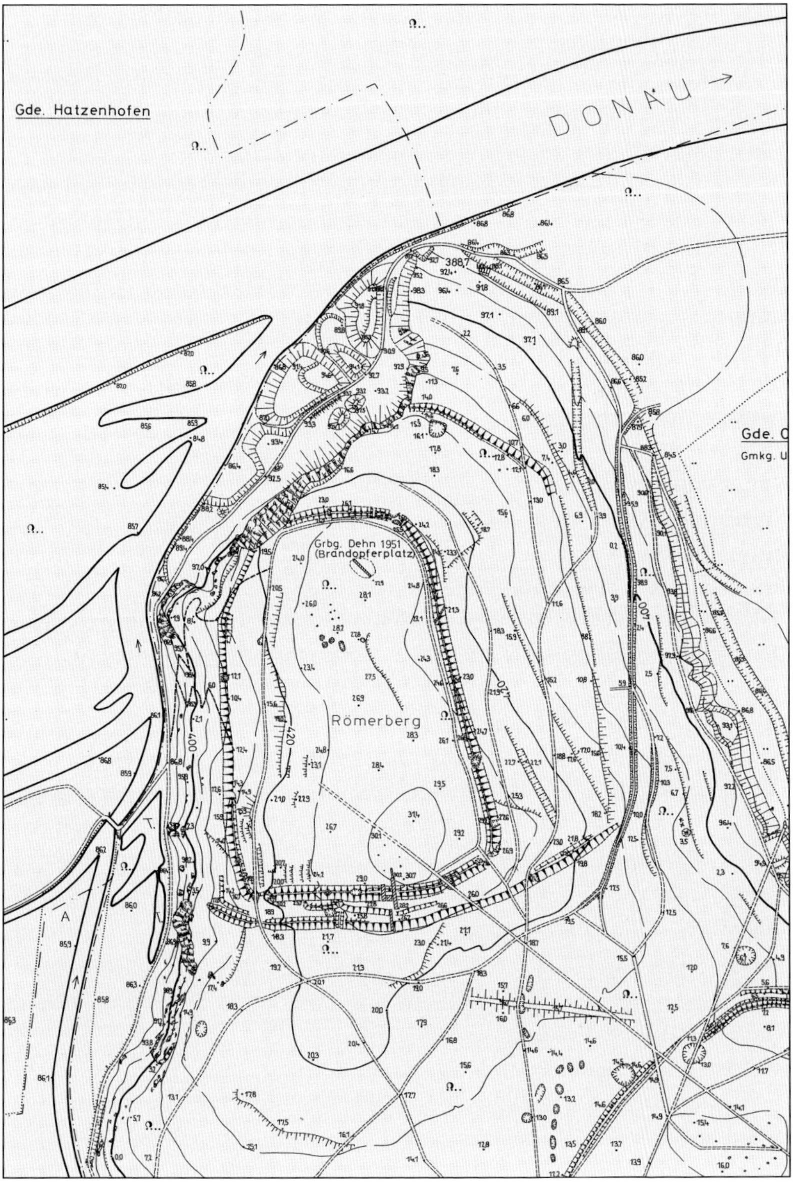

Wallanlagen auf dem Stätteberg

cher Fundmaterial von der frühen Hügelgräberbronzezeit bis in die Hallstattzeit enthielt.

Im Kern des abgebrannten Befestigungswerkes aus teilweise sehr großen Steinblöcken wurde eine Mauer nachgewiesen, welche den Eindruck eines *murus gallicus* erweckte und an keltische Erbauer denken ließ. Bei den Grabungen durch W. Dehn (1950–1952) wurden jedoch nur Funde der Hügelgräberbronzezeit entdeckt.

Der Hauptwall ist von einem schwächer ausgeprägten Vorwall umgeben, der in einem Abstand von 15 bis maximal 90 m den inneren Wall umgibt. Toranlagen sind nicht zu beobachten. Im Abstand von 900 bis 1300 m Richtung Südosten ist der Bergsporn von einem weiteren dritten Wall, dem so genannten Außenwall, abgetrennt, der bisher nicht datiert werden konnte.

Donausüdstraße und römische Brücke bei Stepperg

Südlich des Stätteberges zieht die römische Donausüdstraße von Burgheim über Straß kommend nach Neuburg a. d. Donau. An einem an der Mühlhartsfurt gelegenen Tempelchen zweigt von ihr die Straße nach dem römischen Nassenfels *(vicus Scuttarensium)* ab. Sie führt zunächst über einen Sattel zwischen der Stättebergkuppe und dem östlich davon gelegenen Höhenzug des „Lunzen“ und überquert auf Höhe des gegenüberliegenden Antoniberges die Donau auf einer Brücke.

Der römischen Donaubrücke bei Stepperg galten nach der Entdeckung im Jahre 1842 und einer interessanten Forschungsgeschichte intensive taucharchäologische Untersuchungen in den Jahren 1992–1996, welche durch die Bayerische Gesellschaft für Unterwasserarchäologie e. V. in Zusammenarbeit mit dem Bayerischen Landesamt für Denkmalpflege, Grabungsbüro Oberbayern Nord, durchgeführt wurden. Im Fluss konnten Holzkonstruktionen mehrerer Brückenpfeiler vermessen werden. Die für die Dendrodatierung entnommenen Holzproben ergaben Fälldaten um die Mitte des 2. Jahrhunderts n. Chr. für einige Pfähle von der Substruktion der Brücke.

Zu besichtigen
Peterskapelle, markante Topographie von Siedlungsstellen aus der Jungsteinzeit, Bronzezeit, Römischen Kaiserzeit, Spätantike, Merowingerzeit und dem Mittelalter.

Anfahrt
Über die Autobahn A9, Ausfahrt Ingolstadt-Nord, auf die B16a Richtung Vohburg nach Großmehring; vor Menning beschilderte Stichstraße nach rechts.

Ausstellungsort der Funde
Stadtmuseum Ingolstadt.

Vohburg: Die Auhöfe

Der Weiler Auhöfe liegt an einem Altwasser der Donau, durch das in jüngerer Zeit der Mailinger Bach geleitet wurde. Die kleine Ansiedlung befindet sich am Fuß eines zungenförmig gestalteten Plateaus der Hochterrasse, die zwischen Vohburg und Großmehring eine relativ steile Abbruchkante zur 8–10 m tiefer gelegenen Donau ausbildet. Im nördlichen Hinterland schaffen großflächige Lössdecken auf Jurakalken der Südlichen Frankenalb ausgezeichnete Bedingungen für die Landwirtschaft. Die Auwälder der Donau liefern Holz und Jagdwild, die Donau selbst bietet sich als Fischgewässer und Transportweg an.

Vorgeschichtliche Siedlungen und Gräber

Die ältesten Belege menschlicher Anwesenheit an diesem Platz stammen aus der ausgehenden Jungsteinzeit. Es handelt sich um nicht näher dokumentierte Bestattungen. Dazu kommen Steingeräte und Keramik, die 700–1000 m nördlich der Auhöfe vom Acker aufgelesen wurden. Die anschließende Frühbronzezeit vertritt ein singulärer Bronzehortfund von insgesamt 3 kg Gewicht, bestehend aus 21 Ösenhalsringen und zwei ritzverzierten Zierscheiben, der direkt an der Terrassenkante in einem Tongefäß vergraben worden war. Ein weiterer spektakulärer Fund stammt aus der späten Bronzezeit: ein reich verziertes bronzenes Vollgriffschwert vom so genannten Riegsee-Typus, das zur Ausstattung eines zerstörten Grabes gehört haben könnte. Danach ist erst wieder die ältere Eisenzeit durch eine Keramikschale, wohl ebenfalls eine Grabbeigabe, belegt. Die ältesten archäologischen Funde aus der unmittelbaren Nähe der Auhöfe – also vom Talgrund – stellen einige latènezeitliche Scherben dar, die allerdings in sekundärer Fundlage nahe beim Wohnhaus angetroffen wurden. Ob sie eine keltische Siedlung anzeigen, ist daher unklar. Aus der (weiteren) Umgebung der Auhöfe sind zudem zwei keltische Goldmünzen bekannt. Etwa 100 m östlich der Auhöfe wird ein römisches Landgut vermutet, das sich durch Kalksteine, Keramikscherben und eine Beinnadel zu erkennen gibt.

Weiler und mittelalterliche Burg

Im Mittelalter reihten sich die Auhöfe in eine dichte Kette von Flussübergängen an der mittleren bayerischen Donau ein. Diese Sonderrolle der kleinen Gehöftgruppe wird im 13. Jahrhundert historisch greifbar, könnte jedoch noch deutlich weiter zurückreichen. Aufgelesene Funde führen in vergleichsweise großer Zahl in die Zeit bald nach dem Rückzug der Römer hinter die Donaulinie infolge der Alamannenstürme des 3. Jahrhunderts n. Chr. zurück. Ein einschneidiges Hiebschwert oder „Sax“, das wohl aus einer Bestattung des 7./8. Jahrhunderts stammt, könnte auf den Fortbestand der Siedlung im frühen Mittelalter hinwei-

Die Auhöfe mit Peterskapelle

Bronzezeitlicher Depotfund mit Ösenhalsringen und zwei Zierscheiben

sen. Dasselbe gilt für einige beigabenlose Gräber, die beim Peterskirchlein aufgedeckt wurden. Seit dem hohen Mittelalter reißt dann das Fundmaterial bis in die Neuzeit nicht mehr ab, auch wenn es zahlenmäßig nur sehr schwach vertreten ist. In den 1960er-Jahren wurden beim Bau eines Silos südlich der Peterskapelle die Reste eines etwa 16 m langen und 10 m breiten Gebäudes aus großen Kalksteinen abgetragen. Es könnte sich dabei um den stattlichen Wohnturm einer mittelalterlichen Burg gehandelt haben, die den Flussübergang deckte. Ihr wäre dann auch das Peterskirchlein zuzuordnen.

Die Nibelungen an der Donau

In der vielgliedrigen Kette von mehrphasigen Siedlungsstandorten auf dem Donauhochufer zwischen Großmehring und Pförring nehmen die Auhöfe durch ihre spektakulären Funde eine Sonderstellung ein. Sie könnten dem Verfasser des Nibelungenliedes daher durchaus bekannt gewesen sein, zumal dort die Existenz einer Siedlung für die damalige

Zeit archäologisch belegt ist. Die nördlich der Auhöfe verlaufende alte Verbindungsstraße zwischen den ehemaligen römischen Kastellorten Kösching und Pförring wurde von dem Ingolstädter Geschichtsforscher H. Witz mit dem sagenhaften Zug der Nibelungen in Verbindung gebracht. Im Raum Großmehring, zu dem auch die Auhöfe gehören, sollen sie die Donau überschritten haben. Wo genau der finstere Hagen den Fährmann erschlug und das Schicksal der Nibelungen seinen Lauf nahm, wird aber auch die Archäologie nicht klären können.

i

Zu besichtigen
Burganlage mit Tor und Kirche. Der Burgberg war seit vorgeschichtlicher Zeit, während der Römerzeit und im Mittelalter besiedelt.

Anfahrt
Über die Autobahn A9, Ausfahrt Ingolstadt-Nord, in Richtung Vohburg-Zentrum.

Ausstellungsort der Funde
Die Funde sollen zukünftig in einem Museum auf dem Burgberg (in Planung) ausgestellt werden.

Vohburg: Der Burgberg

Die Silhouette der Stadt wird vom Burgberg geprägt, der sich bis zum Mittelalter als Insel aus der Donau erhob. Obwohl nur maximal 15 m über dem Wasserpegel gelegen, bot er seit alters einen hochwassergeschützten Siedlungsplatz.

Man betritt die Anlage durch das Burgtor des 13. Jahrhunderts mit spätmittelalterlichem Vorbau. Das mit 2400 qm weitläufige Areal wird heute überwiegend als Friedhof genutzt. Neben dem mittelalterlich anmutenden, aber erst in den 1950er-Jahren an der Stelle des Bergfrieds errichteten Wasserturm sind Tor, Peterskirche und Pflegschloss die einzigen Zeugen der großen Vergangenheit der Vohburger Burg. Großflächige Grabungen konnten in den letzten Jahren die Entwicklung der Burg weitgehend klären.

Der Vohburger Burgberg mit der Peterskirche im Vordergrund um 1200 (Rekonstruktion) und heute

Vorgeschichtliche Höhensiedlungen und mittelalterliche Burg

Eine große Anzahl von Gefäßfragmenten der frühen Bronzezeit belegt eine Höhensiedlung auf dem Berg bereits für die Zeit um 1700 v. Chr. Ebenso gibt es Siedlungsspuren der Latènezeit und der römischen Periode auf der Bergkuppe.

Schachfigur (Turm) aus dem 12. Jahrhundert vom Burgberg

Eine wehrhafte Burganlage lässt sich spätestens seit dem 9. Jahrhundert n. Chr. nachweisen. Sie bestand aus einem befestigten Hof mit Gebäuden in Holzbauweise, den eine Holzpalisade mit Doppelturmtor schützte. Zu dem Hof gehörte eine Holzkirche, am Platz der heutigen Peterskirche, wo bereits im 9. Jahrhundert Bestattungen angelegt wurden. Das von Pfalzgraf Arnold um 950 in Vohburg abgehaltene *colloquium* dürfte in dieser Hofanlage stattgefunden haben.

Im Jahr 1040 ist die Vohburg im Besitz der Grafen von Rott, die nach 1055 Pfalzgrafen werden. Sie errichten offensichtlich erstmals Steinbauten in Form eines frühen Wohnturmes, eines so genannten Donjon, direkt neben der Kirche. In diese frühe Steinbauphase gehört auch der Ausbau der hölzernen Peterskirche zur steinernen Saalkirche sowie ein gemauertes Wohnhaus. Einige Grubenhäuser dienten handwerklichen Tätigkeiten, wie die Funde von Webgewichten verraten.

Um 1116/18 erhält Diepold von Giengen die Vohburg. Als Markgraf Diepold III. stieg er in der Folgezeit zu einem der einflussreichsten Adligen im Herzogtum auf. In seine Regierungszeit fallen großangelegte Umbauten der Burg. Der Saal des Peterskirchleins wird durch ein Seitenschiff und einen Anbau vergrößert. In das Zentrum des Burgfelsens setzt man einen monumentalen Wohnturm sowie ein weiteres Gebäude, von dem ein auffallend großer Keller fast vollständig erhalten blieb. Bereits in der Mitte des 12. Jahrhunderts wird der Keller verfüllt und die Turmburg mit einer massiven Umfassungsmauer geschützt. Nach den starken Brandschichten muss diese Turmburg bereits in den Jahren um 1200 bis auf die Grundmauern zerstört worden sein.

Wittelsbacher und Staufer auf der Vohburg

1204 stirbt der letzte Diepoldinger Berthold ohne Nachkommen und sein Schwager, der Wittelsbacher Herzog Ludwig I. von Bayern, erbt die Vohburg. Die Wittelsbacher richten auf der Burg ein *Amte ze Vohburch* ein, das sich bald zu einem Pfleg- und Kastenamt ausweitet.

Als Elisabeth von Wittelsbach 1246 den Staufer Konrad IV., den Sohn Kaiser Friedrichs II., heiratet, findet die Hochzeit auf der Vohburg statt. In diese Zeit fällt auch die Errichtung der heute erneuerten Burgmauer und des erhaltenen Burgtores.

Nach dem Tod des letzten Hohenstaufers 1268 übernimmt Herzog Ludwig der Strenge die Besitzungen. Er macht die Burg zur Verwaltungszentrale seines Hoheitsgebietes.

Zwischen 1431–35 leben Herzog Albrecht III. und Agnes Bernauer auf der Vohburg. Die seit dem 16. Jahrhundert erhaltenen historischen Abbildungen zeigen uns die spätmittelalterliche Vohburg als gut ausgebaute Burg.

Die Wirren des Dreißigjährigen Krieges gingen auch an der Vohburg nicht spurlos vorüber: 1641 zerstörten die Schweden die Burg. Die dabei in Mitleidenschaft gezogene Pfarrkirche St. Peter wurde erst ab 1697 wiederaufgebaut und 1820/23 in klassizistischem Stil erneuert. 1721 wurde zur Stadtseite das Haus des Pflegekommissarios J. K. A. Ernst errichtet, das von 1884–86 zum Krankenhaus umgestaltet wurde und seit 1958 als Altersheim diente.

Überblick über die Museen in der Region

Burgheim (Lkr. Neuburg-Schrobenhausen): Archäologisches Museum

Marktplatz 13, 86666 Burgheim
Tel. (0 84 32) 94 12–0
Fax (0 84 32) 94 12–22
Geöffnet: zu den Geschäftszeiten im Rathaus

Das ortskundliche Museum mit archäologischem Schwerpunkt befindet sich im Untergeschoss des Rathauses der Gemeinde Burgheim.

Schwerpunkte der Ausstellung sind Siedlungsfunde des Neolithikums von den ausgedehnten Lössflächen südlich von Burgheim, Funde aus dem römischen *vicus* der mittleren Kaiserzeit und das spätrömische Burgheim mit seinem Kastell *Parodunum*. Der Rundgang endet mit der Darstellung der Ortsentwicklung im frühen Mittelalter.

Vom Museum aus ist eine Besichtigung des Burgberges möglich, auf dem sich Reste des spätantiken Kastells erhalten haben, die im Aufgang zur Kirche sichtbar sind.

Feldmühle, Gde. Rennertshofen (Lkr. Neuburg-Schrobenhausen): Archäologisches Museum im Gut Feldmühle

Gutsverwaltung Feldmühle, 86643 Rennertshofen-Feldmühle
Tel. (0 84 27) 2 23
Öffnungszeiten: nach Vereinbarung

Kopf einer römischen Statue im Museum Feldmühle

Das Museum ist in einem ehemaligen Wirtschaftsgebäude des Gutes eingerichtet. Der Rundgang beginnt mit der Geologie und Landschaftsgeschichte des Schuttertales, das einen Teil des ehemaligen Urdonautals bildete.

Schwerpunkt der Ausstellung sind die Ergebnisse der Ausgrabungen, die 1982–1985 in der Schutterniederung stattfanden. Im moorigen Untergrund wurden die Überreste von Brücken und Bohlenwegen entdeckt, die von der

Archäologisches Museum im Gut Feldmühle

Bronzezeit bis ins Mittelalter genutzt wurden. Auch eine gepflasterte Römerstraße führte hier durch das Schuttertal.

Neben zahlreichen Originalfunden vom Neolithikum bis zur Römerzeit wird auch das Modell eines frühen Eisenverhüttungsofens gezeigt. Im Mittelpunkt der Ausstellung steht die Rekonstruktion der späthallstattzeitlichen Brücke. Herausragende Exponate sind zwei römische Kalksteinköpfe von fast lebensgroßen Skulpturen.

Den Abschluss des Ausstellungsrundgangs bilden die mittelalterlichen Funde und ein Tableau zur Geschichte des Gutes Feldmühle, dessen Ursprünge bis ins 14. Jahrhundert zurück reichen.

In einer großen Inszenierung wird mit zahlreichen Präparaten die Tierwelt der Naturlandschaft des Schuttertales im Feld und Wald sowie am Wasser gezeigt.

Stadtmuseum Ingolstadt im Kavalier Hepp

Ingolstadt: Stadtmuseum

Stadtmuseum im Kavalier Hepp, Auf der Schanz 45, 85049 Ingolstadt
Tel. (08 41) 3 05 18 85; Fax 3 05 18 88
E-Mail: stadtmuseum@ingolstadt.de
Internet: http://www.ingolstadt.de/stadtmuseum/
Öffnungszeiten: Dienstag bis Freitag 9–17 Uhr, Samstag und Sonntag 10–17 Uhr
Anfahrt: Über die Autobahn A9, Ausfahrt Ingolstadt-Nord, in Richtung Stadtmitte, Parkleitsystem Richtung Parkhaus Münster oder Parkplatz Festplatz. Ab ZOB (Omnibusbahnhof) zu Fuß oder mit der Linie 50 oder 60 zum Kreuztor.

Archäologie im Ingolstädter Becken

Der Donauraum um Ingolstadt zählt zu den reichsten archäologischen Fundlandschaften Mitteleuropas. Da die meisten Bodendenkmäler heute obertägig nicht mehr sichtbar sind, ist ein Museumsbesuch unabdingbar, wenn man einen Überblick über diese Fundlandschaft gewinnen will. Das Stadtmuseum dient als archäologisches „Schaufenster" des Ingolstädter Beckens und ordnet den Raum in den europäischen Gesamtzusammenhang ein.

Nahezu alle Epochen der Vor- und Frühgeschichte sind in der archäologischen Abteilung durch bemerkenswerte Funde vertreten. Hervorzuheben sind ein goldenes Haubenband der Glockenbecherkultur am Übergang von der Stein- zur Bronzezeit oder eines der seltenen Germanengräber der Jahrzehnte nach der Erstürmung des römischen Limes. Akzente setzt das Stadtmuseum mit dem Bernsteincollier von Ingolstadt, einem der prächtigsten Bernsteinfunde aus vorgeschichtlicher Zeit sowie mit weiteren hochrangigen Opfergaben der Bronzezeit und mit qualitätvollen Funden aus der Keltenstadt Manching. In den nächsten Jahren kommen die reichen Beigaben des ausgedehnten urnenfelderzeitlichen Gräberfeldes von Zuchering hinzu. Die römische Wassermühle von Etting, ein hervorragend erhaltener Holzbau und einmaliges Zeugnis der Technikgeschichte, wird die Archäologie des ersten nachchristlichen Jahrtausends bis zur Stadtwerdung Ingolstadts ergänzen.

Stadtgeschichtliche Abteilung
Die stadtgeschichtliche Abteilung veranschaulicht die wichtigsten Epochen Ingolstadts als mittelalterliche Residenzstadt und bayerische Landesfestung. Die bayerische Landesuniversität versammelte hier weltberühmte Gelehrte. Das Holzmodell des Schreinermeisters Jakob Sandtner von 1572/73 versetzt seine Betrachter noch heute in die Stadt am Übergang vom Spätmittelalter zur Neuzeit zurück. Der „Schwedenschimmel", Reittier König Gustav Adolfs und berühmte Siegestrophäe der Ingolstädter aus dem Dreißigjährigen Krieg, steht für die militärische Rolle der „Schanz", wie die Stadt noch heute genannt wird. Das Stadtmuseum befindet sich in einem Festungsbau des 19. Jahrhunderts. Dokumentationsräume über die Zeit des Nazi-Regimes formulieren das Bekenntnis des modernen Ingolstadt zu Weltoffenheit und Toleranz.

Den Weg von den Handwerkern des Mittelalters zur modernen Industriestadt zeigen vielfältige Produkte der Handwerkskunst, Maschinen und Modelle in der Handwerksabteilung. Eine Schnupftabakstampfe wurde als Beispiel für frühen Maschineneinsatz originalgetreu und begehbar wiederaufgebaut.

Ingolstadt-Hundszell: Bauerngerätemuseum

Probststr. 13, 85051 Ingolstadt
Tel. (08 41) 3 05 18 85
E-Mail: bauerngeraetemuseum@ingolstadt.de
Internet: http://www.ingolstadt.de/stadtmuseum/
Öffnungszeiten: von April bis Oktober: Dienstag bis Freitag 9–12 Uhr, sonn- und feiertags 14–17 Uhr, und nach Vereinbarung
Anfahrt: im Süden Ingolstadts, im Ortskern von Hundszell bei der Kirche. Buslinie 10 oder 21, Haltestelle „Kirchstraße"

In einem Bauernhof im Ortsteil Hundszell konnte 1995 die umfangreiche Bauerngerätesammlung des Stadtmuseums als eigene Abteilung eröffnet werden. Die Abteilungen mit den Themen Ackerbau, Kartoffelanbau, Viehzucht, Transportwesen und ländliche Hauswirtschaft zeichnen ein lebendiges Bild vom tiefgreifenden Wandel der Landwirtschaft in den letzten 200 Jahren.

Ingolstadt-Hundszell. Bauerngerätemuseum im Hof des „Blasibauern"

Im Museum finden wechselnde Ausstellungen zu wirtschaftshistorischen, volkskundlichen und alltagsgeschichtlichen Themen sowie mehrmals im Jahr Märkte und Feste statt.

Kipfenberg (Lkr. Eichstätt): Römer und Bajuwaren Museum

Burg, 85110 Kipfenberg
Tel. (0 84 65) 90 57–07
Fax (0 84 65) 90 57–08
E-Mail: bajuwarenmuseum@altmuehlnet.de
Öffnungszeiten: im Sommer täglich 10–16 Uhr, im Winter Sa. u. So. 10–16 Uhr
Museumsshop und Café
Zufahrt: für Busse über Denkendorf-Gelbelsee, für PKWs über die Burgstraße in Kipfenberg, Parkplatz am geographischen Mittelpunkt Bayerns. Für Fußgänger führt ein romantischer Wanderweg ab Ortsmitte Kipfenberg zur Burg hinauf.

Das 1999 eröffnete Museum ist im ehemaligen Wirtschaftsgebäude der Burg Kipfenberg untergebracht, einem mit Legschiefer gedeckten Altmühljura-Haus.

Im Erdgeschoss befindet sich die Abteilung „Die Römer und die ersten Germanen" mit den Themenschwerpunkten: Forschung am Limes, Alltag der Soldaten an der Grenze, der Fall des Limes und die ersten Germanen. Neben dem Modell des Kastells Böhming kann man als Höhe-

Kipfenberg. Römer und Bajuwaren Museum. Rekonstruktion des Kammergrabes des bajuwarischen Kriegers von Kemathen

punkt das rekonstruierte Grab eines bajuwarischen Kriegers des 5. Jahrhunderts n. Chr. mit aufwändigen Nachbildungen der reichen Ausstattung besichtigen.

Im Obergeschoss des Museums befindet sich die Altmühl-Galerie mit verschiedenen Ansichten von Kipfenberg aus den letzten drei Jahrhunderten. Ein Multifunktionsraum wird zu Vorträgen, museumspädagogischen Aktivitäten und Sonderausstellungen genutzt, aber auch zu anderen Veranstaltungen wie Tagungen, Konzerten, Theateraufführungen oder Familienfeiern.

Seit 2001 ist das ehemalige Heimatmuseum als volkskundliches Archiv im Dachgeschoss zugänglich.

Das Museum bietet regelmäßig Veranstaltungen und Führungen im Museum sowie geführte Wanderungen auf den Spuren der Römer an. Ein kleines Amphitheater vor dem Haus wird im Sommer mit einbezogen.

Kösching (Lkr. Eichstätt): Museum für Archäologie und Volkskunde

Klosterstr. 3, 85092 Kösching
Tel. (0 84 56) 96 30 09
Fax (0 84 56) 98 91 24
E-Mail: info@markt-koesching.de
Öffnungszeiten: Mittwoch und Donnerstag 9–12 Uhr, Sonntag 14–17 Uhr und nach Vereinbarung

Anfahrt: Stadtbuslinie 40, Ingolstadt–Kösching, Haltstelle „Feuerwehrhaus“ oder „Rathaus“

Das Museum gibt einen umfassenden Einblick in die Geschichte in und um Kösching. Das Erdgeschoss bietet eine interessante Zeitreise vom Neandertaler zu den Bajuwaren, im Obergeschoss ist Volkskundliches mit Beiträgen und Exponaten zur Marktgeschichte, Landwirtschaft und zum Handwerk ausgestellt.

Der Museumsrundgang beginnt mit der Entwicklung der neolithischen Kulturen in der Gemeindeflur von Kösching. Ausgestellt sind vor- und frühgeschichtliche Grab- und Siedlungsfunde, darunter die Rekonstruktion eines hallstattzeitlichen Tempelbezirks. Schwerpunktmäßig befasst sich die Ausstellung mit der Römischen Kaiserzeit und der Geschichte des Kastells *Germanicum*/Kösching. Abschließend sind Funde aus den Reihengräbern der Merowingerzeit zu sehen.

Das Obergeschoss ist der Marktgeschichte mit den ältesten Urkunden gewidmet. Das Mittelalter wird lebendig durch bedeutende Funde wie das Salier-Schwert und die Rekonstruktion einer Marktschreiberstube. Das Handwerk ist mit dem Zunftwesen der Bäcker und Schneider, den Brauereien und einer Schmiedewerkstatt vertreten. Aus der Landwirtschaft werden Arbeitsgeräte wie Stockpflug, Sicheln und Sensen und die Getreideverarbeitung (Mühlen) gezeigt.

Kösching. Museum für Archäologie und Volkskunde

Im Flur werden die eingemeindeten Ortsteile Kasing und Bettbrunn vorgestellt. Bettbrunn gilt als die älteste und berühmteste Hostienwallfahrt Bayerns.

Der kleinere Raum des Obergeschosses ist den Köschinger Kirchen, der Sebastiani-Bruderschaft und Objekten der Volksfrömmigkeit gewidmet. Der zweite kleinere Raum dient für Sonderausstellungen.

Manching (Lkr. Pfaffenhofen a. d. Ilm): Keltisch-Römisches Museum und Heimatmuseum

Heimatmuseum im Alten Rathaus, Ingolstädter Straße 2,
85077 Manching
Tel. (0 84 59) 8 50 und 22 60
Öffnungszeiten: jeden ersten Samstag im Monat 14–16 Uhr;
Führungen nach vorheriger Terminvereinbarung

Der besonders günstigen Verkehrssituation und strategischen Lage an der Donau und wichtigen Fernverkehrswegen ist es zu verdanken, dass im Gebiet der heutigen Marktgemeinde Manching zwei große antike Bodendenkmäler aus den Jahrhunderten um Christi Geburt bestehen: eine Keltenstadt bei Manching und ein Römerkastell bei Oberstimm. Systematische archäologische Grabungen und Forschungen führte vor allem die Römisch-Germanische Kommission des Deutschen Archäologischen Instituts durch. Das dabei geborgene Fundmaterial wurde zum größten Teil in der Archäologischen Staatssammlung München verwahrt und dort im Rahmen der allgemeinen keltisch-römischen Alter-

Manching. Heimatmuseum

tumskunde dargestellt, kleinere Präsentationen gibt es im Stadtmuseum Ingolstadt.

Um auch in Manching Ausschnitte dieser frühen Geschichts- und Kulturepochen zu zeigen, wurde im Rathaus ein Museum geschaffen und von der Archäologischen Staatssammlung sowie von Gemeindebürgern mit Leihgaben ausgestattet. Raum 1 zeigt die Vorschichte mit Funden der Jungsteinzeit bis Urnenfelderzeit um Manching. Raum 2 informiert über die Frühgeschichte mit Funden aus der Keltenstadt bei Manching (Münzen, bemalte Feinkeramik und Graphitton- oder Eisentonware, Gebrauchsgeschirr, Waffen und Geräte, Schmuck) und dem Römerkastell bei Oberstimm (Tafelgeschirr und Gebrauchskeramik, Geräte, Waffenteile, Schmuck und Amulette). Ein Modell eines Handwerkerquartiers der Keltenstadt bei Manching mit Straßen und Häuserzeilen, Arbeits- und Vorratsgruben (2. Jahrhundert bis Mitte des 1. Jahrhunderts v. Chr.) rundet die kleine, aber sehr anschauliche Präsentation ab. Zusätzlich besteht die Möglichkeit zur Begehung der bestehenden Reste des Keltenwalles auf dem Archäologischen Wanderweg.

Das neue Kelten- und Römermuseum in Manching

Die bedeutenden archäologischen Funde aus dem keltischen Oppidum (unter anderem der 1999 entdeckte größte keltische Goldfund des 20. Jahrhunderts) und dem Oberstimmer Kastell werden zusammen mit den beiden rekonstruierten Römerschiffen zukünftig in einem zurzeit in Planung befindlichen Museum zu sehen sein.

Themen des ersten Museumsbereichs werden die Keltenwanderungen in Südbayern zu Beginn des 4. Jahrhunderts v. Chr., die Donau als Handelsweg, Ursprünge, Wohlstand und Wachstum der Keltenstadt, städtebauliche Organisation, Handwerk und Industrie (Eisenverarbeitung, Glasmacherei, Töpferei), Wirtschaft und Handel, Kult und Religion, Landwirtschaft, Mensch, Natur und Umwelt im Bereich einer vorgeschichtlichen Industriesiedlung, Bau der Stadtmauer, Manching und der Mittelmeerraum, der Zerfall der keltischen Welt und das Ende des Oppidums von Manching sein. Der zweite Museumsbereich behandelt die römische Eroberung, das Kastell Oberstimm sowie Verkehr, See- und Flussschifffahrt der Römerzeit.

Möckenlohe (Lkr. Eichstätt): Römische Villa rustica und Museum

Tauberfelder Weg, 85111 Möckenlohe
Tel. (0 84 24) 2 77
Fax (0 84 24) 38 77
Öffnungszeiten: von Palmsonntag bis Allerheiligen: Montag bis Freitag 15–16 Uhr, Samstag und Sonntag 13–17 Uhr, und nach Vereinbarung

Die rekonstruierte Villa rustica liegt in Möckenlohe bei einem heutigen Bauernhof. Die Limesregion war ab dem 2. Jahrhundert n. Chr. mit römischen Gutshöfen besiedelt.

Das Gebäude des Museums ist der Versuch einer Rekonstruktion des Hauptgebäudes einer typischen Portikus-Risalitvilla. Die Fassade des Wohnhauses des römischen Gutsherrn bildet ein Säulengang (Portikus) zwischen zwei Ecktürmen. Der westliche Risalit enthielt einen repräsentativen Wohnraum mit Apsis und Hypokaustheizung. Hier sind Funde aus dem Bereich der Villa ausgestellt. Nördlich schließen sich zwei Schlafräume an. Die aufgehenden Mauern stehen zum Teil auf noch sichtbaren originalen Fundamenten.

Möckenlohe. Römische Küche in der rekonstruierten Villa rustica

Unter dem östlichen Gebäudeteil liegt ein Keller, dessen Bruchsteinmauerwerk noch bis zu 1,5 m hoch erhalten war. Über dem Keller befindet sich eine rekonstruierte Küche. Das Museum zeigt ausschließlich Exponate, die auf dem Areal der Villa rustica gefunden wurden. Sie sind Zeugnisse der Haus- und Landwirtschaft in römischer Zeit. Zum Museum gehört ein Tierpark mit Pferden, Langhornrindern, Wollschweinen, Ziegen, Schafen und Hühnern, ähnlich den römischen Haus-

Möckenlohe. Wollschweine im „römischen“ Tierpark beim Museum

tierarten. Antike Getreidesorten werden auf den Äckern des Hofes angebaut und mit nachgebauten römischen Erntemaschinen eingebracht, die im Innenhof zu besichtigen sind.

Neuburg a. d. Donau: Archäologie-Museum im Schloss

Zweigmuseum der Archäologischen Staatssammlung München
Schloss Neuburg, Philipp-Wilhelm-Bau, 2. OG, Residenzstr. 2,
86633 Neuburg a. d. Donau
Tel. (0 84 31) 88 97
Fax (0 84 31) 4 26 89
Öffnungszeiten: täglich außer Montag 9–18 Uhr;
von Oktober bis März 10–16 Uhr

Schloss Neuburg, eine der bedeutendsten Renaissance-Anlagen in Bayern, beherbergt in seinem Nordflügel seit 1987 das Archäologie-Museum. Seine thematischen Schwerpunkte umfassen gleichermaßen die erdgeschichtlichen wie die vor- und frühgeschichtlichen Zeugnisse aus

Museum Neuburg. Diorama der altsteinzeitlichen Höhlen von Mauern, Lkr. Neuburg-Schrobenhausen

den ehemaligen pfalz-neuburgischen Gebieten und der weiteren Umgebung. Von besonderer Bedeutung für die Anfänge menschlichen Lebens in Süddeutschland sind die altsteinzeitlichen Funde aus den Höhlen von Mauern und vom Speckberg bei Nassenfels. Zusammen mit Rekonstruktionsmodellen geben sie einen Einblick in die eiszeitlichen Lebens- und Umweltbedingungen.

Museum Neuburg. Grab der Hallstattzeit von Ortlfing-Biding, Lkr. Neuburg-Schrobenhausen

Aus Gräberfeldern und Siedlungen stammen die Funde zur Jungsteinzeit und den vorgeschichtlichen Metallzeiten. Die Römerzeit ist unter anderem durch eine Reihe von Steindenkmälern und bedeutenden Grabfunden der mittleren und späten Kaiserzeit dokumentiert. Anhand der Ergebnisse der archäologischen Ausgrabungen auf dem spätrömischen Gräberfeld von Neuburg werden die wechselvollen historischen Ereignisse während der Germaneneinfälle dargestellt.

Eindrucksvolle Exponate aus den frühmittelalterlichen Reihengräberfeldern und Siedlungen aus dem Umkreis Neuburgs sowie Funde des Mittelalters und der frühen Neuzeit der Neuburger Altstadt runden das Bild der Besiedlungs- und Kulturgeschichte der Region ab.

Zusätzlich vermittelt ein Münzkabinett einen Überblick über das Münzwesen der Kelten und Römer.

Wellheim (Lkr. Eichstätt): Urdonautal-Museum

Torbogenhaus, Burgstr. 7, 91809 Wellheim
Tel. (0 84 27) 99 11 0
Fax (0 84 27) 99 11 20
E-Mail: wellheim@altmuehlnet.de
Internet: http://www.altmuehlnet.de/gemeinden/wellheim
Öffnungszeiten: April bis Oktober 8.15–12.30 und 14.00–16.00, freitags bis 17.00, und nach Vereinbarung

Urdonautal-Museum Wellheim

Das Museum, das in weiten Teilen auf eine private Initiative zurückgeht, wurde im Juli 1990 eröffnet. In einem einzigen großen Raum kann sich der Besucher umfassend über die Geschichte der Wellheimer Gegend informieren.

Zunächst gibt es einen Überblick über die typische Landschaft mit nachgestellten Biotopen in Dioramen. Die Erdgeschichte ist einerseits mit Fossilien illustriert, andererseits werden die verschiedenen Verlegungsstufen der Donau dargestellt, die im Eiszeitalter durch das Wellheimer Tal und das Altmühltal verlief.

Im archäologischen Bereich kann man verschiedene Fundstellen und ihre Ausgrabungsergebnisse kennen lernen. Hervorzuheben ist besonders die Untersuchung einer mehrperiodigen hölzernen Brücke bei der Feldmühle, die während der Bronze- und der Eisenzeit über den sumpfigen Talgrund führte. Eine große Rolle spielte in dieser Region seit frühkeltischer Zeit auch die Eisenverhüttung.

Die Ortsgeschichte beginnt mit den Alamannen und zeigt unter anderem mittelalterliche Urkunden bis in die frühe Neuzeit. Funde und ein Modell im Bauzustand des 14. Jahrhunderts veranschaulichen die Geschichte der Wellheimer Burg. Ein Stück Industriegeschichte stellt die Glashütte Konstein dar, die bis Mitte der 1980er-Jahre betrieben wurde. Den historischen Bogen beschließen verschiedene volkskundliche Exponate, Bilder und Postkarten.

Literaturauswahl

Landschaft, Archäologie und Geschichte

Landschafts- und Naturraum (H. JERZ)

R. DEHM, Neue tertiäre Spaltenfüllungen im südlichen Fränkischen Jura. Zentralbl. für Mineral., Geol. und Paläontol., Abt. B (Stuttgart 1937) 349–369.

H. GRAUL, Zur Morphologie der Ingolstädter Ausräumungslandschaft. Die Entwicklung des unteren Lechlaufs und des Donaumoosbeckens. Forsch. dt. Landeskde. 43 (Leipzig 1943).

H. JERZ, Das Eiszeitalter in Bayern. Erdgeschichte, Gesteine, Wasser, Boden. Geologie von Bayern II (Stuttgart 1993).

H. JERZ/H. SCHMIDT-KALER, Geologische Karte von Bayern 1:25 000, Blatt 7234 Ingolstadt, mit Erläuterungen (München 1999).

R. K. F. MEYER/H. SCHMIDT-KALER, Paläogeographischer Atlas des süddeutschen Oberjura (Malm). Geol. Jahrb. A 115 (Hannover 1989).

I. SCHÄFER, Der Talknoten von Donau und Lech. Zur Frage des Laufwechsels der Donau vom „Wellheimer Trockental" ins „Neuburger Durchbruchstal". Mitt. Geogr. Ges. München 51 (München 1966) 59–111.

H. SCHMIDT-KALER, Geologische Karte des Naturparks Altmühltal und Südliche Frankenalb 1:100 000, mit Kurzerläuterungen (München 1979).

W. TILLMANNS, Zur Geschichte von Urmain und Urdonau zwischen Bamberg, Neuburg/Donau und Regensburg. Sonderveröff. Geol. Inst. Univ. Köln 30 (Köln 1978).

Archäologische Forschung in der Region Ingolstadt (K. H. RIEDER)

J. REICHART, Erläuterungen zur archäologischen Fundkarte von Landkreis und Stadt Ingolstadt. Sammelbl. Hist. Ver. Ingolstadt 81, 1972, 7–44 mit Kartenbeilage.

K. H. RIEDER/C.-M. HÜSSEN/A. WEGENER-HÜSSEN/G. RIEDEL, Archäologie in der Stadt Ingolstadt. In: Denkmäler in Bayern I,1. Stadt Ingolstadt (München 2002) XIII ff.

Alt- und Mittelsteinzeit (K.H. RIEDER)

K. H. RIEDER/A. TILLMANN (Hrsg.), Archäologie um Ingolstadt. Die archäologischen Untersuchungen beim Bau der B16 und der Bahnverlegung (Kipfenberg 1995).

K. H. RIEDER/A. TILLMANN/J. WEINIG (Bearb.), Steinzeitliche Kulturen an Donau und Altmühl. Begleitheft zur Ausstellung im Stadtmuseum Ingolstadt (Ingolstadt 1989).

Jungsteinzeit (D. MEIXNER)

Arch. Jahr Bayern 1980 ff.

E. PROBST, Deutschland in der Steinzeit (München 1991).

K. H. RIEDER, Belege alt- und mittelneolithischer Begehungen oder Besiedlung des Altmühltals und der Altmühlalb. In: H. FLACHENECKER/K. W. LITTGER (Hrsg.), Beiträge zur Eichstätter Geschichte [Festschr. B. Appel]. Sammelbl. Hist. Ver. Eichstätt 92/93, 1999/2000.

H. P. UENZE, Das Neolithikum im Bayerischen Raum. Die ersten Bauern. Pfahlbaufunde Europas 2. Ausstellungskat. Zürich (Zürich 1990) 123–134.

J. WEINIG, Älter- und mittelneolithische Siedlungen im Ingolstädter Becken (Diss. Tübingen 1993).

Frühe und mittlere Bronzezeit (M. BANKUS)

M. BANKUS/K. H. RIEDER, Westliche und östliche Einflüsse im Ingolstädter Becken während der frühen und mittleren Bronzezeit. In: B. EBERSCHWEILER/J. KÖNINGER/H. SCHLICHTHERLE/CH. STRAHM (Hrsg.), Aktuelles zur Frühbronzezeit und frühen Mittelbronzezeit im nördlichen Alpenvorland. Rundgespräch Hemmenhofen 6. Mai 2000 [Festschr. E. Sangmeister]. Hemmenhofener Skripte 2 (Freiburg i. Br. 2001) 47–66.

W. DAVID, Zu früh- und ältermittelbronzezeitlichen Grabfunden in Ostbayern. In: J. MICHÁLEK/K. SCHMOTZ/M. ZÁPOTOCKÁ (Hrsg.), Archäologische Arbeitsgemeinschaft Ostbayern/West- und Südböhmen. 7. Treffen 11.–14. Juni 1997 in Landau a. d. Isar. Resümees der Vorträge (Rahden/Westf. 1998) 108–129.

M. MENKE, Studien zu den frühbronzezeitlichen Metalldepots Bayerns. Ber. Bayer. Bodendenkmalpfl. 19/20, 1978/79 (1982) 5–305.

ST. MÖSLEIN, Die Straubinger Gruppe – Zur Frühbronzezeit in Südostbayern. In: B. EBERSCHWEILER u. a. a. a. O. 17–30.

W. RUCKDESCHEL, Die frühbronzezeitlichen Gräber Südbayerns. Ein Beitrag zur Kenntnis der Straubinger Kultur. Antiquitas R. 2,11 (Bonn 1978).

M. SCHEFZIK, Die bronze- und eisenzeitliche Besiedlungsgeschichte der Münchner Ebene. Eine Untersuchung zu Gebäude- und Siedlungsformen im süddeutschen Raum. Internat. Arch. 68 (Rahden/Westf. 2001).

R.-M. WEISS, Ein Grabfund der frühen Bronzezeit aus Mangolding, Lkr. Regensburg. Ein Beitrag zum frühesten Glas in Mitteleuropa. Beitr. Arch. Oberpfalz 2, 1998, 225–240.

Späte Bronzezeit und Urnenfelderzeit

(C. SCHÜTZ)

C. SCHÜTZ-TILLMANN, Die urnenfelderzeitliche Besiedlung des Neuburger Stadtberges. In: K. H. RIEDER/A. TILLMANN (Hrsg.), Neuburg an der Donau. Archäologie rund um den Stadtberg (Buch am Erlbach 1993) 51 ff.

DIES., Späte Bronzezeit und Urnenfelderzeit. In: K. H. RIEDER/A. TILLMANN (Hrsg.), Archäologie um Ingolstadt. Die archäologischen Untersuchungen beim Bau der B16 und der Bahnverlegung (Kipfenberg 1995) 89 ff. (mit ausführlicher Literatur 241–242).

Hallstattzeit (S. KAS)

M. FRIEDRICH/H. HENNIG, Dendrochronologische Untersuchung der Hölzer des hallstattzeitlichen Wagengrabes 8 aus Wehringen, Lkr. Augsburg, und andere Absolutdaten zur Hallstattzeit. Bayer. Vorgeschbl. 60, 1995, 289–300.

M. HILGART/M. KNIPPING/L. REISCH/K. H. RIEDER/M. TRAPPE, Der Talraum der Altmühl bei Kinding während der älteren Eisenzeit (Hallstattzeit). Untersuchungen zur Archäologie und Paläoökologie einer vorgeschichtlich dicht besiedelten Kleinlandschaft. Mitt. Fränk. Geogr. Ges. 46, 1999, 127 ff.

S. KAS, Die späturnenfelder- bis hallstattzeitliche Siedlung mit „Herrenhof" bei Enkering, Lkr. Eichstätt, Oberbayern (in Vorbereitung).

S. KAS/M. SCHUSSMANN, Einige Überlegungen zu den hallstattzeitlichen Herrenhöfen. In: B. BERTHOLD (Hrsg.), Zeitenblicke [Festschr. W. Janssen] (Rahden/Westf. 1998) 93 ff.

R. A. MAIER, Zum „Abschnittswall im Walde Brand" des Katalogs Eichstätt von Friedrich Winkelmann. Germania 56, 1978, 235–238.

J. G. MALCHER/J. WEINIG, Der urnenfelder- und hallstattzeitliche Friedhof von Mailing, „Schindergrubäcker". Arch. Jahr Bayern 1995, 63–65.

G. MEIXNER/K. H. RIEDER/M. SCHAICH, Das hallstattzeitliche Grabhügelfeld von Kinding/Ilbling. Arch. Jahr Bayern 1996, 90–93.

G. MEIXNER/M. SCHAICH/S. WATZLAWIK, Ausgrabungen in einem hallstattzeitlichen Grabhügelfeld zwischen Kinding und Ilbling. Arch. Jahr Bayern 1995, 65–68.

K. H. RIEDER, Ein umfriedeter „Tempelbau" der älteren Eisenzeit beim Erlachhof. Arch. Jahr Bayern 1992, 74–77.

M. SCHUSSMANN, Die hallstattzeitliche Sumpfbrücke bei der Feldmühle im Wellheimer Tal und ihre Einbindung in das archäologische Umfeld. Arch. Austriaca 80, 1996, 204–208.

DERS., Ein mehrphasiger, vorgeschichtlicher Sumpfübergang bei der „Feldmühle", Gde. Rennertshofen, Landkreis Neuburg-Schrobenhausen. Arbeiten Arch. Süddeutschlands (im Druck).

F. WINKELMANN, Eichstätt. Sammlung des historischen Vereins. Kat. West- u. Süddt. Altertumsslg. VI (Frankfurt a. M. 1926).

Latènezeit (W. IRLINGER/S. SIEVERS)

Die Ausgrabungen in Manching 1–15 (Wiesbaden, Stuttgart 1961–1992).

H. DANNHEIMER/R. GEBHARD (Hrsg.), Das keltische Jahrtausend. Ausstellungskat. Rosenheim (Mainz 1993).

M. ECKSTEIN, Keltisches Eisenschmelzgebiet bei Bergheim, Ldkr. Neuburg-Schrobenhausen. Neuburger Kollektaneenbl. 136, 1984, 231 ff.

D. VAN ENDERT, Zur frühlatènezeitlichen Besiedlung auf dem Stadtberg von Neuburg a. d. Donau. In: K. H. RIEDER/ A. TILLMANN (Hrsg.), Neuburg an der Donau. Archäologie rund um den Stadtberg (Buch am Erlbach 1993) 61 ff.

DIES., Gräber der Frühlatènezeit von Haunsfeld, Gemeinde Mörnsheim, Landkreis Eichstätt, Oberbayern. Arch. Jahr Bayern 1995, 83–84.

J. W. E. FASSBINDER/W. E. IRLINGER, Combining Magnetometry and Archaeological Interpretation: A Square Enclosure in Bavaria. In: DIES. (Hrsg.), Archaeological Prospection. Arbeitsh. Bayer. Landesamt Denkmalpfl. 108 (München 1999) 94 ff.

W. IRLINGER, Viereckschanze und Siedlung – Überlegungen zu einem forschungsgeschichtlichen Problem anhand ausgewählter südbayerischer Fundorte. In: C. DOBIAT (Hrsg.), Festschrift Otto-Herman Frey zum 65. Geburtstag. Marburger Stud. Vor- u. Frühgesch. 16 (Marburg 1994) 285 ff.

W. KRÄMER, Die Grabfunde von Manching und die latènezeitlichen Flachgräber in Südbayern. Ausgr. Manching 9 (Stuttgart 1985).

J. PAULI, Nachbronzezeitliche Brandgräber in Zuchering, Stadt Ingolstadt. Ber. Bayer. Bodendenkmalpfl. 34/35, 1993/94, 146–164.

K. H. RIEDER, Ein hallstattzeitlicher „Herrenhof“ und ein Gräberfeld der Mittellatènezeit bei Etting, Stadt Ingolstadt, Oberbayern. Arch. Jahr Bayern 1998, 57–59.

F. SCHUBERT, Keltische Umgangsbauten von Ingolstadt-Zuchering? In: K. H. RIEDER/A. TILLMANN (Hrsg.), Archäologie um Ingolstadt. Die archäologischen Untersuchungen beim Bau der B16 und der Bahnverlegung (Kipfenberg 1995) 127 ff.

K. SCHWARZ, Atlas der spätkeltischen Viereckschanzen in Bayern (München 1959).

S. SIEVERS, Das Oppidum von Manching. Arch. Deutschland 3/1993, 32–35.

DIES., Eine unendliche Grabungsgeschichte. Praxis Geschichte 3/1996, 46–48.

DIES., Manching – Aufstieg und Niedergang einer Keltenstadt. Ber. RGK 80, 1999, 5–24.

B. STOLL-TUCKER, Nacheiszeitliche Höhlennutzung am Beispiel des oberen Pegnitztales (Nördliche Frankenalb). Arbeiten Arch. Süddeutschlands 4 (Büchenbach 1997).

H. P. UENZE, Vier neue Gräber der Mittellatènezeit aus Straubing. Jahresber. Hist. Ver. Straubing 100/I, 1998 (2000) 151 ff.

J. WEINIG, Eisenzeit. In: K. H. RIEDER/ A. TILLMANN (Hrsg.), Archäologie um Ingolstadt. Die archäologischen Untersuchungen beim Bau der B16 und der Bahnverlegung (Kipfenberg, 1995) 113 ff.

F. WINKELMANN, Eichstätt. Sammlung des historischen Vereins. Kat. West- und Süddt. Altertumsslg. VI (Frankfurt a. M. 1926).

H. WITZ, Viereckschanzen. Ingolstädter Heimatgesch. (Beil. Ingolstädter Ztg.) 1–4, 1933.

Die Römische Kaiserzeit an Donau und Limes

(C.-M. HÜSSEN/A. WEGENER-HÜSSEN)

W. CZYSZ/K. DIETZ/TH. FISCHER/H.-J. KELLNER, Die Römer in Bayern (Stuttgart 1995).

C.-M. HÜSSEN, Die frühkaiserzeitliche Militärstation auf dem Stadtberg in Neuburg a. d. Donau. In: K. H. RIEDER/ A. TILLMANN (Hrsg.), Neuburg an der Donau. Archäologie rund um den Stadtberg (Buch am Erlbach 1993) 65 ff.

DERS., Eine frühkaiserzeitliche Siedlung in Weichering, Ldkr. Neuburg-Schrobenhausen. In: ebd. 75 ff.

DERS., Römische Lager an der Donau in Ingolstadt-Zuchering. In: W. CZYSY/C.-M. HÜSSEN u. a. (Hrsg.), Provinzialrömische Forschungen [Festschr. G. Ulbert]. (Espelkamp 1995) 95 ff.

C.-M. HÜSSEN/K. H. RIEDER/H. SCHAAF, Die Römerschiffe in Oberstimm – Ausgrabung und Bergung. Arch. Jahr Bayern 1994 (1995) 112–116.

C.-M. HÜSSEN/A. WEGENER-HÜSSEN, Römische Besetzung und Besiedlung des Donausüdufers. In: K. H. RIEDER/A. TILL-

MANN (Hrsg.), Archäologie um Ingolstadt. Die archäologischen Untersuchungen beim Bau der B16 und der Bahnverlegung (Kipfenberg 1995) 187–202.

M. MACKENSEN, Frühkaiserzeitliche Kleinkastelle bei Nersingen und Burlafingen an der Donau. Münchner Beitr. Vor- u. Frühgesch. 41 (München 1987).

L. WAMSER (Hrsg.), Die Römer zwischen Alpen und Nordmeer. Zivilisatorisches Erbe einer europäischen Militärmacht. Kat.-Handb.-Landesausstellung Rosenheim (Mainz 2000).

H. SCHÖNBERGER, Kastell Oberstimm. Die Grabungen von 1968 bis 1971. Limesforsch. 18 (Berlin 1978) 217.

H. SCHÖNBERGER/H.-J. KÖHLER/H.-G. SIMON, Neue Ergebnisse zur Geschichte des Kastells Oberstimm. Ber. RGK 70, 1989, 243–319.

F. WINKELMANN, Die vorrömischen und römischen Straßen in Bayern zwischen Donau und Limes. Ber. RGK 11, 1918/1919, 4–56, mit Kartenbeil. 1–2.

Spätantike und Völkerwanderungszeit

(K.H. RIEDER)

K. H. RIEDER, Archäologischer Beitrag zur Siedlungsgeschichte der Region Ingolstadt von der späten Römerzeit bis ins frühe Mittelalter. Sammelbl. Hist. Ver. Ingolstadt 99, 1990, 9–76.

DERS., Siedlungsgeschichtliche Aspekte zur späten Römerzeit, Völkerwanderungszeit und zum beginnenden Mittelalter an der mittleren bayerischen Donau. In: Vorträge Niederbayer. Archäologentag 11 (Deggendorf 1993) 101–146.

Der Donauraum um Ingolstadt im Mittelalter

(G. RIEDEL)

K. BOSL, Die landschaftlichen und geschichtlichen Gegebenheiten. In: TH. MÜLLER/W. REISSMÜLLER in Zusammenarbeit mit S. HOFMANN (Hrsg.), Ingolstadt. Die Herzogsstadt – Die Universitätsstadt – Die Festung. Bd. I (Ingolstadt 1974) 11–18.

O. BRAASCH, Ein bajuwarisches Gräberfeld in Zuchering, Stadt Ingolstadt, Oberbayern. Arch. Jahr Bayern 1981, 162–163.

H. DANNHEIMER, Lauterhofen im Frühen Mittelalter. Reihengräberfeld – Martinskirche – Königshof. Materialh. Bayer. Vorgesch. 22 (Kallmünz/Opf. 1968).

H. FREILINGER, Ingolstadt und die Gerichte Gerolfing, Kösching, Stammham-Etting, Vohburg, Mainburg und Neustadt a. d. Donau. Hist. Atlas Bayern, Teil Altbayern, H. 46, (München 1977).

I. HEEG-ENGELHART, Das älteste bayerische Herzogsurbar. Analyse und Edition. Quellen u. Erörterungen Bayer. Gesch. N. F. 37 (München 1990).

S. HOFMANN, Die Lage der herzoglichen Höfe und ihr Bezug zum ersten Mauerring Ingolstadts. Ingolstädter Heimatbl. 31, Nr. 10, 1968, 37–39; 43–44; 46–48.

DERS., Die Donauübergänge im Ingolstädter Raum vom 8. bis zum 13. Jahrhundert. Ingolstädter Heimatbl. 39, Nr. 4, 1976, 13–14.

DERS., Von der „Statt“ an der Donau zur mittelalterlichen Stadt. In: DERS./W. REISSMÜLLER (Hrsg.), Ingolstadt an der Donau (Ingolstadt 1986) 45–59, 259–280.

DERS., Eichstätt – Ingolstadt – Neuburg im 8. und 9. Jahrhundert. Ein Beitrag zum Jubiläum des Bistums Eichstätt 745–1995. Sammelbl. Hist. Ver. Ingolstadt 102/103, 1993/1994, 9–94.

W. HÜBENER, Frühmittelalterliche Siedlungsfunde in Manching, Landkreis Ingolstadt. Sammelbl. Hist. Ver. Ingolstadt 66, 1957, 75–81.

H. KUHN, Die goldene Geleitstraße. Ingolstädter Heimatgesch. 2, Nr. 9, 1930, 33.

E. POHL, Der Neuburger Stadtberg und sein Umfeld am Übergang von der Antike zum Mittelalter (4. bis 7. Jhdt.) aus archäologischer Sicht. In: K. H. RIEDER/A. TILLMANN (Hrsg.), Neuburg an der Donau. Archäologie rund um den Stadtberg (Buch am Erlbach 1993) 109–132.

J. REICHART, Erläuterungen zur Archäologischen Fundkarte von Landkreis und Stadt Ingolstadt. Sammelbl. Hist. Ver. Ingolstadt 81, 1972, 7–44 mit Kartenbeilage.

DERS., Scherben aus dem ältesten Stadtgraben. Sammelbl. Hist. Ver. Ingolstadt 83, 1974, 174–176.

G. RIEDEL, Ingoldesstat. Archäologische Untersuchungen zu Ingolstadt im Mittelalter (Ingolstadt 2000).

DERS., Vom Kammergut zur Stadt – Aussagen der Archäologie zur Frühzeit Ingolstadts. In: Stadt Ingolstadt (Hrsg.), Ingolstadt – vom Werden einer Stadt. Geschichten & Gesichter (Ingolstadt 2000) 22–33.

DERS., Im gemeinsamen Bemühen um fortschreitende Erkenntnis. Neueste Aufschlüsse der Archäologie zur Frühgeschichte Ingolstadts [Festschr. S. Hofmann]. Sammelbl. Hist. Ver. Ingolstadt 110, 2001, 17–35.

DERS., Stadtkernarchäologie in Ingolstadt. In: J. PFROMMER/R. SCHREG (Hrsg.), Zwischen den Zeiten. Archäologische Beiträge zur Geschichte des Mittelalters in Mitteleuropa [Festschr. B. Scholkmann]. Internat. Arch. Studia honoria 15 (Rahden/Westf. 2001) 69–82.

DERS./K. H. RIEDER, Köschings Weg vom Römerkastell zum Marktort.Gemeinde Kösching, Landkreis Eichstätt, Oberbayern. Arch. Jahr Bayern 2000, 110–112.

K. H. RIEDER, Nassenfels in der Zeit zwischen Römern und Rittern. In: J. BAUCH/P. ESCHBAUMER/O. HANRIEDER u. a., Nassenfels. Beiträge zur Natur- und Kulturgeschichte des mittleren Schuttertales (Kipfenberg 1986) 141–152.

DERS., Archäologische Aspekte zur Siedlungsgeschichte Eichstätts. In: DERS./A. TILLMANN (Hrsg.), Eichstätt. 10 Jahre Stadtkernarchäologie. Zwischenbilanz einer Chance (Kipfenberg 1992) 127–139.

DERS., Spätantike, Völkerwanderungszeit, Merowingerzeit. In: DERS./A. TILLMANN (Hrsg.), Archäologie um Ingolstadt. Die archäologischen Untersuchungen beim Bau der B16 und der Bahnverlegung (Kipfenberg 1995) 211–217.

DERS., Ein Adelsgräberfeld des frühen Mittelalters auf der ICE-Trasse bei Etting, Stadt Ingolstadt, Oberbayern. Arch. Jahr Bayern 1996, 143–145.

K. H. RIEDER/C.-M. HÜSSEN/A. WEGENER-HÜSSEN/G. RIEDEL, Archäologie in der Stadt Ingolstadt. In: Denkmäler in Bayern F.1. Stadt Ingolstadt (München 2002) XIII ff.

C. SCHÜTZ/A. TILLMANN, Eine mittelalterliche Faßlatrine aus der Altstadt Ingolstadts. Ein Einblick in die Stadtgeschichte. Sammelbl. Hist. Ver. Ingolstadt 100, 1991, 135–156.

T. STRAUB, Ingolstadt – Residenzstadt im Wandel vom 13. bis zum 15. Jahrhundert. Sammelbl. Hist. Ver. Ingolstadt 102/103, 1993/1994, 131–158.

E. WEID, Die Kleinfunde der mittelalterlichen Siedlung Zuchering bei Ingolstadt. Arbeiten Arch. Süddeutschlands 10 (Büchenbach 2000).

H. WITZ, Vergessene Burgen im Ingolstädter Gebiet (Ingolstadt 1925).

DERS., Donau, Sandrach und Altach. Ingolstädter Heimatgesch. 9, Nr. 8, 1937, 29–31; Nr. 9, 33–34.

Archäologische und historische Denkmäler

DIE KREISFREIE STADT INGOLSTADT

Geschichte der Stadt Ingolstadt

(S. HOFMANN)

W. ERNST, Der Donauübergang bei Großmehring. In: H. BAUER (Bearb.), Die Donau zwischen Lech und Altmühl. Geschichte und Gegenwart einer Kulturlandschaft. Ausstellungskat. Ingolstadt (Ingolstadt 1987) 115–122.

G. FLOHRSCHÜTZ, Studien zur Geschichte der Herrschaft Vohburg im Hochmittelalter. Teil II. Sammelbl. Hist. Ver. Ingolstadt 97, 1988, 9–81.

H. FREILINGER, Historische Lagebeziehungen – Präurbane Strukturen – Ausprägung der Urbanität. In: TH. MÜLLER/W. REISSMÜLLER in Zusammenarbeit mit S. HOFMANN (Hrsg.), Ingolstadt. Die Herzogsstadt – Die Universitätsstadt – Die Festung. Bd. I (Ingolstadt 1974) 69–119.

J. B. GÖTZ, Beiträge zur ältesten Geschichte Ingolstadts. Sammelbl. Hist. Ver. Ingolstadt 41, 1922, 1–82.

S. HOFMANN, Die Donau im frühen Mittelalter: der herzogliche und königliche Strom. In: H. BAUER a. a. O. 46–63.

DERS., Die Anfänge Ingolstadts als Stadt. Zeitschr. Bayer. Landesgesch. 55, 1992, 13–36.

DERS., Geschichte der Stadt Ingolstadt von den Anfängen bis 1505 (Ingolstadt 2000).

Ingolstadt: Ausgrabungen beim Alten Schloss
(G. RIEDEL)

G. RIEDEL, Ingoldesstat. Archäologische Untersuchungen zu Ingolstadt im Mittelalter (Ingolstadt 2000).

DERS., Stadtkernarchäologie in Ingolstadt. In: J. PFROMMER/R. SCHREG (Hrsg.), Zwischen den Zeiten. Archäologische Beiträge zur Geschichte des Mittelalters in Mitteleuropa [Festschr. B. Scholkmann]. Internat. Arch. Studia honoria 15 (Rahden/Westf 2001) 69–82.

Ingolstadt: Mittelalterliches Handwerkerviertel am Schutterknie (G. RIEDEL)

G. RIEDEL/M. TRAPPE/J. WEINIG, Stadtgeschichte im Bachbett – Die Grabungen in der Wagnerwirtsgasse 3. Arch. Jahr Bayern 2001, 151–153.

Ingolstadt-AUDI-Werksgelände: Ausgrabungen in einer reichen vor- und frühgeschichtlichen Fundlandschaft
(S. WINGHART)

M. BANKUS, Fremdes Gut in Ingolstadt. Jüngermittelbronzezeitlicher Bronze- und Bernsteinschmuck aus einer Mehrstückdeponierung. In: Stadt Ingolstadt (Hrsg.), Das Geheimnis des Bernstein-Colliers (Ingolstadt 1998) 19–42.

C.-M. HÜSSEN, Endlatènezeitliche Fundstellen im oberbayerischen Donauraum. Ber. RGK 81, 2000, 237–299.

K. H. RIEDER, Lohn der Konsequenz – Sternstunde der Archäologie – Quellen der Erkenntnis – Zugewinn der Gesellschaft. In: Stadt Ingolstadt (Hrsg.), Das Geheimnis des Bernstein-Colliers (Ingolstadt 1998) 9–18 (mit älterer Literatur).

DERS., Ein Gräberfeld der Schnurkeramik aus Ingolstadt. Arch. Jahr Bayern 1999, 17–18.

Ingolstadt-Dünzlau: Römische Steindenkmäler in der Kirche
(A. WEGENER-HÜSSEN)

F. VOLLMER, Inscriptiones Bavariae Romanae (München 1915) Nr. 253 Taf. 34

F. WINKELMANN, Eichstätt. Sammlung des historischen Vereins. Kat. West- u. Süddt. Altertumsslg. VI (Frankfurt a. M. 1926) 80; 273.

Ingolstadt-Etting: Römisches Landgut, frühmittelalterliche Siedlung und Adelsgräber
(C.-M. HÜSSEN/A. WEGENER-HÜSSEN)

Villa rustica

C.-M. HÜSSEN/A. WEGENER-HÜSSEN, Das römische Landgut in der „Zellau“ bei Etting. Arch. Jahr Bayern 1998, 73–75.

C.-M. HÜSSEN/J. LITZEL, Die römische Mühle im Landgut von Etting, Flur „Zellau“. Ebd. 1999, 54–56

Mittelalter

J. B. GÖTZ, Sammelbl. Hist. Ver. Ingolstadt 43, 1923, 1–74.

J. N. VON RAISER, Der Ober-Donau-Kreis des Königreichs Bayern unter den Römern 3 (Augsburg 1832) 22.

Ingolstadt-Gerolfing: Grabhügelfelder der Bronze- und Hallstattzeit
(A. WEGENER-HÜSSEN)

Sammelbl. Hist. Ver. Ingolstadt 34, 1910–13, 23 ff. 26 ff.

Ingolstadt-Gerolfing: Mittelalterlicher Burgstall (A. WEGENER-HÜSSEN)

Bayer. Vorgeschbl. 6, 1993, 162 f.

Bodendenkmäler in Bayern Teil B (1). Obertägige Bodendenkmäler 15.

J. N. VON RAISER, Der Ober-Donau-Kreis des Königreichs Bayern unter den Römern 3 (Augsburg 1832) 25–26.

Ingolstadt-Schmidtmühle: Mittelalterliche Wüstung mit Kirche (G. RIEDEL)

G. RIEDEL, Ingoldesstat. Archäologische Untersuchungen zu Ingolstadt im Mittelalter (Ingolstadt 2000) 144 ff.

Ingolstadt-Zuchering: Gräberfeld der Urnenfelderzeit, mittelalterliche Siedlung und Eisenverhüttungsplatz
(G. RIEDEL/C. SCHÜTZ)

Zum Gräberfeld siehe Grundlagenbeiträge Urnenfelderzeit.

G. RIEDEL, Ingoldesstat. Archäologische Untersuchungen zu Ingolstadt im Mittelalter (Ingolstadt 2000) 169 ff.
E. WEID, Die Kleinfunde der mittelalterlichen Siedlung von Zuchering bei Ingolstadt. Arbeiten Arch. Süddeutschlands 10 (Büchenbach 2000).

DAS NÖRDLICHE DONAUVORLAND, ALTMÜHLTAL UND FRÄNKISCHE ALB

Attenzell: Arndthöhle (K. H. RIEDER)

K. ZECHERLE/T. MURBÖCK, Arndthöhle bei Attenzell. In: Sehenswerte Natur im Kreis Eichstätt (Eichstätt 1982) 44–45.

Böhmfeld: Eine Gruppe keltischer Viereckschanzen (W. IRLINGER)

K. SCHWARZ, Atlas der keltischen Viereckschanzen Bayerns (München 1959) Bl. 18, 95–98.

Böhming: Römisches Kastell (C. SCHÜTZ)

D. BAATZ, Der römische Limes. Archäologische Ausflüge zwischen Rhein und Donau[4] (Berlin 2000) 306–308.
G. ULBERT/TH. FISCHER, Der Limes in Bayern (Stuttgart 1983) 93–94; 117.
F. WINKELMANN, Das Kastell Böhming. ORL 73a (Heidelberg 1906).

Demling: Naturdenkmal Steinbruch (G. RIEDEL)

W. ERNST, in: Heimatbuch Großmehring (1984) 18–29.
K. ZECHERLE/T. MURBÖCK, Königsbruch bei Demling. In: Sehenswerte Natur im Kreis Eichstätt (Eichstätt 1982) 106–107.

Ettling: Kelsbach-Quellen und Burgruine (K. SCHEUERER)

H. RISCHERT/K. ZECHERLE, Burgruine Ettling. In: B. APPEL/H. RISCHERT/K. ZECHERLE, Burgen und Schlösser, Landkreis Eichstätt (Kipfenberg 1981) 88–89.

Feldmühle: Vorgeschichtlicher Schutterübergang und römische Straße unterhalb des „Kränzelsteins" (A. WEGENER-HÜSSEN)

M. SCHUSSMANN, Die hallstattzeitliche Sumpfbrücke bei der Feldmühle im Wellheimer Tal und ihre Einbindung in das archäologische Umfeld. Arch. Austriaca 80, 1996, 204–208.
DERS., Ein mehrphasiger, vorgeschichtlicher Sumpfübergang bei der „Feldmühle", Gde. Rennertshofen, Landkreis Neuburg-Schrobenhausen. Arbeiten Arch. Süddeutschlands (im Druck).

Gaimersheim: Pfarrkirche Mariä Himmelfahrt und Marktumwehrung (G. RIEDEL)

A. STAUDACHER/T. STRAUB, Chronik des Marktes Gaimersheim (Gaimersheim 1984).

Großmehring: Fort Prinz Karl bei Katharinenberg (E. AICHNER)

E. AICHNER, Fort Prinz Karl bei Katharinenberg. In: B. APPEL/H. RISCHERT/K. ZECHERLE, Burgen und Schlösser, Landkreis Eichstätt (Kipfenberg 1981) 82–82.

Hepberg: Kirche St. Oswald und Römerstraße (G. RIEDEL)

H. TISCHLINGER/K. H. RIEDER/H. RISCHERT, Hepberg. Beiträge zur Natur- und Kulturgeschichte des Hepberger Umlandes (Kipfenberg 1993).

Kipfenberg: Michelsberg und Limesturm am Pfahlbuck (C. SCHÜTZ)

W. CZYSZ/K. DIETZ/TH. FISCHER/H.-J. KELLNER, Die Römer in Bayern (Stuttgart 1995) 394, 473.

Kleinmehring: Burgstall Gensberg (G. RIEDEL)

H. GANSS, Die „veste, genannt der Gensberg". In: Heimatbuch Großmehring (1984) 157–166.
H. RISCHERT/K. ZECHERLE, Burgruine Gensberg bei Kleinmehring. In: B. APPEL/H. RISCHERT/K. ZECHERLE, Burgen und Schlösser, Landkreis Eichstätt (Kipfenberg 1981) 84–85.

Kösching: Reiterkastell Germanicum (C.-M. HÜSSEN)

D. BAATZ, Der römische Limes. Archäologische Ausflüge zwischen Rhein und Donau[4] (Berlin 2000) 320–321.
G. ULBERT/TH. FISCHER, Der Limes in Bayern (Stuttgart 1983) 113–114.

Kösching: Marktkern und Wüstungen
(G. RIEDEL)

G. RIEDEL/K. H. RIEDER, Köschings Weg vom Römerkastell zum Marktort. Arch. Jahr Bayern 2000, 110–112.

R. WINTERSTEIN/K. ZECHERLE, Prandtenhof in Kösching. In: B. APPEL/H. RISCHERT/K. ZECHERLE, Burgen und Schlösser, Landkreis Eichstätt (Kipfenberg 1981) 80–81.

DIES., Schloss Kösching. In: ebd. 78–79.

Lenting: Alte Burg (G. RIEDEL)

G. PFEILSCHIFTER, Eine Neuentdeckung: Alte Burgen in Lenting. Sitz der Argula von Grumbach? Ingolstädter Heimatbl. 41/6, 1978, 21–22.

G. RIEDEL, Ingoldesstat. Archäologische Untersuchungen zu Ingolstadt im Mittelalter (Ingolstadt 2000) 175.

K. ZECHERLE/G. PFEILSCHIFTER, Schloss Lenting. In: B. APPEL/H. RISCHERT/K. ZECHERLE, Burgen und Schlösser, Landkreis Eichstätt (Kipfenberg 1981) 76–77.

Meilenhofen: Paläolithische Freilandstation auf dem Speckberg (K. H. RIEDER)

K. H. RIEDER (Red.), Steinzeitliche Kulturen an Donau und Altmühl. Begleitheft zur Ausstellung im Stadtmuseum Ingolstadt (Ingolstadt 1989).

Möckenlohe: Römischer Gutshof
(A. WEGENER-HÜSSEN)

W. CZYSZ, Möckenlohe. In: W. CZYSZ/K. DIETZ/TH. FISCHER/H.-J. KELLNER, Die Römer in Bayern (Stuttgart 1995) 479–480.

J. HEIGL, Die römische Villa rustica Möckenlohe (Kipfenberg 1993).

Nassenfels: Römisches Kastell mit Vicus und mittelalterliche Burg (K. H. RIEDER)

W. CZYSZ/K. DIETZ/TH. FISCHER/H.-J. KELLNER, Die Römer in Bayern (Stuttgart 1995) 485–486.

J. BAUCH/P. ESCHBAUMER/O. HANRIEDER U. A., Nassenfels. Beiträge zur Natur- und Kulturgeschichte des mittleren Schuttertales (Kipfenberg 1986).

Pförring: Das römische Kastell Celeusum
(C.-M. HÜSSEN)

D. BAATZ, Der römische Limes. Archäologische Ausflüge zwischen Rhein und Donau[4] (Berlin 2000) 321–322.

G. ULBERT/TH. FISCHER, Der Limes in Bayern (Stuttgart 1983) 110–113.

Pfünz: Das römische Kastell Vetoniana
(C.-M. HÜSSEN)

D. BAATZ, Der römische Limes. Archäologische Ausflüge zwischen Rhein und Donau[4] (Berlin 2000) 308–310.

G. ULBERT/TH. FISCHER, Der Limes in Bayern (Stuttgart 1983) 94–99.

F. WINKELMANN, Das Kastell Pfünz. ORL B 73 (Heidelberg 1901).

Schambach: Der Hohle Stein
(K. H. RIEDER)

K. H. RIEDER, Kritische Analyse alter Grabungsergebnisse aus dem Hohlen Stein bei Schambach aus der Sicht der Profiluntersuchungen von 1977–1982. Aspekte zur Geschichte der Höhlenverfüllung, ihrer Paläontologie und Archäologie (Universitätsdruck Tübingen 1992).

Schellenburg bei Enkering: Höhensiedlung mit archäologischem Lehrpfad (C. SCHÜTZ)

C. SCHÜTZ-TILLMANN, Der archäologische Lehrpfad auf der Schellenburg bei Enkering, Gemeinde Kinding, Landkreis Eichstätt, Oberbayern. Arch. Jahr Bayern 1994, 196–198.

Stammham: Vorgeschichtliche Grabhügel im Neuhau (D. MEIXNER)

J. REICHART, Erläuterungen zur archäologischen Fundkarte von Landkreis und Stadt Ingolstadt. Sammelbl. Hist. Ver. Ingolstadt 81, 1972, 7–44.

DAS SÜDLICHE DONAUTAL, DONAUMOOS UND TERTIÄRES HÜGELLAND

Burgheim: Der Burgberg in der Römerzeit und im Mittelalter (K. H. RIEDER)

W. CZYSZ/K. DIETZ/TH. FISCHER/H.-J. KELLNER, Die Römer in Bayern (Stuttgart 1995) 90; 365; 368; 383.

M. ECKSTEIN, Kulturen aus vor- und frühgeschichtlicher Zeit im Landkreis Neuburg-Schrobenhausen. Eine kurze Einführung (Neuburg a. d. Donau 1986).
W. KRÄMER, Bayer. Vorgeschbl. 18/19, 1951/52, 200–207.
O. PARET, Ein römischer Gesichtshelm von Strass-Moos, Kr. Neuburg a. D. Germania 29, 1951, 75 f. Taf. 6.

Manching: Das keltische Oppidum
(S. SIEVERS)
Siehe Grundlagenbeiträge Latènezeit.

Manching: Keltische Viereckschanze
(A. WEGENER-HÜSSEN)
W. KRÄMER/F. SCHUBERT, Die Ausgrabungen in Manching 1955–1961. Ausgr. Manching 1 (Wiesbaden 1970) 44–46.
K. SCHWARZ, Atlas der spätkeltischen Viereckschanzen in Bayern (München 1959) Bl. 17.

Münchsmünster: Das ehemalige Klostergelände (M. JANDEJSEK)
P. MORSBACH, Die Kirchen der Pfarrei Münchsmünster (München, Zürich 1992).
R. OSTERAUER, Münchsmünster mit Wöhr und Schwaig im Wandel der Zeiten (Pfaffenhofen 1981).
U. RAAB, Pfarrkirche St. Sixtus und ehemalige Klosterkirche St. Peter in Münchsmünster. Versuch einer Rekonstruktion (Diplomarbeit FH Regensburg 1994).
DERS. u. a., Festschrift 900 Jahre Pfarrkirche Münchsmünster (Münchsmünster 1992).

Neuburg a. d. Donau: Der Stadtberg
(K. H. RIEDER)
K. H. RIEDER/A. TILLMANN (Hrsg.), Neuburg an der Donau. Archäologie rund um den Stadtberg (Buch am Erlbach 1993).

Oberstimm: Kastell, Vicus und Römerschiffe
(C.-M. HÜSSEN)
K. H. RIEDER, Römische Hallenbauten bei Oberstimm, Gemeinde Manching, Ldkr. Pfaffenhofen a. d. Ilm, Oberbayern. Arch. Jahr Bayern 1982, 101–103.
H. SCHÖNBERGER, Kastell Oberstimm. Die Grabungen von 1968 bis 1971. Limesforsch. 18 (Berlin 1978).
DERS./H. J. KÖHLER/H. G. SIMON, Neue Ergebnisse zur Geschichte des Kastells Oberstimm. Ber. RGK 70, 1989, 243–319.

Scheyern: Keltische Viereckschanze
(W. IRLINGER)
K. SCHWARZ, Atlas der spätkeltischen Viereckschanzen Bayerns (München 1959) Bl. 30.

Schrobenhausen: Das mittelalterliche Scropinhusun (B. RÖDIG/B. RÖDIG/G. RIEDEL)
M. DIREKTOR (Hrsg.), Schrobenhausen im Mittelalter 800–1447 (Schrobenhausen 1997).
B. RÖDIG/B. RÖDIG, Archäologische Beobachtungen und Funde im Verlauf der Stadtsanierung Schrobenhausen (Schrobenhausen 1998).

Unterhausen-Stätteberg: Vorgeschichtliche Befestigungsanlagen (K. H. RIEDER)
W. DEHN, Der Stätteberg bei Unterhausen, Ldkr. Neuburg a. d. Donau (Schwaben). Germania 30, 1952, 280–287.
M. PRELL, Neueste Forschungen an der römischen Holzbrücke bei Stepperg. Arch. Jahr Bayern 1995, 104–106.

Vohburg: Die Auhöfe (D. MEIXNER/G. RIEDEL)
D. MEIXNER, Vorgeschichtliche Funde aus der Umgebung der Auhöfe. In: Stadt Vohburg (Hrsg.), Vohburg (Kipfenberg 2002) 65–69.
G. RIEDEL, Archäologische Quellen zur Frühgeschichte der Auhöfe. In: ebd. 70–73.

Vohburg: Der Burgberg (B. FRIEDEL)
B. FRIEDEL, Die archäologischen Ausgrabungen in der Pfarrkirche St. Peter zu Vohburg/Donau. Sammelbl. Hist. Ver. Ingolstadt 99, 1990, 93–171.
DIES., Die Vohburg. Von der mittelalterlichen Holzburg zum Barockschloss. In: Stadt Vohburg (Hrsg.), Vohburg (Kipfenberg 2002) 131–159.

Ortsregister

Kursiv gesetzte Ziffern verweisen auf Abbildungen

Abensberg-Arnhofen, Lkr. Kelheim 40
Adelschlag s. Adelschlag-Möckenlohe
Adelschlag-Möckenlohe, Lkr. Eichstätt 168–170, 223–224
Adelschlag-Tempelhof, Lkr. Eichstätt 40
Arnhofen s. Abensberg-Arnhofen
Arnzell, Lkr. Dachau 199
Aschheim, Lkr. München 71
Aschheim-Dornach, Lkr. München 71
Attenfeld s. Bergheim-Attenfeld
Attenzell s. Kinding-Attenzell
Augsburg 78, 90, 100, 122, 126, 174
Augsburg-Oberhausen 78
Baiersdorf s. Riedenburg-Baiersdorf
Beilngries, Lkr. Eichstätt 29–30, 32, 60
Bergheim, Lkr. Neuburg-Schrobenhausen 30–31, 66
Bergheim-Attenfeld, Lkr. Neuburg-Schrobenhausen 23, 28
Bergheim-Förchenaufeld, Lkr. Neuburg-Schrobenhausen 38
Böhmfeld, Lkr. Eichstätt 139–142
Böhming s. Kinding-Böhming
Breitenfurt s. Dollnstein-Breitenfurt
Burgheim, Lkr. Neuburg-Schrobenhausen 78, 94–95, 183–184, 214
Burgheim-Moos, Lkr. Neuburg-Schrobenhausen 183, *184*
Buxheim, Lkr. Eichstätt 25, 30, 35
Deisenhofen s. Oberhaching-Deisenhofen
Demling s. Großmehring-Demling
Denkendorf-Gelbelsee, Lkr. Eichstätt 21
Dollnstein, Lkr. Eichstätt 26
Dollnstein-Breitenfurt, Lkr. Eichstätt 25
Dollnstein-Obereichstätt, Lkr. Eichstätt 26
Dollnstein-Ried, Lkr. Eichstätt 25
Dornach s. Aschheim-Dornach
Dünzing s. Vohburg-Dünzing
Egweil, Lkr. Eichstätt 77
Eichstätt, Lkr. Eichstätt 21, 23, 32, 90, 94, 154
Eining s. Neustadt-Eining
Eitensheim, Lkr. Eichstätt 23, 25, 30–31, 85
Enkering s. Kinding-Enkering
Enkering-Gatzäcker s. Kinding-Enkering
Etting s. Ingolstadt-Etting
Ettling s. Pförring-Ettling
Feldkirchen s. Neuburg-Feldkirchen
Feldmühle s. Rennertshofen-Feldmühle
Freising 36–37
Gaimersheim, Lkr. Eichstätt 18, 25, 29, 34, 67, *84*, 85, 88–89, 95–96, 144, 149–152
Gaimersheim-Rackertshofen, Lkr. Eichstätt 152
Geiselhöring-Sallach, Lkr. Straubing-Bogen 76–77
Geisenfeld-Ilmendorf, Lkr. Pfaffenhofen a. d. Ilm 23
Gelbelsee s. Denkendorf-Gelbelsee
Gerolfing s. Ingolstadt-Gerolfing
Großmehring, Lkr. Eichstätt *30*, 31, 33, 35, 85, 92–93, 95, 158, 209
Großmehring-Demling, Lkr. Eichstätt 144–145
Großmehring-Katharinenberg, Lkr. Eichstätt 152–153
Gungolding s. Walting-Gungolding
Günzburg 196
Haunsfeld s. Mörnsheim-Haunsfeld
Haushausen, Lkr. Pfaffenhofen a. d. Ilm 31–31
Hepberg, Lkr. Eichstätt 144, 154–155
Hienheim s. Neustadt-Hienheim
Ilbling s. Kinding-Ilbling
Ilmendorf s. Geisenfeld-Ilmendorf
Ingolstadt 20–23, *33*, 35, 38, 40, *46*, 85, 90–96, 98–114, 215–217
Ingolstadt-AUDI-Gelände 32, 38, 47, 70, 88, 114–123
Ingolstadt-Dünzlau *62*, 124
Ingolstadt-Etting 23, 25, *31*, 32–33, 68, 70, 85, *88*, *93*, 95, 125–130, 154, 217–218
Ingolstadt-Gerolfing 92–94, *107* 131–134
Ingolstadt-Hundszell 217–218
Ingolstadt-Irgertsheim 24, *61*, 88
Ingolstadt-Mailing 23, 29, 49, 55, 88, 92
Ingolstadt-Oberhaunstadt 25, 30–31, *32*, 33, 78, 88
Ingolstadt-Pettenhofen 88
Ingolstadt-Schmidtmühle 134–135
Ingolstadt-Seehof 87, 89, 94–95
Ingolstadt-Zuchering 23, 35, 41–42, 48, *49*, 50–51, 55, 66–67, 78–*82*, 94–95, 136–137, 216
Irgertsheim s. Ingolstadt-Irgertsheim
Irnsing s. Neustadt-Irnsing
Joshofen s. Neuburg-Joshofen

Katharinenberg s. Großmehring-Katharinenberg
Kelheim 74, 145
Kelheim-Weltenburg, Lkr. Kelheim 14, 19
Kemathen s. Kipfenberg-Kemathen
Kinding, Lkr. Eichstätt 32, *54*, 181
Kinding-Attenzell, Lkr. Eichstätt 138–139
Kinding-Böhming, Lkr. Eichstätt 21, 65, 142–143, 219
Kinding-Enkering, Lkr. Eichstätt 51–*52*, 55–56, 59–60, 179–181, 219
Kinding-Ilbling, Lkr. Eichstätt 58–60, 181
Kipfenberg, Lkr. Eichstätt 60, 64–65, 88, 156–157, 218–219
Kipfenberg-Kemathen, Lkr. Eichstätt 25, *89*
Kleinmehring, Lkr. Eichstätt 158–159
Kösching, Lkr. Eichstätt 21, *28*, 32, 34, 38, 46, 61, 82–83, 85, 93, 95–96, 125, 127, 150, 160–164, 173, 177, 196, 219–220
Kösching-Bettbrunn, Lkr. Eichstätt 221
Kösching-Kasing, Lkr. Eichstätt 221
Laisacker s. Neuburg-Laisacker
Landshut 188
Lenting, Lkr. Eichstätt 67, 94, 165–167
Lindach, Lkr. Pfaffenhofen a. d. Ilm 76
Mailing s. Ingolstadt-Mailing
Manching, Lkr. Pfaffenhofen a. d. Ilm 19, 21, 22, *40*, *62*, 63, 71–76, 86–88, 93–95, 185–188, 199, 216, 221–223
Manching-Hundsrucken, Lkr. Pfaffenhofen a. d. Ilm 71
Manching-Oberstimm, Lkr. Pfaffenhofen a. d. Ilm 21–23, 29–30, 51, 69, 79-83, 193–197, 222–223
Manching-Pichl, Lkr. Pfaffenhofen a. d. Ilm 76, 81
Manching-Steinbichl, Lkr. Pfaffenhofen a. d. Ilm 71
Manching-Westenhausen, Lkr. Pfaffenhofen a. d. Ilm 76
Mändlfeld, Lkr. Neuburg-Schrobenhausen 53
Mauer bei Heidelberg, Rhein-Neckar-Kreis 23–24
Mauern s. Rennertshofen-Mauern
Meilenhofen s. Nassenfels-Meilenhofen
Menning s. Vohburg-Menning
Menning-Auhöfe s. Vohburg-Auhöfe
Möckenlohe s. Adelschlag-Möckenlohe
Mörnsheim, Lkr. Eichstätt 41, 43, 65
Mörnsheim-Haunsfeld, Lkr. Eichstätt 67–68
Münchsmünster, Lkr. Pfaffenhofen a. d. Ilm 52, *53*, *87*, 93, 188–190
Nassenfels, Lkr. Eichstätt 22, 24–25, 83, 92, 125, 127, 170–173, 177, 205, 225
Nassenfels-Meilenhofen, Lkr. Eichstätt 167–168
Nassenfels-Wolkertshofen, Lkr. Eichstätt 144
Neuburg a. d. Donau 14, 19, 23, 51–52, 63–64, 79, 88–90, 92–93, 95–96, 183, 191–193, 203, 224–225
Neuburg-Feldkirchen, Lkr. Neuburg-Schrobenhausen 92, 96, 99, 109, 135
Neuburg-Joshofen, Lkr. Neuburg-Schrobenhausen 144
Neuburg-Laisacker, Lkr. Neuburg-Schrobenhausen 25
Neustadt-Eining, Lkr. Kelheim 88, 196
Neustadt-Hienheim, Lkr. Kelheim 28
Neustadt-Irnsing, Lkr. Kelheim 25, 93
Neustadt-Sittling, Lkr. Kelheim 46–47
Niederaltaich, Lkr. Deggendorf 98–99, 100, 147
Obereichstätt s. Dollnstein-Obereichstätt
Oberhaching-Deisenhofen, Lkr. München 77
Oberhaunstadt s. Ingolstadt-Oberhaunstadt
Oberhausen-Unterhausen, Lkr. Neuburg-Schrobenhausen 45, 55, 203–205
Oberstimm s. Manching-Oberstimm
Ortlfing-Biding, Lkr. Neuburg-Schrobenhausen *225*
Pettenhofen s. Ingolstadt-Pettenhofen
Pfaffenhofen a. d. Ilm 54, 90, 95
Pförring, Lkr. Eichstätt 21, 25, 33, 82–83, 92, 145, 173–175
Pförring-Ettling, Lkr. Eichstätt 145–147
Pförring-Wackerstein, Lkr. Eichstätt 25
Pfünz s. Walting-Pfünz
Pichl s. Manching-Pichl
Rackertshofen s. Gaimersheim-Rackertshofen
Rain a. Lech, Lkr. Donau-Ries 183
Regensburg 71, 85, 88, 90, 100, 122, 126, 143, 154, 174
Rennertshofen-Feldmühle, Lkr. Neuburg-Schrobenhausen 56–57, 147–149, 214–215, 226
Rennertshofen-Mauern, Lkr. Neuburg-Schrobenhausen 22, 25, *224*–225
Rennertshofen-Rohrbach, Lkr. Neuburg-Schrobenhausen 24

Rennertshofen-Stepperg, Lkr. Neuburg-Schrobenhausen 35, 69–70, 205
Ried s. Dollnstein-Ried
Riedenburg, Lkr. Kelheim 18
Riedenburg-Baiersdorf, Lkr. Kelheim 40
Rockolding s. Vohburg-Rockolding
Rohrbach s. Rennertshofen-Rohrbach
Roseninsel, Gde. Feldafing, Lkr. Starnberg 120
Sallach s. Geiselhöring-Sallach
Sandizell s. Schrobenhausen-Sandizell
Schambach, Lkr. Eichstätt 22, 25, 178–179
Scheyern, Lkr. Pfaffenhofen a. d. Ilm 76, 198–199
Schrobenhausen, Lkr. Neuburg-Schrobenhausen 90–96, 150, 200–203
Schrobenhausen-Sandizell, Lkr. Neuburg-Schrobenhausen 19
Seehof s. Ingolstadt-Seehof
Sittling s. Neustadt-Sittling
Stammham, Lkr. Eichstätt 181–182
Steinheim a. d. Murr, Lkr. Ludwigsburg 24
Stepperg s. Rennertshofen-Stepperg
Straß-Moos s. Burgheim-Moos
Straubing, Lkr. Straubing-Bogen 29, 71
Tempelhof s. Adelschlag-Tempelhof
Treuchtlingen, Lkr. Weißenburg-Gunzenhausen 18
Unterhausen s. Oberhausen-Unterhausen
Vohburg a. d. Donau, Lkr. Pfaffenhofen a. d. Ilm 14, 19, 52, *87*, 88, 90, 92–95, 209–212
Vohburg-Auhöfe, Lkr. Pfaffenhofen a. d. Ilm 92, 94, 206–209
Vohburg-Dünzing, Lkr. Pfaffenhofen a. d. Ilm 25, 93
Vohburg-Hartacker, Lkr. Pfaffenhofen a. d. Ilm 86
Vohburg-Menning, Lkr. Pfaffenhofen a. d. Ilm 31
Vohburg-Rockolding, Lkr. Pfaffenhofen a. d. Ilm 81
Wackerstein s. Pförring-Wackerstein
Walting-Gungolding, Lkr. Eichstätt 65
Walting-Pfünz, Lkr. Eichstätt 21, 82, 143, 155, 176–177
Weichering, Lkr. Neuburg-Schrobenhausen 35, *68*, 69, 81
Wellheim, Lkr. Eichstätt 225–226
Weltenburg s. Kelheim-Weltenburg
Westenhausen s. Manching-Westenhausen
Westerhofen, Lkr. Eichstätt *84*
Wettstetten, Lkr. Eichstätt 25, 144, 154
Winden s. Scheyern
Wolkertshofen s. Nassenfels-Wolkertshofen
Zuchering s. Ingolstadt-Zuchering
Zuchering-Seehof s. Ingolstadt-Seehof

Abbildungsnachweis

E. Albrecht: 221
Archäologische Staatssammlung München: 86, 89, 219, 224 unten, 225
ArcTron, Altenthann: 121
M. Bankus: 37, 39, 42
Bayerisches Landesamt für Denkmalpflege: 14, 19, 24, 30, 32, 48, 52–54, 59, 61, 64, 68, 70, 80, 83, 84 unten, 107 unten, 115, 117 (J. Rauch), 122, 126, 133, 139, 143, 148, 156–157, 174 und 176 (O. Braasch), 180, 184, 187 oben, 189, 191–192, 195–196, 204, 210, 214, 226
Bayerisches Landesamt für Denkmalpflege, Luftbildarchiv: 172 oben, 178
nach CZYSZ U. A. 1995: 171
M. Eckstein: 167
nach FASSBINDER/IRLINGER 1999: 77
B. Friedel: 210 oben, 211
M. Hoedt: 172 unten
H. Jerz: 17
nach KRÄMER/SCHUBERT 1970: 187 unten
Limesarchiv der Römisch-Germanischen Kommission: 161 oben
D. Meixner: 182
A. Mittermüller: 25, 28, 33, 40, 49, 50, 87, 88, 136, 208
nach ORL B 74: 161 unten
G. Pfeilschifter: 146, 154
H. Pflaum, Holly Art: 215
Römisch-Germanische Kommission: 72 oben (S. Sievers), 72 unten, 74, 79, 82, 125, 175 (A. Mittermüller), 185, 194
W. Rieck: 138
G. Riedel: 99
nach SCHMIDT-KALER 1979: 15, 16
nach SCHUBERT 1995: 67
M. Schußmann: 57
nach SCHWARZ 1959, Bl. 30: 140, 198
Stadtarchiv Ingolstadt: 22, 31, 46, 62, 85, 91, 93 (A. Mittermüller), 95, 102–105, 107 oben, 110–113, 119, 120, 128–130, 132, 135, 137, 144, 151, 153, 155, 158, 163–164, 166, 190, 201, 207, 216, 218
A. Staudacher: 150
D. v. Wallenberg: 220
A. Wegener-Hüssen: 124, 169, 223, 224 oben

Führer zu archäologischen Denkmälern in Deutschland
Lieferbare Bände:

Band 2: Kreis Herzogtum Lauenburg II (1983)
Band 18: Saar-Pfalz-Kreis (1988)
Band 19: Frankfurt am Main und Umgebung (1989)
Band 21: Duisburg und der untere Niederrhein (1990)
Band 23: Berlin und Umgebung (1991)
Band 25: Der Kreis Siegen-Wittgenstein (1993)
Band 28: Südliches Thüringen (1994)
Band 29: Der Landkreis Rottweil (1994)
Band 31: Stadt und Landkreis Oldenburg (1995)
Band 32: Leipzig und sein Umland (1996)
Band 33: Ulm und der Alb-Donau-Kreis (1997)
Band 34: Das Braunschweiger Land (1997)
Band 35: Ostfriesland (1999)
Band 36: Heidelberg, Mannheim und der Rhein-Neckar-Raum (1999)
Band 37: Potsdam, Brandenburg und das Havelland (2000)
Band 38: Die Stadt Soest. Archäologie und Baukunst (2000)
Band 39: Der Kreis Soest (2001)
Band 41: Hamburg Altstadt (2002)
Band 42: Ingolstadt und der oberbayerische Donauraum (2003)